VIGILÂNCIA E SEGURANÇA
NA SOCIEDADE TECNOLÓGICA

ROGÉRIO GOMES

VIGILÂNCIA E SEGURANÇA NA SOCIEDADE TECNOLÓGICA
Fundamentos éticos

Direção editorial:	Copidesque:
Pe. Marcelo C. Araújo, C.Ss.R.	Leila Cristina Dinis Fernandes
Editor:	Revisão:
Márcio Fabri dos Anjos	Ana Lúcia de Castro Leite
Coordenação editorial:	Diagramação e Capa
Ana Lúcia de Castro Leite	Bruno Olivoto

Dados Internacionais de Catalogação na Publicação (CIP)
(Câmara Brasileira do Livro, SP, Brasil)

Gomes, Rogério
    Vigilância e segurança na sociedade tecnológica: fundamentos éticos / Rogério Gomes. – Aparecida, SP: Editora Santuário, 2014.

    ISBN 978-85-369-0347-7

    1. Ética 2. Segurança 3. Teologia 4. Vigilância I. Título.

14-06789   CDD-241

Índices para catálogo sistemático:
1. Vigilância e segurança na sociedade
tecnológica: Ética teológica:
Teologia moral 241

Todos os direitos reservados à **EDITORA SANTUÁRIO** - 2014

Composição, CTcP, impressão e acabamento:
EDITORA SANTUÁRIO - Rua Padre Claro Monteiro, 342
12570-000 - Aparecida-SP - Fone: (12) 3104-2000

SUMÁRIO

INTRODUÇÃO 9

CAPÍTULO I
FACES, CONCEITOS E TENSÕES DA VIGILÂNCIA 13

1. VIGILÂNCIA, SEGURANÇA E PREVENÇÃO 14
    1.1. Relação vigilância, segurança e segurança preventiva 22
    1.2. Indícios da segurança defensiva...26

2. TENSÕES DA VIGILÂNCIA COMO CONTROLE 31
    2.1. O olhar de *Argos Panopticon* 31
    2.2. A arquitetura panóptica em Bentham......................................33
    2.3. O controle dos corpos em *Vigiar e Punir* de Foucault...........36
    2.4. O olhar controlador do Grande Irmão em Orwell 41
    2.5. A passagem da sociedade disciplinar à de controle
         em Gilles Deleuze...44
    2.6. A *Fortaleza Digital*: a inserção das novas
         tecnologias e vigilância...48

3. FRONTEIRAS ÉTICAS DA VIGILÂNCIA 55
    3.1. A proteção individual e comunitária
         como forma de cuidar...56
    3.2. A legitimidade da segurança social..60
    3.3. A privacidade sob riscos 64

4. CONCLUSÃO...68

CAPÍTULO II
VIGIAR É PRECISO?...71

1. DA CONDIÇÃO VULNERÁVEL À NECESSIDADE DE SEGURANÇA................72
    1.1. As primeiras explicações diante da caoticidade
         e do mundo inseguro 73
    1.2. Da abertura ao outro à demarcação da fronteira 80

2. DO COMUNITARISMO À PRIVATIZAÇÃO DO INDIVÍDUO
    E AS FORMAS DE VIGILÂNCIA SOCIAL...85
    2.1. As formas tribais e o mundo antigo..86
    2.2. Da sociedade feudal ao Estado Moderno 90

2.3. Do século XIX aos dias atuais..95
2.4. A complexificação social e o fenômeno da vigilância................100
2.5. A evolução interpretativa da ética
   nas formas de vigilância e de proteção.................................103
3. O MEDO DO OUTRO: VIGILÂNCIA COMO PREVISÃO E CONTROLE.....................111
   3.1. A erosão das relações humanas e a perda da confiança...........112
   3.2. O medo como fator de precaução e de perda da liberdade........116
   3.3. A construção social da insegurança:
      mídias e indústrias de tecnologias de vigilância.....................121
   3.4. O fechamento e imunização em relação ao outro....................125
   3.5. A lógica do medo e o cumprimento dos rituais
      da fronteira para ir e vir..130

4. CONCLUSÃO...134

CAPÍTULO III
A VIGILÂNCIA TECNOLÓGICA ENTRE PROTEGER E EXPOR................137

1. A TENSÃO INDIVÍDUO-SOCIEDADE E PROGRESSO
   DAS TECNOLOGIAS DE VIGILÂNCIA...138
   1.1. *Argos Panopticon* e Prometeu.....................................139
   1.2. A expansão das novas tecnologias de vigilância....................144
   1.3. Classificação das tecnologias de vigilância e aplicações..........147
   1.4. Características operativas..151

2. A CONTRIBUIÇÃO SOCIAL DAS TECNOLOGIAS DE SEGURANÇA......................154
   2.1. Identificação de criminosos e crime organizado....................155
   2.2. Segurança para mobilidades..160
   2.3. Monitoramento das cidades...162

3. AMBIVALÊNCIAS: OS IMPACTOS DAS TECNOLOGIAS
   DE SEGURANÇA SOCIAL HOJE...166
   3.1. A transformação da corporeidade:
      personalidade telemática ou pessoa digital.........................167
   3.2. O corpo telemático como *a priori* da fisicidade..................171
   3.3. A classificação, discriminação e exclusão.........................174
   3.4. A intrusão na privacidade...178
   3.5. A autonomia e conflito de interesses
      entre indivíduo-sociedade..182

4. CONCLUSÃO...186

Capítulo IV
DESENHANDO CRITÉRIOS ÉTICOS
PARA A VIGILÂNCIA TECNOLÓGICA 187

1. O fenômeno vigilância, desafios e pilares arqueológicos........................188
    1.1. Complexidade e não impossibilidade da aplicação
    da ética: os anéis da serpente..189
    1.2. Desafios de sentido para a fragilidade humana..........................194
    1.3. Fragilidade com dignidade 197
    1.4. A ética do cuidado como contribuição à vigilância
    e à contravigilância 204
    1.5. O bem comum como *oikos* vital da segurança 212

2. Da base arqueológica aos critérios arquitetônicos
    para a fundação moral 215
    2.1. Dignidade humana: referencial dialógico na
    escolha das estratégias de vigilância 216
    2.2. Mística da compaixão na vigilância como cuidado 222
    2.3. A responsabilidade de *vigiar* o vulnerável................................225
    2.4. A prudência como virtude deliberativa da redução de riscos.......230
    2.5. A solidariedade como imunização da assimetria
    e do medo social do Outro...235

3. A contravigilância: até que ponto é possível vigiar os vigilantes?............240
    3.1. O princípio da precaução como dúvida
    metódica e critério orientador 240
    3.2. A transparência como contraposição aos focos
    de opacidade da vigilância 245
    3.3. A justiça como equalização dos excessos da vigilância 250
    3.4. A conscientização: inserir a sociedade no discurso
    sobre a vigilância 255

4. A validade dos critérios no contexto de
    sociedade e vigilância líquidas 260
    4.1. A validade dessa ética à sociedade de segurança
    e vigilância líquidas...260
    4.2. Parâmetros indicativos para averiguar a resiliência
    da ética da vigilância 264

5. Conclusão...268

Conclusão..269

Referências bibliográficas...279

Introdução

O tema da vigilância e do controle tem, nos últimos tempos, retomado a pauta dos noticiários e das pesquisas acadêmicas. Embora o fenômeno enquanto estudo seja bem recente, a relação vigiar e ser vigiado instaura-se no momento em que o ser humano aparece sobre a terra e esse processo vai assumindo diferentes matizes, à medida que as próprias sociedades evoluem e criam seus próprios mecanismos, que vão desde a proteção e do cuidado às formas de controle, que começam a se compor com a inserção de técnicas primitivas e, posteriormente, numa forma muito mais ampla, com tecnologias de ponta, resultantes do próprio processo de evolução social, científica e econômica.

A vigilância de modo equilibrado é um bem tanto individual quanto social, mas em excesso começa a se transformar numa tensão, arrebentando cada vez mais as próprias relações sociais. O outro é sempre visto como um suspeito que nos pode impingir o mal. Em parte, isso se deve ao contexto social que vivenciamos de uma sociedade extremamente violenta e insegura, ao fenômeno do terrorismo iconizado no 11 de Setembro, às extremas crises políticas, sociais, econômicas e ética, e da banalização da vida e difusão do horror, do medo e da maldade pela mídia em geral. Permanece o raciocínio dualista platônico do bem e do mal, do bandido e do mocinho, e as pessoas acostumam-se a essa lógica perversa de medo social, de modo que se tornam prisioneiras em suas fortalezas monitoradas pelos diferentes sistemas de vigilância dos mais simples aos mais complexos, se possuem capital para isso, e a maioria da população está à mercê do Estado que não responde aos anseios de segurança social: saúde, educação, lazer, segurança pública, e está exposta às vicissitudes da violência tanto visível quanto invisível pelos controles sociais, pelas classificações de raça, de cor, de status social etc.

É certo que essa é a realidade social, mas não podemos ser ingênuos de que somente as tecnologias de vigilância nos trarão segurança. Não podemos negar a grande contribuição que nos trazem, porém é preciso resgatar socialmente a confiança que a cada dia está sendo minada e que corresponde aos interesses tanto de Estados e do mercado tecnológico de segurança. A ideia de que o "homem é o lobo do homem" possui seu viés concreto e correto, no entanto, é fatalista, pois afirma uma universalidade ontológica de que o ser humano é um lobo de sua própria espécie e, mais cedo ou mais tarde, fará o mal. Talvez nos esteja faltando a paciência de domesticar tal lobo e perceber que ele pode ser nosso guarda e romper, assim, com a lógica de que estamos sempre "dormindo com o inimigo". Trata-se, então, de ser crítico aos discursos predefinidos e de não sermos ingênuos também de que o perigo não exista. A prudência, nos tempos atuais, é extremamente importante, e é preciso ir além dos discursos generalizantes e apocalípticos. Ver a realidade sob esse prisma pode ser até utopia, mas está em consonância com o ideal da busca do bem e de maior equilíbrio social.

Este livro propõe-se a dialogar nesse contexto de sociedade de vigilância e de segurança – para concordar com os estudiosos desse campo – e iniciar um trabalho que vem da própria solicitação desses teóricos, a de uma ética para a vigilância. A reflexão ético-teológica ainda é muito parca, quase inexistente, se compararmos em relação à sociológica e em outros âmbitos do saber. Assim, interessado em aprofundar essa temática, buscamos reconstruí-la, primeiramente, fundamentando-a especialmente a partir dos estudos já em voga, tentando responder à questão:

qual o desafio ético em compor a segurança individual e comunitária e quais critérios éticos a serem usados para que se possa garantir o direito do cidadão à segurança, bem como protegê-lo da vulneração resultante, muitas vezes, das próprias interferências que as tecnologias podem causar, sem lhe tolher a autonomia? Estabeleceremos um diálogo que considera a ética teológica, por julgar que o cristianismo possui elementos ricos que podem, sem nenhuma imposição doutrinária, oferecer uma contribuição social muito importante, e pensamos que não seja diferente para a sociedade de vigilância e de segurança.

O autor não tem a intenção de responder a todos os problemas, e sim introduzir o tema e começar a explorá-lo, considerando a interdisciplinaridade e o que é próprio da ética teológica. Ao mesmo tempo, estabelecer uma visão crítica no que diz respeito às formas de vigilância coercitivas que afetam a liberdade, a privacidade e a autonomia humanas. A ética teológica pode oferecer subsídio reflexivo tanto para o agir de quem lida com os dados de outrem, como também para que as pessoas se percebam como portadoras de dignidade e saibam ser críticas em relação a esse fenômeno ubíquo, e afrontando-o, quando lesadas, com os mecanismos jurídicos.

O estudo da vigilância pode ser escrutinado sob diferentes interfaces: tecnológica, econômica, de biopoder, jurídica, saúde e tantas outras que tocam diretamente à vida humana. Elegemos uma linha que se pauta pela demonstração do que seja essa realidade, suas problemáticas e os matizes reflexivos sob o ponto de vista ético.

Para responder a essa questão, o livro será dividido em quatro capítulos. O primeiro capítulo introduz o leitor aos conceitos de vigilância e de segurança preventiva. Fundamentando em autores consagrados e em teóricos atuais, busca-se reconstruir a história da vigilância, evidenciando suas raízes, evolução, tensões emergentes, e as problemáticas que se apresentam no campo ético. O segundo discorre-se sobre a necessidade de vigilância e de segurança para os seres humanos, devido a sua condição vulnerável e a suas formas de evolução, desde as mais simples às complexas e invasivas, e como os próprios códigos de ética contribuem para a vigilância e proteção dos indivíduos e da comunidade. À medida que as sociedades se complexificam e adquirem maior saber, inserem novas e eficientes tecnologias de vigilância e de segurança que prestam serviços e possuem as ambivalências, conforme se constata no terceiro capítulo. Por fim, o capítulo quarto examina as implicações referentes à ética e à inviabilidade de propostas universalizantes e pensa uma ética aplicada em contextos, considerando alguns conceitos da tradição cristã, fundamentais para esta empreitada, e normas de confronto mais voltadas à contravigilância. Elege-se o conceito de resiliência, sob seis conceitos importantes: historicidade e atualidade, abrangência, fundamentação, identidade, resistência à fragmentação e índole libertadora, cuja finalidade é verificar a validade dessa proposta ética.

Esperamos que o leitor possa ser introduzido nesse contexto complexo e desafiador e tome consciência de quanto a vigilância o afeta, de sua importância à segurança social e dos riscos que podem estar embutidos nas propostas tentadoras que se apresentam em nome da segurança, do combate ao terrorismo, da governança. Essa é a sociedade em que vivemos e nela pagamos os preços por tudo o que consumimos. Pode ser o preço monetário, mas também o da restrição de nossa autonomia, de nossa privacidade e outras liberdades. Podemos ser concessivos até certo ponto, não permissivos e indiferentes ou passivos a esse fenômeno que nos rodeia.

Capítulo 1
FACES, CONCEITOS
E TENSÕES DA VIGILÂNCIA

> *A vigilância envolve a observação, o registro e a classificação de informação acerca de pessoas, processos e instituições. Compreende a coletânea de informação, seu armazenamento, sua análise e – como regra – sua transmissão* (BALL, WEBSTER, 2003, p. 1).

O propósito deste capítulo é compreender o fenômeno da vigilância e seu raio de ação. Em outros termos, compreendê-lo conceitualmente, verificar as possibilidades de seus múltiplos usos e suas correspondentes interfaces éticas. Uma aproximação deste porte será necessariamente multidisciplinar, pois somente assim se terá maior percepção das tensões existentes entre indivíduo e sociedade e as discussões a serem realizadas por várias abordagens teóricas que detectarão implicações à vida prática em sociedade: o bem-estar, os desafios de lidar com as próprias modificações, a complexidade de viver nesta sociedade e de relacionar-se com ela.

Nesse conjunto de tensões, de um lado, há a necessidade humana de se relacionar com o outro e com o mundo; do outro, o medo de quem pode estar ao lado. Nasce um estado de constante vigilância como recurso de autoproteger-se individualmente, tornando-se realidade em macroescala, a partir de novas políticas governamentais de segurança que gerenciam recursos para a proteção e vigilância. Em sentido positivo, resguardar a população de ameaças, de perigo, e, nisso, a tecnologia presta um serviço útil na detecção, prevenção e execução de tarefas para combater os perigos que vulnerabilizam as pessoas. Em sentido ambivalente, o discurso e o uso de tecnologias de vigilância chegam ao extremo de se passar da possibilidade positiva, aquela na qual lidamos cotidianamente (e não escapamos), que nos traz benefícios, à negativa, interferindo na privacidade da pessoa que passa a ser observada, classificada e até mesmo excluída. Essa realidade tem suscitado, nas duas últimas décadas, muitos estudos, impulsionados pelos desenvolvimentos do ato de governar, das novas tecnologias, e as interrelações imbricadas entre um e outro (LYON, 2006, p. 3),[1] bem como os discursos governamentais e midiáticos que forjam uma "construção social da insegurança" (MONAHAN, 2010, p. 1).

Assim, para perscrutar o objetivo proposto, algumas formulações são importantes sobre o que entendemos por vigilância e segurança preventiva. A partir de quais referenciais teóricos podemos encontrar as raízes da vigilância e do controle, bem como o uso das novas tecnologias de vigilância? O que entendemos por vigilância no atual contexto social? Quais as problemáticas emergentes no campo ético e que dados já se inserem neste âmbito de reflexão?

1. Vigilância, segurança e prevenção

A noção mais preliminar e básica de vigilância é a de observar e ser observado, graças a nossa capacidade visual e por estarmos diante do outro. Etimologicamente, provém do latim *vigilantia, ae,* e significa potência ou resistência de se manter vigilante; ato de velar, de estar acordado ou passar o tempo guardando; atitude de vigiar, solicitude, diligência, atenção, vigilância (CALONGHI, 1990, p. 2916; CASTIGLIONI;

---

[1] Todos os textos traduzidos para a língua portuguesa neste livro são de minha responsabilidade.

Mariotti, 1996, p. 1399; Liotta; Rossi; Gaffiot, 2010, p. 1977). Em inglês *surveillance* tem raiz no verbo francês *surveiller*, e, literalmente, significa vigiar (*watch over*) e zelar, referindo-se à observação de certos comportamentos humanos que vão além de fútil curiosidade (Lyon, 2007a, p. 13).[2] A origem latina *vigilare* significa estar acordado, em contraposição ao dormir; é assim usada também para referir ao cuidado e à defesa das pessoas que dormem, até que se acordem; o vigia é, neste sentido, um cuidador, uma sentinela.

David Lyon, um dos grandes estudiosos acerca da vigilância, em sua obra *The Eletronic Eye*: the rise of surveillance society (1997, p. 10), diz:

> Se essa palavra (vigilância) já teve em um tempo um significado restrito, conexo com a atividade de tutela da ordem ou a contraespionagem, neste caso eu me sirvo de "vigilância" como termo estenográfico para abranger a ampla gama, em ulterior expansão de contextos dentro dos quais os vários dados pessoais são coletados pelas agências comerciais, públicas e de localização, e, claro, naturalmente durante a atividade de polícia e de segurança.

O sentido do termo aqui é amplo, empregado para todas as atividades cotidianas que requerem recolha de dados ou deixam algum tipo de registro à monitoração. Ações como telefonar, navegar pela internet, fazer uma transferência bancária, ser capturado pelas lentes de câmera nas ruas, e as operações de inteligência de polícia e no campo militar são passíveis de vigilância, embora não sejam consideradas negativas.

Já em *Surveillance Studies*: an overview (2007a, p. 14), a definição aparece mais precisa e mais densa, com alguns acréscimos, como podemos ver:

---

[2] A expressão inglesa *watching over* pode ser traduzida literalmente como *olhar de cima, vigiar sobre*. Nesse caso, dá ao termo vigilância (*surveillance*) um caráter mais agressivo. A tradução correspondente para a língua portuguesa parece trazer um sentido de atenção, prontidão, e um aspecto mais restrito ou mais fraco do que o termo inglês.

> podemos iniciar dizendo que (vigilância) é a atenção focalizada, sistemática e rotineira a detalhes pessoais para fins de influência, gerência, proteção ou orientação. A vigilância direciona sua atenção no final para indivíduos (mesmo que os dados agregados, como aqueles disponíveis no domínio público, possam ser usados para construir uma imagem de fundo). Ela é focalizada. Pela sistemática, quero dizer que esta atenção a detalhes pessoais não é fortuita, ocasional ou espontânea; é deliberada e depende de certos protocolos e técnicas. Além disso, vigilância é rotina; ela ocorre como uma parte "normal" da vida cotidiana em todas as sociedades que dependem de administração burocrática e alguns tipos de tecnologia da informação. Vigilância cotidiana é endêmica às sociedades modernas.

Embora o conteúdo seja o mesmo, acrescenta-se o aspecto da atenção focalizada, sistemática e rotineira da vigilância em sociedades que dependem de administração burocrática e alguns tipos de tecnologia da informação que fazem parte das sociedades modernas. Tudo o que fazemos cotidianamente exige nossos dados que são intermediados pelos computadores e pelos sistemas de comunicação que os recolhem e os cruzam de acordo com cada finalidade para construção de um corpo telemático.

Lyon observa que a vigilância possui sua pré-história já nas civilizações antigas, como a egípcia que fazia um relatório da população para controle de taxas, para serviço militar e imigração; o Livro dos Números, ao narrar o registro da população israelita para distribuição de terras, divisão de tribos, registro de nomes e idades; os chineses que já possuíam um governo centralizado no século III a.C.; os romanos com suas formas primitivas de burocracia; a Europa medieval com os registros das propriedades; o *Domesday Book* (1086), grande compilação de várias heranças e registro das propriedades que permitiam a administração normanda estabelecida com a força das armas de consolidarem o poder. Na era moderna capitalista, conforme Karl Marx, a vigilância ocorre entre capital e trabalho, porque o operário sofre o controle do patrão que o faz produzir mais, em menor tempo, com menor custo; surgem os registros tanto dos salários pagos quanto dos trabalhos, se eram executados corretamente;

para Weber a vigilância está conectada com a burocracia do capitalismo moderno em que tudo se baseia em documentos e com altíssimo grau de racionalidade organizativa; Foucault insere o disciplinamento social no seio das instituições; e o adestramento militar com suas técnicas até a vigilância moderna com sua tecnologia eletrônica (LYON, 1997, p. 41-46; LYON, 2005, p. 13-18; WELLER, 2012, p. 57-58).

Toshimaru Ogura compõe um *background* sócio-histórico da vigilância orientada à sociedade, a partir de cinco pontos: a formação da camada base que ocorreu por volta dos séculos XVIII e XIX nos países ocidentais, especialmente na Inglaterra como país da primeira Revolução Industrial; no final do século XIX quando a administração se estende da fábrica para todo o país; na era da Guerra Fria, quando a vigilância se transforma em ferramenta para difundir o controle da aparência para o controle psicológico; a crise do controle e da vigilância baseados no consumo de massa e da democracia de massa, introduzida pela computadorização e pelo processamento; e as ICT (*Information and Communication Technology*) emergentes no final da Guerra Fria e de modo mais crescente, tais como a disseminação da internet, telefones celulares que trazem a reconstrução de prévias camadas de vigilância (OGURA, 2006, p. 272-275).

Do exposto, depreendem-se algumas variantes da vigilância, como sentido de estar alerta em relação à determinada situação, a fim de não correr risco, por exemplo; precaver-se de uma calamidade natural ou comportar-se com cuidado ao executar uma ação tal como lidar com determinada substância explosiva, evitando avizinhar-se ao calor ou exercer um cuidado sobre alguém, no caso dos pais, ao observarem o filho brincando no parque para que este não se machuque. Essas realidades estão interconectadas com a rotina da vida e com o não provocar dano a si mesmo e aos outros. Em todas essas realidades, aplica-se uma técnica, seja uma estratégia de deslocamento, proteção por meio de alguma vestimenta ou o próprio ato de observar a olho nu.

Em termos burocráticos, a partir do momento em que somos registrados no ato de nascer e temos de cumprir todas as exigências documentais para a cidadania, submetemo-nos ao sistema de vigilância, e isso segue por toda a existência. Esse aparato moderno é algo rotineiro na vida das pessoas e traz os benefícios próprios e consequências a sujeitos que não correspondem às regras do viver socialmente. Como assinala Lyon, "a maior parte das atividades de vigilância ocorre, literalmente, às escuras, distante dos olhares, no reino dos sinais digitais, e se realiza [...] não segundo táticas clandestinas e conspiratórias, mas nas transações como fazer compras, votar, telefonar, guiar o carro ou fazer o próprio trabalho" (Lyon, 1997, p. 17). Podemos dizer que essa forma de vigilância é simples e não tem tanta interferência sobre a vida pessoal, a não ser do ponto de vista burocrático.

Há outro tipo de vigilância que se instala na atual sociedade pós-moderna, fruto de sua complexidade, pelo uso maciço de tecnologias de vigilância e da ação governamental, de modo que a vigilância passa a fazer parte do discurso da segurança nacional, e as tecnologias assumem papel importante como mediadoras e reguladoras das interações entre pessoas, organizações e o mundo construído. É um poder sob o qual as pessoas estão submetidas, nem sempre de modo consciente, e que se prolifera em todas as estruturas sociais nas cidades, nos sistemas de transporte e de telefonia, por cartões de crédito, documentos de identificação, tais como registro de identidade, passaporte, programas de computador, serviços de saúde, produtos de consumo e outros. Portanto, trata-se de um exercício de poder, como afirma Monahan (Monahan, 2010, p. 8-9). Conforme Zureik e Salter, esse exercício do poder não se estende somente a esses aspectos, vão além e são utilizados para fortalecer o Estado-Nação, e não estão mais confinados aos modos tradicionais de entrada em que cidadãos viajantes, imigrantes e outros transeuntes podiam passar legal ou ilegalmente, e as fronteiras não estavam confinadas nos pontos tradicionais. Agora, além de existirem em outros lugares, que tradicionalmente pertenciam aos estados soberanos, foram transformadas de modo que os governos possam verificar por meio de suas fronteiras geográficas a identidade pessoal e monitorar a movimentação das pessoas, para que em tempos de guerra ao terrorismo, grupos vulneráveis, minorias e grupos de oposição possam ser classificados socialmente e perfilados (Zureik, Salter, 2011, p. 9).

De acordo com as diversas definições precedentes de vigilância, podemos defini-la como a ação constante e direta de um sujeito imbuído de vontade deliberada ou de responsabilidade institucional, cuja ação pode ser executada por mediações física, presencial, tecnológica e virtualmente; envolve a perceptibilidade de determinado corpo ou fenômeno, com a finalidade de vigiá-lo, protegê-lo, zelá-lo, dar-lhe segurança, circunscrevê-lo, controlá-lo ou preveni-lo de determinada ação de outrem ou obter dele dados que podem ser codificados, ou não, e serem utilizados em benefício pessoal da entidade explorada ou do sujeito que os explora, envolvendo, assim, em sua avaliação ética ambivalências. Notamos então que o processo de vigilância pode ser algo muito direto, envolvendo a própria capacidade perceptiva natural que o ser humano tem em seu próprio corpo, bem como a operada por meio de instrumentais tecnológicos que ampliam a capacidade de analisar um fenômeno particular. A vigilância se dá por um sujeito (pessoa ou instituição) que comanda a ação de vigiar, logo, há uma relação de poder que pode ser positiva, quanto opressora. Uma tecnologia, por mais aperfeiçoada que seja, depende de uma vontade humana para programá-la, de modo que possa executar a ação de vigiar e para interpretar os dados resultantes da observação.

Embora para o momento não estudaremos as tecnologias envolvidas nesse processo, as operações de vigilância podem ser executadas por vários sistemas que envolvem tecnologias refinadas que tiveram desenvolvimento, várias no campo militar, que posteriormente chegaram ao uso civil, tais como vigilância aérea, por computação, por câmeras;

identificação e credenciamento (ID *cards*), obtenção de dados e perfil, rede para cruzamento de dados, biometria, sistema de imagens por satélite, sistema GPS (*Global Positional System*) e de RFID (*Rádio Frequency Identification*), telefone, celular, vigilância corporativa, escâner corporal (*body scanner*) e utilizadas para várias finalidades: identificação, segurança, fronteiras, detectar ameaça de potenciais criminosos, controle de imigração, monitoramento de epidemias, na área de cuidados de saúde, nos sistemas de transportes, na segurança dos Estados-Nações, bem como da própria população. Em outros termos, podemos dizer que a vigilância não é algo exercido somente em relação a trabalhadores, cidadãos ou viajantes, é um processo no qual todos estamos envolvidos como observados e observadores (Lyon, 2007a, p. 13). Em conformidade com Galimberti (2009, p. 353-354):

> Não só os estilos de vida, não só nosso modo de trabalhar e de viver são rigorosamente condicionados pela técnica, mas também nossa identidade é inspecionada naquela última fronteira que nos sobrou: o segredo de nosso corpo, hoje visível até lá embaixo, onde protegemos a última reserva de liberdade, garantida pela barreira entre o dentro e o fora, entre o público e o privado, entre o íntimo e o exteriorizado.

Essa vigilância é exercida, então, no conjunto da vida, e não é unicamente para as questões de segurança pública, é também utilizada pelos governos para captar as tendências dos países por meio de pesquisas para saber taxas de natalidade, mortalidade, crescimento populacional, consumo, como é o caso do recenseamento; pelos mercados para perfilar as tendências de consumo e, ao mesmo tempo, aperfeiçoar as técnicas de marketing que se utilizam das tecnologias dispostas para converter não consumidores a consumidores e atiçar a fome daqueles inveterados. Assim, podemos asseverar que a vigilância é onipresente na vida cotidiana e todas as nossas atividades são permeadas por essa realidade em "redes policêntricas de vigilância" (Lyon, 2001a, p. 205): transações econômicas, apresentação de documentos pessoais, tais como identidade, passaporte, uso de celular, internet, caminhar pela rua etc. Segundo Galimberti, diante do controle sério e generalizado da técnica, somos as primeiras vítimas ao termos chamadas telefônicas registradas, imagem capturada pelas câmeras em cada esquina, movimentos financeiros controlados, pensamentos bem alinhados, derivante da preguiça que se acontenta às informações elaboradas pela televisão e sentimentos atrofiados pelo temor que cada excesso possa ser mal-entendido (2009, p. 354-355). Como vemos, há coincidência no pensamento entre Galimberti e Lyon.

Se as tecnologias de comunicação vigiam a população formando-lhe opinião sobre determinados fatos e desejos, da parte da máquina estatal, envolve-se algo mais denso, pois o Estado possui suas tecnologias de comunicação e de vigilância e é chamado a ser o guardião – pelos menos nos estados democráticos – da população. Ora, se assim o é, o Estado deve dispor de todos os meios de vigilância: militar, fronteiras, riquezas, de previsão de calamidades para proteger pessoas. Há, nesse sentido, uma vigilância positiva e se está em jogo a segurança populacional. No mesmo instante, como consequência da complexificação social, o Estado acaba tomando medidas nas quais a vida social é monitorada, embora o povo nem sempre seja consciente, o que não significa que aquele seja tirânico (Lyon, 1997, p. 26). O mesmo podemos dizer quando se trata de certas epidemias que hoje se difundem com velocidade exorbitante e que exigem táticas rápidas de precaução, prevenção e de cura.

As questões sobre vigilância e segurança são frutos do caminhar da sociedade e são presentes desde o surgimento da existência humana na terra, assumindo uma carga negativa de insegurança e controle a partir do evento 11 de Setembro de 2011, quando ocorre a destruição dos edifícios do *World Trade Center*. Desde então, as fronteiras tornaram-se mais estreitas, as tecnologias de comunicação bombardeiam o discurso da segurança, da insegurança e do terrorismo, as tecnologias de segurança são empregadas maciçamente (Bigo, 2006, p. 47-49; Lyon, 2004, p. 136) e novas configurações geopolíticas surgem com a listagem de países com potencial de ameaça terrorista e aqueles seguros (Finn, 2011, p. 139-154). A crise financeira mundial, os quadros de imigrações, os conflitos sociais por causa das situações de desigualdade mundial são fatores que aumentam a instabilidade e a insegurança dos países. Uma das respostas para conter, sobretudo, a insegurança vem pelo monitoramento e pelo uso intenso de todos os tipos de tecnologias, de modo que não haja nenhum lugar isento dos olhos eletrônicos. "Depois de 11 de setembro, o mito da liberdade e da privacidade foi rompido" (Ogura, 2006, p. 277).

1.1. Relação vigilância, segurança e segurança preventiva

Definido o discurso sobre a vigilância, podemos perguntar qual é a relação entre vigilância e segurança e o que compreendemos por segurança e preventiva neste contexto?

Um dado que emerge do conceito de vigilância é o de vigiar, de observar no sentido de cuidado, isto é, promover segurança. Esse termo, de antemão, é polissêmico e se presta a muitos usos: segurança social, segurança do trabalho, segurança patrimonial, segurança alimentar, segurança econômica etc. Por isso, é importante circunscrever seu uso para não se transformar em conceito genérico, deixando de expressar verdadeiramente seu significado específico.

Comecemos pelas raízes conceituais e etimológicas, uma grega e outra latina. Em grego, o termo que designa segurança é *asfaleia*, derivada do verbo *asfalixo,* tornar seguro, fortificar, pôr em segurança por conta própria; pôr em lugar seguro; encerrar, aprisionar, precaver-se contra algo, proteger-se de (Malhadas; Dezotti; Neves, 2006, p. 139). *Asfaleia* é ter estabilidade, firmeza, segurança, garantia em relação ao perigo de dano pessoal; ter condução segura, evidência, garantia; possuir equilíbrio, segurança (Liddell *et al.*, 1983, p. 266; Romizi, 2007, p. 229; Malhadas; Dezotti; Neves, 2006, p. 139). Esse termo aparece quatro vezes na *Política* de Aristóteles (Aristotle, 1977),[3] nos livros VI e VII, é utilizado para se referir, nas diversas formas de democracia e oligarquias, aos meios de conservação e distribuição dos regimes que devem dispor de segurança, levando em consideração fatores de destruição. Ao refletir sobre a cidade e o território ideal, o filósofo afirma que esses devem ser inacessíveis ao inimigo, de fácil saída para os habitantes, de situação favorável tanto para o mar quanto para a terra, possibilitando envio de socorro, e tenha facilidade para o transporte de produtos, madeira para a construção e para melhor segurança do país, para resistir ao inimigo, para melhor socorro e ataque. No plano geral, as cidades deviam ocupar um lugar escarpado, levando em consideração quatro condições: ambiente saudável para favorecer a saúde, proteção contra os ventos, situação para atividades políticas e militares, e para melhor segurança, serem pensadas de modo moderno, tornando-as mais belas e seguras.

Aristóteles, é importante observar, ao escolher essas quatro características para a construção de cidades e a expansão dos territórios, pensa a segurança como garantia da articulação do sistema político. Na concepção de democracia ateniense, significa favorecer e garantir o bem-estar do povo, na condição de cidadão livre, e pensar a cidade esteticamente. De certa forma, isso acaba sendo incorporado posteriormente pelos Estados modernos ao assumirem o conceito de segurança nacional relativo à segurança interna do Estado e à segurança do Estado e de seus cidadãos de ameaças externas (Labanca, 2007, p. 1219).

---

[3] Cf. book VI, section 1319ᵇ (ἀσφάλειαν); book VII, section 1327ᵃ (ἀσφάλειαν); book VII, section 1330ᵇ (ἀσφαλείας/ ἀσφάλειαν).

Platão, na *República*, no livro V, faz referência à *asfaleia* ao discutir sobre a possibilidade ou não de os jovens participarem das guerras. Relembra o perigo de serem abatidos, trazendo consequências para o Estado, que pode tornar-se incapaz de se refazer. A conclusão é de que os jovens guerreiros têm de aprender a arte da guerra, mas devem ser colocados em ambiente seguro (PLATO, 1982, p. 467).[4]

Em latim, *securitas* indica tranquilidade de espírito, ausência de preocupações, ausência de perigos e segurança (FARIA, 1955, p. 829); *securus* significa estar livre e seguro de inquietações ou de ansiedade, despreocupado, sossegado, tranquilo, isento e livre de perigo, sem medo, integrado, seguro ou em segurança (MURRAY, 1993, p. 671). Podemos então dizer que segurança é uma condição para o ser humano viver bem e não se estende somente à dinâmica social de uma ausência de conflitos, mas de possibilidades garantidas para que possam desenvolver-se de modo pleno capacidades intelectuais e relacionais com a sociedade onde vive.

A segurança, como condição de sobrevivência, não é um privilégio somente do ser humano. No mundo animal, vários seres criam, por seus instintos, condições para se protegerem e sobreviverem. Animais e plantas possuem seus modos de defesa e, por consequência, a segurança advém do próprio corpo. Desde quando nascem, são equipados com seus instintos e alguns instrumentais naturais que lhes permitem sobreviver à luta cotidiana por território e alimento. Muitos animais usam camuflagens para se esconderem de seus predadores, mudando sua coloração, emitem sons de alerta, possuem carapaças, fingem-se de mortos, soltam a própria cauda e exalam odores para demarcarem seus territórios e se defenderem (ALZUGARAY; ALZUGARAY, Cátia, 1995, p. 343. MARX, Gary, 2011, p. 19; GEHLEN, 1983, p. 52). No mundo animal, a segurança é programada, instintiva, e o nível de criatividade e intera-

---

[4] Cf. Book V, section 467[c] (ἀσφάλειαν).

tividade são menores do que em humanos. Nesse sentido, a segurança no mundo animal é sobreviver ao processo de seleção natural em que o mais forte elimina o mais fraco.

Se os animais têm mecanismos de defesa contíguos ao corpo que lhes protegem e lhes dão segurança, o ser humano foge a essa condição. Ao contrário dos demais, não possui instintos superdesenvolvidos, tem de aprender a se localizar no mundo, interpretá-lo, dar-lhe significado, intuir as condições adversas e elaborar intelectualmente mecanismos de defesa que lhe garantam proteção, sendo que seus instrumentais de defesa não são contíguos ao corpo, e aqueles que possui, como a força física, a visão, a audição e a velocidade, são reduzidos em relação a outros animais. Assim, seus instrumentais de defesa advêm de sua capacidade racional de elaboração de artifícios (GEHLEN, 2003, p. 32-35; GEHLEN, 2005, p. 72). Segundo Umberto Galimberti, "como resultado desta carência, o homem, para viver, é obrigado a construir o complexo de artifícios ou de técnicas, capazes de suprir a insuficiência daqueles códigos naturais que, para os animais, são instintos" (GALIMBERTI, 2007, p. 89). Além de suprir esses códigos naturais, diferentemente dos demais seres, o ser humano, além de estabelecer a proteção para a sobrevivência, é o único a fazer a elaboração psíquica e a perceber a segurança como estado de "bem-estar".

Para Gehlen, "no homem qualquer transformação dos aspectos originários da natureza ao serviço dos próprios escopos é entrelaçada desde os primórdios à luta contra seus semelhantes, e só nos tempos mais recentes se está fazendo estrada à tentativa de dissolver esta dramática conexão" (GEHLEN, 2003, p. 32). À medida que a sociedade evolui do sistema tribal às sociedades mais complexas e urbanas, surgem as tensões, e a segurança toma conotação mais defensiva, emergindo concomitantemente o aperfeiçoamento tecnológico. Discordando em partes do pensamento de Gehlen, parece que essa dramática conexão ainda permanece.

1.2. Indícios da segurança defensiva

Historicamente, é possível encontrar alguns elementos interessantes acerca dos indícios de uma segurança defensiva. No Paleolítico, machados eram fabricados com bordas cortantes e outros instrumentos com pontas e lâminas cortantes para raspar, caçar, pescar e coletar frutos silvestres. No Neolítico, já há avanços na fabricação desses instrumentos através da técnica do polimento, tornando-os mais afiados e mais cortantes. Ocorre também a substituição do modelo econômico: do predatório ao da produção de alimento, desenvolvendo a agricultura, a pecuária e o aparecimento de povoados sedentários (Nova Enciclopédia Barsa, 1999, p. 207-209). Com a descoberta do cobre e do bronze, possibilita-se a confecção de armas associadas ao cavalo e ao carro de combate, e povos como os sumérios alcançam a supremacia militar. Mais tarde, foram superados pelos hititas, que descobriram o ferro e podiam fabricar armas mais eficazes. Na cavalaria, a invenção da sela e do estribo deu maior estabilidade e liberdade ao guerreiro que podia manejar sua arma firmemente.

Se a fabricação de artifícios de guerra mais sofisticados possibilita maior eficiência no combate, surgem também as barreiras de combate, como a fortaleza com seus muros para proteção dos ataques externos. As fortalezas proporcionavam a defesa do grupo que poderia sobreviver por longo tempo, devido ao estoque de alimentos, desanimando o inimigo. Como estratégia para romperem as muralhas fortificadas, inventam-se a catapulta, a besta, as torres móveis e os aríetes. Por meio das catapultas, era possível lançar pedras, madeiras incendiadas, cadáveres de animais e de prisioneiros em estado de putrefação para provocar enfermidades e enfraquecer psicologicamente os inimigos sitiados (Temática Barsa. v. 7, 2005, p. 49; Marconi, 2004, p. 8-10).

Até o século XIV, a tecnologia desempenhava um papel muito tímido nos conflitos armados. Os armamentos eram mais utensílios de caça: lanças, machados, fundas, espadas. As armas utilizavam a tensão e a força humana para o disparo, como no caso do arco (ALZUGARAY; ALZUGARAY, Cátia, 1995, p. 410). É a partir da Revolução Industrial e da Primeira e Segunda Guerras Mundiais que as tecnologias passam a ser empregadas pelos Estados, a fim de munirem seus exércitos, bem como para terem maior informação sobre a população e condições de assegurar paz, de maior capacidade técnica de resolução diante das catástrofes naturais, e promoverem a melhoria da vida da população. Consequentemente, a compreensão de segurança também sofre suas modificações, de condição de sobrevivência enquanto indivíduo e território para uma racionalização ideológica e poder de controle e de defesa, envolvendo políticas e tecnologias de vigilância.

Assim, quando se fala em segurança preventiva é um modo de antecipar, de antever situações que provocam efeitos positivos ou negativos sobre determinada realidade, com possibilidade de tomar medidas de modo antecipado (PITCH, 2008, p. 24), usando recursos ou técnicas adequadas, de acordo com a exigência de determinada situação, para que possa responder adequadamente aos interesses, seja do Estado quanto da população.

É importante compreender as raízes do aumento da vigilância. A convivência social, mesmo em pequenas comunidades, provoca conflitos. A passagem do sistema tribal para o sistema feudal, do sistema feudal para o Estado Moderno fez a convivência humana mais complexa, necessitando de mais segurança e de vigilância. Para gerir a vida político-social, o Estado se vale da burocracia, na qual todos os cidadãos devem ter seus dados colhidos e, assim, passarem a existir para o Estado. Outro fator é a burocratização, a ampliação e o aparelhamento das forças armadas (LYON, 2007a, p. 28-29). As muralhas das sociedades medievais, na sociedade moderna, dão lugar às fronteiras que não são marcadas por circunscrições meramente físicas, mas pelos tratados e acordos delineados entre Estados ou por meio de guerras; a torre dá lugar aos postos de controle alfandegários. Daí a necessidade de sair da torre de vigilância e investir em disciplina e inteligência militar. Nesse sentido, a Revolução Industrial aliada à Ciência prestaram grande serviço neste campo, ao liberar a capacidade construtiva do ser humano e automaticamente do progresso. Verificam-se duas faces da mesma moeda: produção de certo bem-estar, conflitos sociais, vigilância de trabalhadores, como podemos ver no filme *Tempos Modernos* de Charles Chaplin.

Para David Lyon, a razão pela qual a Modernidade multiplica sistemática e rotineiramente a vigilância é a busca por eficiência, produtividade, velocidade e alcance abrangentes (Lyon, 2007a, p. 26). Ele continua dizendo que há alguns traços comuns que nos ajudam a analisar similaridades e diferenças entre os diversos lugares da vigilância. Tais linhas incluem processos básicos para a modernidade, conforme se segue: racionalização como processo no qual técnicas padronizadas são procuradas e a razão priorizada como guia social, política e da vida econômica; tecnologia e uso da ciência como práticas organizacionais a fim de reforçar a racionalização; classificação de grupos, tais como trabalhadores, prisioneiros e clientes, com a finalidade de facilitar gestão e controle, a partir de tratamento diferenciado dado a cada um; cognoscibilidade e pronta participação voluntária por parte daqueles cujos detalhes de vida estão sob escrutínio, que faz a diferença de como a vigilância funcionará, ou seja, a vigilância opera melhor com a cooperação daqueles que estão sujeitos a ela. Por fim, a urgência que, após o 11 de Setembro, tornou-se, no mundo da segurança, o que poderia ser chamado obsessiva aversão ao risco e mídia amplificada do pânico público (Lyon, 2007a, p. 26-27). Além desses traços propostos por Lyon, acrescentamos a capacidade de prever, porque, se pensamos no que hoje as novas tecnologias oferecem do ponto de vista da vigilância, o objetivo a ser alcançado é prever para agir.

No contexto da sociedade ocidental herdeira do cartesianismo, do Iluminismo, da Revolução Industrial, do racionalismo kantiano e hegeliano, do capitalismo e da globalização, a racionalização é o critério para a escolha das técnicas que serão aplicadas na vida social, político-econômicas como resposta às necessidades humanas na pós-modernidade. Essa razão técnico-científica dá todo o suporte para tal desenvolvimento e faz mais inteligível os eventos a serem perscrutados. Se racionalização é um modo de ler a realidade por dentro de forma sistemática e de fazer escolhas objetivas, a tecnologia a ser escolhida é aquela que responde a esse critério e empodera pessoas, grupos, instituições e o Estado. Portanto, ela deve responder de modo orgânico, sistematizado aos interesses de quem a detém. Essa tecnologia tem a finalidade de objetivar realidades, classificando-as. A classificação demonstra o lado eficiente da racionalização e da tecnologia, cuja finalidade é delimitar e selecionar grupos de interesse para a vigilância sistemática. A partir desse critério, tratar cada situação de modo eficiente e seguro. Classificar significa, cartesianamente, reduzir em pequenas unidades de pensamento para conhecer o todo (DESCARTES, 2003, p. 87-89),[5] isto é, ter a cognoscibilidade de uma situação a ser escrutinada e o que se fazer com ela. Da realidade conhecida urge uma ação, inclusive com a participação voluntária ou não, por parte daqueles, cujos detalhes de vida estão sob escrutínio. A urgência é a linha indicativa da ação a ser tomada, seja para tornar pessoas consumidoras, seja para controle social, usando o próprio discurso da segurança. O discurso da urgência cria, em âmbito social, o discurso da insegurança e o medo social, de modo que por mais que se invista em tecnologias, sempre haverá a sensação de que ainda não é suficiente. É esse discurso que cria uma mentalidade de sociedade insegura.

A racionalização, a tecnologia, a classificação, a cognoscibilidade e a urgência levam ao objetivo da vigilância, a previsão, como capacidade que se tem de ler os fenômenos e compreender suas tendências. No mercado

---

[5] Os passos que compõem o método cartesiano são: a *evidência* para se buscar a clareza e a distinção; a *divisão*: decompor, analisar e dividir os problemas em quantas partes forem necessárias a fim de solucioná-las; a *ordenação*: conduzir o pensamento de modo gradual da unidade mais simples a mais complexa; e a *enumeração*: a verificação apurada para se obter a ordem do pensamento fragmentado da divisão e da simplificação. A finalidade do método é chegar ao conhecimento claro e distinto em nível metodológico. Expressa o desejo cartesiano de chegar a uma matemática universal (*Mathesis Universalis*) e garantir unidade e autonomia do conhecimento científico.

financeiro, prever oscilações financeiras; se numa loja, os desejos do consumidor; no campo de segurança, prevendo o ataque de inimigos externos; nos fenômenos climáticos, identificar áreas de risco. Verifica-se, então, o verdadeiro sentido de vigilância, o estar sempre alerta, em sentinela.

Esse clima de constante vigilância se verifica a partir de 1930 e do pós-guerra, emergindo duas questões: a Segunda Guerra Mundial foi uma guerra em que Ciência e Tecnologia tiveram papel fundamental; os totalitarismos decorrentes desse período e a Guerra Fria criaram um clima de tensão social, novos arranjos geopolíticos e urbanos, novos discursos tecno-militares para o investimento de inteligência e de tecnologia, sobretudo nos Estados Unidos (GRAHAM, 2006, p. 249). Consequentemente, com a ajuda da pesquisa científica, da preocupação dos governos em manter seus territórios protegidos e seguros, a tecnologia passa a ser usada como um fator primordial para auxiliar nessa empresa. Nota-se, neste caso, uma passagem interessante. O aparato militar criado pelos Estados sempre se baseou no discurso da segurança. Isso do ponto de vista ideológico e psicológico provocava na sociedade a sensação de estar segura. Havia uma crença de que o Estado bem aparelhado pelas forças militares e pela tecnologia fosse capaz de responder a tais exigências. A partir da Guerra Fria, o discurso muda da segurança para a vigilância, na qual não bastam mais somente exércitos aparelhados e tecnologias; é a sociedade sob a tensão e o medo de que qualquer coisa possa acontecer; de que o outro, o desconhecido, sempre é ameaçador. Torin Monahan discorre sobre a construção da insegurança, enfocando os processos, os mitos e as tecnologias envolvidas para solidificar a insegurança como uma experiência cultural vivida (MONAHAN, 2010; ALTHEIDE, 2009, p. 29-35). Alguns autores denominam esse quadro de nova vigilância, por exemplo, Gary Marx (2002, p. 8-29).

Se até agora discorremos sobre a vigilância como um processo social que envolve conhecimento e tecnologias, devemos também perceber as tensões que envolvem esse campo a partir de diferentes referenciais teóricos, seja o mito, a filosofia e a literatura.

2. Tensões da vigilância como controle

A vigilância não é uma realidade exclusiva, conforme já vimos, do homem pós-moderno; é uma condição decorrente de necessidades humanas e que, ultimamente, tem se tornado central na vida moderna (Lyon, 2007a, p. 12). Situa-se no emaranhado das relações humanas no conjunto social e, a cada tempo, possui suas características próprias e tensões. Decodificaremos algumas delas e de quais pressupostos podemos detectar e explicar tais tensões entre indivíduo e sociedade. Traremos à luz algumas contribuições provenientes do mito de *Argos Panopticon*, das obras de Jeremy Bentham, Michel Foucault, George Orwell, Gilles Deleuze e Dan Brown como uma primeira abordagem. Serão suficientes? Que limites podemos encontrar em algumas delas? Grande parte da literatura atual sobre vigilância parte de algumas dessas fundamentações.

2.1. O olhar de *Argos Panopticon*

As primeiras formas de explicar a origem das coisas provêm do mito. Uma das elucidações sobre a vigilância já podemos encontrar no mito de *Argos Panopticon* (aquele que tudo vê). A história possui versões diferenciadas, porém equivalentes. Conforme o relato, Argos, um gigante monstruoso que eliminou o grande monstro Equidna[6] que devorava viajantes inocentes, possuía cem olhos. Enquanto cinquenta dormiam, outros cinquenta vigiavam. Servo fiel da ciumenta Hera, é incumbido de vigiar a amante de Zeus, Io, filha do deus fluvial Ínaco, que fora transformada em uma novilha para escapar da terrível ira de Hera.

---

[6] Criatura monstruosa e cruel, com corpo de mulher e cauda de serpente, que vivia nas profundezas da terra em uma caverna, distante dos homens e dos deuses.

Para libertar a amante, Zeus envia Hermes (Mercúrio), que executa uma canção por meio de uma flauta e faz Argos dormir. Em seguida, assassina-o, cortando-lhe a cabeça (IMPELLUSO, 2005, p. 34). Em reconhecimento à fidelidade e aos serviços prestados a Hera, ela o transforma de monstro em um pavão real, animal sacro da deusa, transplantando seus olhos para a cauda da ave (PALAZZI, 1942, p. 36; THE ENCYCLOPEDIA AMERICANA. v. II, 1963, p. 231).

Conforme podemos notar, o mito não tem o escopo principal de teorizar sobre a vigilância, porém demonstra que há, desde os primórdios, uma situação conflitante. Hera, esposa de Zeus, sente-se ameaçada, vulnerável, com medo de perder o amor do marido ou controlá-lo. Depreende-se, então, que a vigilância, nesse caso, possui dupla face de Janus: de um lado, proteger e preservar um bem – o amor –; e do outro, perscrutar, monitorar o que se passa em outros lugares do Olimpo, por causa da infidelidade de Zeus, bem como o desejo de Hera de destruir a concorrente, uma vez que Io fora transformada em novilha para fugir da ira da deusa.

Argos é capaz de vigiar, revezando seu olhar, mas não se mantém acordado ao ouvir o som da flauta de Hermes, que, após adormecê-lo, atinge com golpe fatal o ponto vital do monstro, a cabeça. Na sociedade ocidental, a cabeça está ligada à autoridade de governar, de ordenar, de instruir, à ciência, à inteligência, à reflexão, à lógica, à programação, à razão pura, à força sem a qual os olhos não podem ver. Portanto, no contexto da vigilância não basta somente ter olhos, é necessário agir com inteligência e astúcia, característica não perceptível em *Argos Panopticon*, ao demonstrar sua fragilidade. Daí, deduz-se que, mesmo tendo enorme quantidade de olhos, a vigilância possui seu caráter suscetível.

O relato mítico mostra-nos que há um conflito de poderes. Hera, detentora de Argos, luta contra o amor proibido de Io por Zeus e, ao mesmo tempo, com o poder do marido, deus do Olimpo, que ordena uma ação sutil contra a própria mulher, por meio de outro deus, Hermes, para libertar sua amante. Hermes possui a técnica – a flauta – e a arte de interpretar, capaz de vencer o olhar vigilante de Argos. Em outros termos, o mito já assinala que, no campo estratégico da vigilância, é importante a capacidade de interpretar a ação do outro e utilizar o instrumental técnico preciso para garantir o êxito da ação eficaz.

2.2. A arquitetura panóptica em Bentham

Se a mitologia nos acena para questões conflitantes, a ideia da vigilância e da reforma do comportamento por meio da arquitetura está presente na obra *O panóptico* de Jeremy Bentham (2008). Trata-se de um conjunto de vinte e uma cartas que foram escritas em Crecheff, na Rússia, e enviadas à Inglaterra no ano de 1787. Nas primeiras dezessete cartas, podemos encontrar todo o relato da eficiente arquitetura prisional para recuperação de criminosos, beneficiando a sociedade e com baixo custo financeiro (GONÇALVES, 2008, p. 61).

Na primeira carta, Bentham expõe de modo claro a ideia do princípio de inspeção e sua aplicação a uma série de realidades até mesmo em situações opostas e que mantenham pessoas sob vigilância.

> Não importa quão diferentes, ou até mesmo quão opostos, sejam os propósitos: seja o de *punir o incorrigível, encerrar o insano, reformar o viciado, confinar o suspeito, empregar o desocupado, manter o desassistido, curar o doente, instruir os que estejam dispostos* em qualquer ramo da indústria, ou *treinar a raça* em *ascensão* no caminho da *educação*, em uma palavra, seja ele aplicado aos propósitos das *prisões perpétuas* na câmara da morte, ou *prisões de confinamento* antes do julgamento, ou *casas penitenciárias*, ou *casas de correção*, ou *casas de trabalho*, ou *manufaturas*, ou *hospícios*, ou *hospitais*, ou *escolas* (BENTHAM, 2008, p. 19-20).

Para isso, Bentham se embasa sobre uma arquitetura panóptica: um edifício circular, com celas individuais para prisioneiros, um alojamento central para o inspetor, janelas largas para iluminar as celas. Esse complexo sistema de telas colocado nas janelas da torre central de inspeção impede os prisioneiros de visualizarem seus vigias; as lâmpadas para iluminar os prisioneiros e sistemas semicirculares de celas separadas e classificadas para que o agir dos detentos fosse evidente. A centralidade do inspetor, combinado com dispositivos para ver sem ser visto, deveria ser de tal modo que ele pudesse escrutinar o número total dos apartamentos, desenvolvendo a sensação nos prisioneiros – persuadi--los – de que realmente estavam em constante inspeção, mesmo se não estivessem sob tal realidade, criando uma ideia própria de automatização do sistema disciplinar, a indução dos prisioneiros ao autocontrole, e tornar a presença de inspetores quase supérflua (BENTHAM, 2008, p. 20-29; LYON, 1997, p. 93-94; LYON, 2001a, p. 159; WHITAKER, 1999, p. 45-51). Desse modo, o poder é garantido e opera sem coerção, força ou violência, automática e continuamente, seja a torre ocupada ou não (STAPLES, 2000, p. 29; LYON, 2007a, p. 57).

Internados, os prisioneiros eram isolados em células individuais e circulares em torno da torre de observação, de modo que os guardas poderiam monitorá-los sem serem vistos e poucos espectadores poderiam escrutinar o comportamento de muitos prisioneiros e transformá-lo, a partir de articuladas normas de comportamento. Por isso, era essencial a consciência do indivíduo de que estava sendo vigiado, mesmo se não o fosse, instilando uma disciplina interior, encorajando-o para refletir minuciosamente sobre seu comportamento, num esforço para transformar a si mesmo em direções prescritas, de acordo com o padrão institucional (HAGGERTY, 2006, p. 25; HUEY; WALBY; DOYLE, 2006, p. 159). Toda essa parafernália arquitetônica, com espaços funcionais funcionando em torno de uma detalhada orquestração de espaço, tempo, luz e visibilidade (BOGARD, 2010, p. 18), objetivamente visava "à moral reformada;

à saúde preservada; à indústria revigorada; à instrução difundida; aos encargos públicos aliviados; à economia assentada, como deve ser, sobre uma rocha; ao nó górdio da Lei sobre os pobres não cortado, mas desfeito – tudo por uma simples ideia de arquitetura!" (BENTHAM, 2008, p. 17).

David Lyon afirma que Bentham é um reformador social secular e um dos principais contribuintes para a escola de pensamento utilitarista britânico e que, no século XVIII, a Inglaterra era movimentada por ideias de urgente reforma penal (LYON, 2007a, p. 57-58). Gonçalves afirma que, para compreender a proposta do Panóptico, devem-se considerar os pressupostos da ética utilitarista; caso contrário, corre-se o risco de não refletirem os objetivos do autor (2003, p. 114). Logo, a casa de inspeção de Bentham, como também é chamada, não deve ser desvencilhada do contexto histórico inglês e, especialmente, da filosofia utilitarista. Há uma necessidade de reformas e questões tensas entre indivíduo e sociedade. Parece que Bentham, na linha do utilitarismo, busca equacionar interesses individuais e sociais.

> No Panóptico, há uma preocupação constante com o bem-estar de todos os envolvidos no dispositivo de inspeção, entendendo-se aqui bem-estar como a possibilidade de ter a melhor qualidade de vida possível. Assim, detentos são tratados com respeito, alunos com seriedade, doentes com o profissionalismo, não sendo permitido qualquer espécie de abuso ou negligência (GONÇALVES, 2008, p. 29).

Aparentemente o interesse é de todos, entretanto, prevalece o interesse social sobre o indivíduo e, para auferir o bem-estar geral, pode-se sacrificá-lo de algum modo. Lyon assevera que o sujeito, na concepção de Bentham, vem constituído como criminoso, alguém que deve ser inspecionado, normalizado por meio de uma reabilitação, o que chama da reforma moral do indivíduo (LYON, 2001a, p. 160), mas se distancia da ideia de pessoa em sua concreta inteireza, reafirmando que as relações sociais apropriadas são aquelas que se fundamentam em abstrações desencarnadas (LYON, 2001a, p. 215).

O conceito de vigilância que emerge da casa de inspeção de Bentham é transformar as pessoas internadas em virtuosas. Seus preceitos aplicam-se em áreas importantes da sociedade: moral (transformar delinquentes), saúde (hospícios e hospitais), instrução (escolas), trabalho e economia. Em termos de sociedade em transformação que carrega em seu bojo conflitos sociais, a vigilância recai sobre o indivíduo pensado como um organismo que pode apresentar patologias, vícios, e deve ser domesticado, a fim de que, no nível social, se possa visar à maior felicidade possível para a quantidade de pessoas.

A técnica de vigilância sobre o indivíduo, que pode transformá-lo e devolvê-lo à sociedade, provém de recursos arquitetônicos e permite fazer a leitura corporal de seus comportamentos, evitando a tortura física, criando a consciência de vigilância, a partir do olhar assimétrico e da incerteza como método de subordinação (LYON, 1997, p. 95), fazendo-o introjetar os valores propostos. O indivíduo, portanto, apresenta-se como uma ameaça e deve ser curado, e a técnica arquitetônica oferece-lhe um projeto formativo, segurança e proteção para se tratar; à sociedade, a segurança e a certeza de que este indivíduo não lhe ocasionará dano e, ainda, pode ser reimplantado no corpo social.

2.3. O controle dos corpos em
Vigiar e Punir de Foucault

Outra abordagem sobre a vigilância e de modo crítico ao *Panóptico* de Bentham provém de Michel Foucault. Em sua obra *Vigiar e Punir* (2009), que discorre sobre o processo de evolução e transformação dos sistemas penais e das prisões dos séculos XVIII ao XIX no ocidente, dedica um capítulo ao panopticismo. No conjunto da obra, Foucault demonstra que a evolução se dá do suplício com suas formas terríveis de tortura à disciplina com atividades para os internos nos hospitais, prisões e escolas de forma invisível. A prática do suplício revelava à sociedade o espetáculo e a condenação oferecia mecanismos de ação sobre o corpo dos condenados publicamente e, ao mesmo tempo, a sensação da vingança, uma vez que tal condenado cometera um mal à sociedade.

Posteriormente, o suplício deu lugar a outra forma mais sofisticada de punição: ao acorrentamento dos prisioneiros e ao trabalho forçado que deveriam ser de acordo com os crimes. As punições passam a ter uma disciplina refinada, a partir da individuação dos corpos, transformando-os em dóceis. Para isso, na terceira parte de sua obra, ao discorrer sobre a disciplina, aponta, de forma crítica, o *Panóptico* de Bentham como máquina sutil de disciplinar os corpos, adestrando-os e vigiando-os de modo que o condenado ou interno introjetasse o discurso do poder disciplinar. Como afirma, o "*Panóptico* pode ser utilizado como máquina de fazer experiências, modificar o comportamento, treinar ou retreinar os indivíduos. Experimentar remédios e verificar seus efeitos" (FOUCAULT, 2009, p. 193).

Ao tratar sobre o panopticismo, Foucault o faz considerando duas realidades: as medidas para se evitar uma peste no século XVII e o *Panóptico* de Bentham. Quanto à primeira, as medidas eram de um policiamento extremo e quem desobedecesse correria o risco por contágio ou punição. A cidade é escrutinada detalhadamente por guardas que patrulham cada esquina. Era uma forma presente de fazer o povo obedecer à autoridade absoluta dos magistrados. As pessoas escrutinadas em suas casas não podiam mentir, nem esconder algum doente. Um sistema de recenseamento era feito e enviavam-se relatórios aos magistrados para que pudessem controlar os cuidados médicos, de modo que vida e morte passavam pelas instâncias de poder: a lei e a medicina. Alguns dias depois da quarentena, procedia-se a purificação de cada casa. "A cidade pestilenta, atravessada inteira pela hierarquia, pela vigilância, pelo olhar, pela documentação, a cidade imobilizada no funcionamento de um poder extensivo que age de maneira diversa sobre todos os corpos individuais – é a utopia da cidade perfeitamente governada" (FOUCAULT, 2009, p. 189).

Para tratar do segundo aspecto, Foucault sintetiza as ideias benthamianas da arquitetura do *Panóptico*, em que cada preso é isolado em uma cela, não é visto pelos companheiros e constantemente vigiado. Tal sistema mantém a ordem, a disciplina e não há lugar para insurreição. Afirma Foucault:

> Se os detentos são condenados, não há perigo de complô, de tentativa de evasão coletiva, projeto de novos crimes para o futuro, más influências recíprocas; se são doentes, não há perigo de contágio; loucos, não há risco de violências recíprocas; crianças, não há "cola", nem barulho, nem conversa nem dissipação. Se são operários, não há roubos, nem conluios, nada dessas distrações que atrasam o trabalho, tornam-no menos perfeito ou provocam acidentes (FOUCAULT, 2009, p. 190).

Para Foucault, Bentham coloca o princípio de que o poder deve ser visível e inverificável. Visível porque o detento tem diante de si a silhueta da torre de vigilância e inverificável por jamais saber que está sendo vigiado, mas dentro de si a certeza de que está em constante monitoramento (FOUCAULT, 2009, p. 191). Esse exercício do poder por meio de tal mecanismo torna o poder mais rápido, mais leve, mais sutil e eficaz para uma sociedade que está por vir (FOUCAULT, 2009, p. 198). Assim, "para Foucault, o olhar disciplinar do Panopticon é o arquetípico poder da modernidade, o modelo de disciplina que imbuiria todas as instituições sociais" (LYON, 2007a, p. 57).

Toda a obra de Foucault é marcada por uma tensão entre desejos da sociedade e do indivíduo e uma divisão binária: louco-não louco, perigoso-inofensivo, normal-anormal (FOUCAULT, 2009, p. 189). Ele insiste sobre a capacidade produtiva do poder para gerar e sustentar relações sociais à parte de nenhuma posse de controle que poderia ser possuída por indivíduos (MONAHAN, 2010, p. 139-140). O poder disciplinar coloca-se como curativo e utiliza suas técnicas para individualizar os que não são normais ou não correspondem aos desejos da sociedade vigente. O indivíduo é despoderado pela técnica invisível de controle que

VIGILÂNCIA E SEGURANÇA NA SOCIEDADE TECNOLÓGICA • FUNDAMENTOS ÉTICOS

empodera as instituições de poder que oferecem à sociedade a segurança que esta necessita, numa espécie de contrato não verbal, e a confiança de que indivíduos terão seus corpos trabalhados e amestrados. "Assim a função do *panoptismo* seria a transformação dos corpos em imagens exemplares ou restituídas dentro do sistema social, na medida em que cada um deles é a representação do consenso, de uma vontade geral, de um pacto pré-existente e dimensionado historicamente" (ARRUDA PAULA, 2002, p. 123-130).

Foucault afirma que a "visibilidade é uma armadilha" (FOUCAULT, 2009, p. 190). A visibilidade vem da percepção de determinado corpo, de algo que se materializa. Tal materialização torna-se alvo de percepção e, para burlar a visibilidade, surge a *mimese*, ou seja, a capacidade que se tem de assumir as características do ambiente para não ser percebido. No mundo animal, é uma tática para se livrar de predadores; no mundo humano, como não é possível o corpo passar por um processo mimético, as vestimentas o fazem de modo que podem atenuar a visibilidade do outro, especialmente se é o inimigo. No entanto, o ser humano não pode escapar da condição de visibilidade. Sua manifestação de existir no mundo como corpo sempre lhe dará visibilidade, especialmente na sociedade ocidental, que, para existir, necessita-se de um registro dos corpos. No passado, essa visibilidade perpetuava-se com o corpo físico. Todavia, hoje, o corpo torna-se um elemento de visibilidade e de fornecimento de dados que podem ser digitalizados. O corpo físico pode desaparecer, criando uma pessoa digital[7] ou personalidade telemática. Há a visibilidade da

---

[7] O conceito de pessoa digital (*digital persona*) foi cunhado por Roger Clarke, um cientista da computação (CLARKE, 1994, p. 77-92; LYON, 2007a, p. 87-88). O mesmo texto pode ser encontrado no site do autor: <http://www.rogerclarke.com/DV/DigPersona.html>. Acesso em: 1 mar. 2012). Trata-se de um modelo do indivíduo resultante dos sistemas informáticos estabelecidos por meio da recolha, armazenamento e análise dos dados referentes a ele, podendo constituir uma ameaça e fenômeno socialmente perigoso em termos de vigilância pelo monitoramento através dos dados pessoais. A vigilância de dados oferece meios economicamente eficientes de exercer controle sobre comportamento dos indivíduos e da sociedade. Solove usa o conceito (*digital person*). Para ele, determinado dado isolado do indivíduo não é revelador, mas com-

massa, enquanto o indivíduo se comporta dentro de padrões sociais, e a visibilidade da individuação, à medida que esse sujeito estabelece uma relação de ameaça à sociedade. A partir daí, tanto sua visibilidade física será percebida pelo sistema de monitoramento, quanto sua personalidade telemática será colocada em evidência como alguém que deve estar em constante vigilância.

Fica claro, em Foucault, que o sistema de vigilância e punição não advém de um aparato estatal (hospitais, prisões e escola) enquanto uma realidade física, simplesmente. O espaço físico emerge como possibilidade de abrigar o aparato ideológico capaz de controlar vida e morte dos sujeitos ou decretá-los aptos ou não para o convívio social. O sujeito submetido a esse processo apresenta-se como corpo, enquanto realidade física, e como simulacro, porque a disciplina o fez perder seu modo de ser para ser aceito e corresponder ao projeto social. Essa "vigilância ostensiva dos corpos, centrada naquilo que é a verdade para o observador e que, por sua vez, é a verdade legitimada e regulada pelos mecanismos estatais, representa a manutenção do corpo político-social e estabelece o bom funcionamento do processo de civilização" (ARRUDA PAULA, 2002, p. 129).

Neste sentido, o Estado possui papel ativo por meio de seu panopticismo. A sociedade assiste passivamente não mais ao espetáculo do suplício impingido sobre o corpo do indivíduo, e sim à transformação lenta, a partir do próprio aparato burocrático que as instituições oferecem, sejam estas repressivas, econômicas, pedagógicas e de cura, a fim de corresponderem a seu papel de subserviência ao Estado e de garantia da funcionabilidade social. "Em *Vigiar e Punir* [...] Foucault viu a vigi-

---

binando as diferentes peças de informação é possível construir um retrato de nossa identidade. A tecnologia digital permite a preservação de minúcia de nossas atividades diárias, quem somos, o que possuímos. Cada vez mais é possível criar uma colagem eletrônica que cobre grande parte da vida das pessoas. A vida é capturada nos registros, constituindo uma pessoa digital composta nas redes de computadores coletivos pelo mundo (SOLOVE, 2004, p. 1).

lância ter lugar em espaços fechados – prisões, locais de trabalho, escolas, onde pessoas estão confinadas. Cada contexto tem seus princípios panópticos de trabalho, contendo formas e incluindo sujeitos dentro de um sistema automático de poder" (Lyon, 2007a, p. 59).

Na sociedade disciplinar analisada por Foucault, a vigilância focaliza-se sobre o indivíduo e sobre a mudança ou o aperfeiçoamento de seu agir. Diferentemente de Bentham, no qual a arquitetura fornece possibilidades de controle e de transformação. Em termos foucaultianos, podemos falar de uma arqueologia do saber, enquanto aparato de técnicas e de uma anatomia do indivíduo, enquanto esse saber é capaz de perscrutar e infundir a consciência de que o indivíduo está sempre sob vigilância. Lyon observa que, na análise foucaultiana, há uma lacuna analítica devido ao fato de que ele não comenta a influência da disciplina panóptica e como o poder administrativo foi ampliado e reforçado pelo computador a partir dos anos 60, do século XX (Lyon, 1997, p. 97).

2.4. O olhar controlador do Grande Irmão em Orwell

Outra percepção da vigilância e de forma obscura advém da obra de George Orwell *1984* (Orwell, 2011; Whitaker, 1999, p. 42-43). Conta-se, de forma metafórica, a história de um estado totalitário, cuja figura é o Grande Irmão, que ninguém jamais viu, "um rosto sobre os cartazes, uma voz que vem da teletela" (Orwell, 2011, p. 214), que controla e oprime os cidadãos, expurga dissidentes e espiona cada um em suas casas. Tal controle é feito brutalmente e suscita nas pessoas o medo de estarem sempre vigiadas (Solove, 2004, p. 7). "O Grande Irmão o vê!" (Orwell, 2011, p. 5). As patrulhas da polícia espiavam pelas janelas das pessoas (Orwell, 2011, p. 6) e todos eram considerados suspeitos. Até mesmo os filhos delatavam os pais à Polícia do Pensamento (ORWELL, 2011, p. 27), que impunha "uma vigilância constante sobre a vida íntima e sobre as relações de cada cidadão" (LYON, 1997, p. 89). A figura do Grande Irmão é contraposta a Emanuel Goldstein, que, por ser crítico do Estado, é um inimigo do povo, traidor, contaminador do Partido, objeto de ódio e bode expiatório do mesmo (ORWELL, 2011, p. 15-16).

Um dos personagens principais do romance é Winston Smith, funcionário do Ministério da Verdade, alguém doente e que não recorda o passado, no entanto, responsável por corrigir as informações do Jornal *Times*. Todos os atos dele e de outras pessoas eram vigiados por uma teletela, que recebia e transmitia imagens contemporaneamente. Era um espelho obscurecido e incrustado na parede que podia ter o volume abaixado, jamais ser desligado, e nunca se podia saber se, e quando, estava sob observação e nem com quais sistemas (ORWELL, 2011, p. 6; LYON, 1997, p. 91).

O grande terror de Winston começa quando é traído por O'Brien, um espião do governo, que faz Winston e Júlia – uma militante que vive em contradição com as ideias do Partido – acreditarem que ele também é um crítico do Partido. Ao obter todas as informações, prende-os e envia Winston para o Ministério do Amor, na sala 101, "onde há a pior coisa do mundo" (ORWELL, 2011, p. 290), e o tortura, de tal modo que Winston sofre uma lavagem cerebral e é endoutrinado a não simplesmente obedecer, mas a amar o Grande Irmão.

Orwell menciona no texto quatro ministérios importantes que compõem o aparato governamental, cujos nomes são antagônicos ao papel que exercem: "o Ministério da Verdade, que se ocupava da informação, das diversões, da educação e das belas artes; o Ministério da Paz, que se ocupava da guerra; o Ministério do Amor, que mantinha a lei e a ordem pública; o Ministério da Abundância, responsável pelos negócios econômicos" (ORWELL, 2011, p. 8). O Ministério da Verdade (Miniver) era composto de uma enorme estrutura piramidal de cimento espalhado em vários lugares de Londres; o Ministério do Amor (Miniamor) incutia terror, não tinha janelas. Era impossível entrar a não ser por oficiais. Para chegar, era necessário atravessar emaranhados de fios pontiagudos, portas de aço e ninhos de metralhadoras ocultas e patrulhadas por guardas com face de gorilas (ORWELL, 2011, p. 8). O Ministério da Verdade corrigia todas as notícias de acordo com o Partido e criou o dicionário de Novilíngua que impedia a expressão contra o regime, induzindo as pessoas ao duplipensar: a capacidade de alguém conviver com duas crenças opostas e aceitar ambas (ORWELL, 2011, p. 38).

A crítica orwelliana mostra a vigilância como controle social. Ironicamente, O Grande Irmão, ao invés de proteger, vigia, controla, elimina e vaporiza os que discordam do regime (ORWELL, 2011, p. 22); o Ministério da Verdade, ao corrigir as informações, mente; o Ministério do Amor, ao aprisionar as pessoas, interrogá-las, tortura-as; o ministério da Paz promove a guerra; e o Ministério da Abundância racionaliza os alimentos; e o aparato policial da Polícia do pensamento controla, prende e executa quem discorda da ideologia do Grande Irmão. Há uma tensão entre sociedade e poder governamental que usa as tecnologias por meio da onipresente teletela que projetava a face do Grande Irmão em cada canto, monitorando os cidadãos, deturpando linguagem e criando o duplo pensar (LYON, 2007a, p. 53), controlando a inteira existência: seus pensamentos, idcias c açõcs (SOLOVE, 2004, p. 31).

Orwell traz à tona um Estado patológico que usa todo o aparato técnico em benefício de si e viola a privacidade dos indivíduos por meio de diversos mecanismos de interrogação e de tortura. Segundo William Bogard (2010, p. 138):

> *Mil Novecentos e Oitenta e Quatro* apela para um forte princípio de realidade, algo ligado ao domínio da *privacy*. O inimigo do Grande Irmão é o pensamento criminal, e em Orwell é o livre, o pensamento privado que é o real. Winston sofre os ritos de purificação da Sala 101 para expor e corrigir seu pensamento. No romance, a Sala 101 serve como dupla função. Ela nomeia o espaço físico de uma cura física, um lugar onde a realidade do mal do pensamento privado é exorcizado. E é a metáfora de uma sociedade totalitária, um espaço ideal através do qual todos passam (pensamento criminal ou não).

Verifica-se um estado de vigilância negativa em que as pessoas são classificadas a partir de um sistema ideológico que usa técnicas para aumentar seu poder de visibilidade, de mecanismos de propagandas e da invisibilidade e de meios sutis que conseguem decodificar o pensamento dos discordantes de tal política. Assim, "Orwell previu corretamente que o poder do Estado seria aumentado por meios eletrônicos e retratou a vida sob a miragem, a intrusiva teletela para indicar isso" (Lyon, 2007a, p. 143). Da época de Orwell aos dias atuais, as tecnologias eletrônicas evoluíram consideravelmente, e isso não significa que sua visão seja irrelevante para estudos recentes, mas deve ser atualizada (Lyon, 1997, p. 93), fazendo uma leitura para além da lógica do regime totalitário, conforme observa Garfinkel (2000, p. 3):

> George Orwell pensou que o sistema comunista representava a ameaça definitiva à liberdade individual. Ao longo dos próximos 50 anos, vamos ver novos tipos de ameaças à privacidade que não encontram suas raízes no totalitarismo, mas no capitalismo, no livre mercado, na tecnologia avançada e na troca desenfreada de informação eletrônica.

2.5. A passagem da sociedade disciplinar à de controle em Gilles Deleuze

Os mecanismos de vigilância, de certa forma, não são etéreos. Possuem sua concretude, seja sobre o indivíduo ou em termos sociais. Gilles Deleuze, em um texto intitulado *Post-Scriptum sobre as sociedades de controle* (Deleuze, 2000, p. 234-241), analisa a passagem das sociedades disciplinares às sociedades de controle e as características presentes em cada uma, fornecendo dados para compreender melhor o pensamento de Bentham, Orwell e Foucault.

As sociedades disciplinares situam-se dos séculos XVIII aos séculos XIX, têm seu apogeu no limiar do século XX e deixam de existir após a Segunda Guerra Mundial. São marcadas pelo confinamento, e o indivíduo se move de um espaço fechado a outro: família, escola, caserna, fábrica, hospital, prisão (confinamento por excelência), que são moldes com diferentes características. No enclausuramento, a linguagem é analógica; o indivíduo sempre começa do zero. A fábrica torna-se o exemplo de um corpo que leva as forças internas a um ponto de equilíbrio (mais alto possível para a produção, mais baixo para o salário).

Na sociedade disciplinar, nunca se para de começar. Ela tem dois polos: a assinatura que revela o indivíduo e o número da matrícula para indicar sua posição na massa. Tais sociedades são regidas por palavras de ordem (integração e resistência), o homem da disciplina é produtor descontínuo de energia, e a tecnologia marcada por máquinas energéticas, com o perigo passivo da entropia e o perigo ativo da sabotagem.

As sociedades de controle nascem da crise das sociedades disciplinares. Nos modos de controle, há um sistema de linguagem numérica, marcada pela modulação, uma moldagem autodeformante que varia a cada instante. Na sociedade de controle, a fábrica é substituída pela empresa, que é uma alma, um gás. A empresa modela salários, coloca desafios, concursos e colóquios. Na sociedade de controle, não se termina nada: empresa, formação, estudos, e o essencial não é mais a assinatura e nem o número, mas a cifra, que é uma senha. A linguagem numérica da cifra marca o acesso ou a rejeição à informação. Não é mais o binômio massa-indivíduo. Os indivíduos são "dividuais", divisíveis; massas tornam-se amostras, dados, mercados e "bancos". O homem do controle é ondulatório, funciona em órbita, num feixe contínuo, surfa, enquanto que as tecnologias operam por máquinas de informática e computadores, cujo perigo passivo é a interferência; e o ativo, a pirataria e a produção de vírus.

David Lyon assevera que "para Deleuze, as sociedades atuais têm que fazer menos com a disciplina e mais com o controle. É nos fluxos da vigilância, com seus códigos constitutivos, mais que nos espaços físicos, delimitados por barreiras que vinculam os corpos, onde o poder é contestado" (Lyon, 2001a, p. 188). O poder contestado é aquele localizado, que disciplina corpos, controla determinados espaços físicos e informações. O poder atual é ilocalizável, dissolve-se na rede e é cada vez mais impessoal, sem face (Da Costa, 2004, p. 162), sutil e astuto como a serpente.

Embora Deleuze faça um binômio distintivo entre sociedade disciplinar e sociedade de controle (e isso vemos na atualidade), não podemos acentuar só uma faceta. Na sociedade de controle, ainda observamos aspectos da sociedade disciplinar, tais como a assinatura e o número da matrícula. É importante salientar que as sociedades disciplinares não correspondem mais aos discursos de liberdades, novas conquistas e arranjos da pós-modernidade. Em linguagem deleuziana, a toupeira deixa sua caverna e vislumbra nova realidade, a ondulação (Deleuze, 2000, p. 238), representada pela serpente e pelo surfe, caracterizando a sociedade que está sempre na incerteza, permeada pelas ondas das torres, satélites e surfando na rede e, do outro lado, sendo controlada pela mesma tecnologia que desfruta.

Na sociedade de controle, o termo rede torna-se ambíguo. Ela pode "pescar" o indivíduo sem qualquer pré-aviso (Lyon, 1997, p. 156). Representa todas as interconexões que o indivíduo pode fazer e que lhe dá a mais profunda sensação de autonomia e de liberdade. Mas é a rede que pode prendê-lo a partir dos rastros [*cookies*] (Whitaker, 1999, p. 131) que este deixa nos sistemas computacionais e que poderá aceitá-lo ou não em suas operações. A ideia de que com o computador conectado há a sensação de estar conectado com o mundo é real, todavia não podemos esquecer de que o mesmo clique que descortina o mundo também o traz para dentro de nosso computador. O indivíduo, dessa forma, é muito mais vulnerável e receptivo aos mecanismos que serpenteiam seu modo de agir. À medida que ele surfa pelas novas tecnologias, ele é digitalizado de algum modo. Na óptica deleuziana, "tornando-se digitalizado, o indivíduo cessa de ser a básica e indivisível unidade da sociedade, e a própria sociedade torna-se convertida em uma série de entidades não sociais, tais como amostras numéricas, bases de dados e mercados virtuais" (Los, 2006, p. 83).

Outra característica da sociedade de controle é o não lugar físico. Com as novas tecnologias de comunicação e de vigilância, pode-se serpentear pelas estradas e, ao mesmo instante, estar conectado às redes. Se a característica da sociedade disciplinar é a onipresença física, na sociedade de controle, pode-se estar onipresente virtualmente em algum lugar e somente ser reconhecido por alguém capaz de desencriptar as ondas da serpente que se movem em cada movimento do *mouse*. Em outros termos, a sociedade de controle é indisciplinar, porque não opera no indivíduo um programa fechado dentro do confinamento e palavras de ordem como integração e resistência, ao modo das instituições disciplinares; é aberta, marcada pela modulação, uma moldagem autodeformante que varia a cada instante, e o disciplina para uma inquietude, na qual o pavor é estar confinado onde não se encontra a onda.

Na sociedade disciplinar, as instituições são incumbidas para modelar o corpo do indivíduo, segundo os rituais estabelecidos, e este seja devolvido, a partir do momento que tenha introjetado dentro de si valores e, se não, seja afastado do convívio social. Há uma hierarquização de poderes e de vigilância: o poder do pai, do professor, do comandante, do chefe, do médico e da autoridade prisional, e a comunicação face a face, diretamente, sem mediação tecnológica sobre o corpo do sujeito. Desse modo, o processo de vigilância era vertical e imóvel, de modo que, no conflito social, o indivíduo era o mais fragilizado e sempre submisso. De outro modo, na sociedade de controle, quem modela os sistemas formativos são os provedores que fornecem todas as ferramentas para que o indivíduo se forme por si mesmo e surfe nas ondas, de modo a se perder no emaranhado da rede e de *links*. O indivíduo está sempre diante dos portais que nunca deixam de estar abertos para conectá-lo a qualquer lugar. Ele necessita da mediação tecnológica, a comunicação é virtual, a vigilância é horizontal e não é diretamente sobre o corpo, mas nos vestígios algorítmicos que ele deixa na rede que mapeia seu perfil, demonstra suas atividades e seus hábitos (DA COSTA, 2004, p. 165). No conflito social, por meio dos meios tecnológicos e das redes, o indivíduo pode ser objetivado e ter seu perfil delineado, checado e ser considerado ameaçador ou usuário da rede e socialmente conectado.

2.6. A *Fortaleza Digital*: a inserção das novas tecnologias e vigilância

Se o romance de George Orwell apresenta com sua acuidade literária a realidade do Grande Irmão, a *Fortaleza Digital*,[8] de Dan Brown, apresenta-nos a realidade do uso das novas tecnologias e da vigilância, na pós-modernidade, e nos conecta com a sociedade de controle, descrita por Deleuze, colocando-nos no ambiente das novas tecnologias de comunicação e de vigilância, ao narrar a história fictícia da NSA (*National Security Agency*), uma das instituições mais secretas do governo americano, responsável por interceptar mensagens de governos potencialmente perigosos (BROWN, 2008, p. 22).

---

[8] Essa obra é uma realidade ficcional que se passa na Agência de Segurança Nacional dos Estados Unidos. Certamente as descrições do livro não correspondem à realidade da Agência. Interessa-nos o cenário no qual se passa a história, ao trazer a problemática concreta da segurança e das tecnologias de vigilância e os problemas que delas emergem. No entanto, é verdade a capacidade dos Sistemas *Carnivore* do FBI que usam *softwares* farejadores, *sniffers*, para checar milhões de mensagens de *e-mails* e do *Echelon*, um sistema internacional inteligente de coleta de dados que usa as mais poderosas ferramentas *on-line* para averiguar negociações diplomáticas, crime organizado e grupos suspeitos de constituir ameaça política (LYON, 2007a, p. 42-43; DA COSTA, 2004, p. 163-164; LYON, 2004, p. 140; MATTELART, 2007, p. 74-76; LYON, 2006, p. 598-599; LYON, 2005, p. 12-13.128-130).

Vigilância e segurança na sociedade tecnológica • Fundamentos éticos

O relato se passa no Departamento de Criptografia envolvendo Susan Fletcher, especialista em criptografia, e David Becker, um professor universitário do departamento de línguas da universidade, convidado pela NSA para decifrar códigos Kanji, um dialeto japonês escrito em caractere chinês (Brown, 2008, p. 17). Susan e David Becker auxiliam Strathmore, chefe da NSA, a desvendar a divulgação de um novo algoritmo inquebrável, o Fortaleza Digital,[9] criado por Ensei Tankado, um programador japonês que sofria as consequências da explosão de Hiroshima, aleijado, devido à radiação, e que foi contratado pela NSA. Ele tinha conduta ilibada eticamente e demitiu-se quando ficou sabendo que o projeto TRANSLTR[10] fugira de seus padrões e a NSA, com isso, poderia bisbilhotar as correspondências das pessoas, violando-lhes a privacidade (Brown, 2008, p. 38). O projeto de Tankado garantia total privacidade para os e-mails, elemento considerado perigoso para o trabalho antiterrorismo da NSA. Tankado é assassinado (Brown, 2008, p. 276), porque seu plano do Fortaleza Digital era uma arma para fazer a NSA confessar que havia um computador capaz de controlar dados de todo o mundo. A questão que envolve a morte de Tankado era sua luta para que as pessoas tivessem pelo menos um segredo (Brown, 2008, p. 222).

A ficção traz uma série de elementos que se conectam ao discurso das novas tecnologias de segurança e vigilância, tais como uma breve história da criptografia nos tempos dos romanos e do nazismo (Brown, 2008, p. 22-23), e uma série de temas relacionados às novas tecnologias de vigilância, tais como segurança, guardas, espiões, supercomputadores, senha, identificações, e-mails, algoritmo de decodificação, laboratório de segurança de sistemas, identidade de usuário, mensagens digitais, dados, banco de dados, biometria, dispositivo eletrônico, en-

---

[9] Algoritmo indecifrável e que jamais ficaria obsoleto, mesmo com a evolução dos computadores.

[10] Nome fictício para identificar um supercomputador capaz de desencriptar qualquer código, mas que não consegue com o Fortaleza Digital.

criptação de dados, desencriptação de algoritmo, cartão magnético, cartão de crédito, radiofrequência, posto de escuta, satélites, grampos telefônicos, passaporte, sistema de posicionamento global (GPS), trancas de porta ativadas por voz, bloqueador de radar, celular, câmeras de vídeo, portas eletrônicas, escutas telefônicas, pager, protocolos de comunicações militares, identidade de espiões, planos de armas, documentos digitalizados e acordos de comércio.

Enumera agências como FBI (*Federal Bureau of Investigation*), CIA (*Central Intelligence Agency*), NSA e a AEFF (*Associação Eletronic Frontier Foundation*) que luta pelos direitos de expressão do mundo eletrônico. Mencionam-se temas como antiterrorismo, terrorismo eletrônico, ciberpornografia, segredo, segurança, insegurança, privacidade, privacidade de usuários, privacidade digital, direitos civis à privacidade, monitoração da comunicação, espionagem, alta tecnologia para produção de supercomputadores, microtecnologia e vigilância, dentre outros.

Constata-se, dessa forma, no cenário de *Fortaleza Digital*, o que Gilles Deleuze chama de sociedade de controle, onde cada funcionário vigia um ao outro e cada espaço é vigiado (Brown, 2008, p. 143, 146) por um conjunto de instrumentais que recorda o Grande Irmão em Orwell. Dan Brown retoma a metáfora: "O *Big Brother* era um Centrex 333 que ficava em um canto ao lado da sala principal da ala dos diretores. [...] Recebia dados de 148 câmeras de vídeo internas, 399 portas eletrônicas, 377 escutas telefônicas e 212 pontos de escuta espalhados por todo o complexo da NSA" (Brown, 2008, p. 132). Em um dos diálogos do texto, a personagem Midge diz a Brinkerhoff: "Lembre-se de que as paredes têm olhos" (Brown, 2008, p. 133).[11] A partir desses discursos, podemos fazer uma conexão com a teletela de Orwell que jamais se desliga, com a torre de vigilância de Bentham e com a armadilha da visibilidade em Foucault. Brown expõe, de certo modo, a problemática

---

[11] O mesmo sentido usado para o olhar do Grande Irmão na obra *Mil Novecentos e Oitenta e Quatro* de Orwell.

da privacidade no contexto atual em uma de suas afirmações: "Nesta era digital, a privacidade havia se tornado uma coisa do passado – tudo estava registrado em algum lugar. As companhias telefônicas podiam dizer exatamente quem havia ligado e quanto tempo a chamada tinha durado" (Brown, 2008, p. 112).

A trama coloca-nos no contexto da sociedade pós-moderna, marcada pela complexidade das novas tecnologias de vigilância. À medida que esta evolui, os problemas tendem a aumentar, uma vez que nem todos os indivíduos têm a consciência e a responsabilidade de construir o tecido social; ao contrário, oferecem perigo aos demais. Como instrumental de auxílio ao sistema jurídico, a tecnologia presta, nesse caso, um serviço à identificação e a reclusão desses sujeitos. De certa forma, esse aparato técnico é bastante visível a nossos olhos, porém há os que são abstratos. Segundo David Lyon, "as sociedades vigiadas do século XXI dependem de uma rede complexa de tecnologias de informação e de comunicação. A rede não é visível, mas suporta cada tipo de monitoração, inclusive a vigilância por vídeo, aquela por satélite e a biometria" (Lyon, 2001a, p. 37). A problemática que se cria em nome do discurso da segurança pode esconder, por outro lado, questões éticas de âmbito complexo. No cenário da NSA, emerge um discurso da insegurança, que é usado para controlar os corpos dos que ali estão e para eliminar quem coloca em xeque o próprio discurso da segurança e reafirma o direito do cidadão de ainda ter o direito de possuir algum segredo, como é o caso do personagem Tankado. Somente esses dois exemplos já fazem pensar sobre as implicações éticas.

Se no panopticismo de Bentham, conforme mostra Foucault, a ação da vigilância é sobre o corpo do indivíduo com a finalidade de torná-lo dócil, virtuoso e discipliná-lo; no cenário assinalado por Brown e que representa a atualidade, é a do corpo que é escaneado e transformado em dados, em "corpo nômade". O corpo é o mistério a ser desencriptado ou a ser transformado em um código de barra que pode ser minimizado em forma de algoritmo e se torna a chave da permissão ou não das operações digitais. Assim, a máquina autoriza ou desautoriza a operação e disciplina o corpo, de acordo com a operação programada de forma virtuosa, dócil e disciplinar, pois cada operação segue o ritual de apresentação, da autorização e da permanência no mundo das novas tecnologias de segurança. "Os corpos nômades, o indivíduo digital e as relações entre eles existentes são subjetivos à vigilância informática contemporânea e são, no conjunto, categorias mais elusivas e flexíveis daquelas utilizadas nos regimes precedentes de vigilância" (LYON, 2001a, p. 47).

A ficção de Brown é importante para inserir às novas tecnologias de vigilância algo que não podemos encontrar em Bentham, Orwell, Foucault e até mesmo em Deleuze, porque os contextos históricos são diferentes. Todas elas apresentam o tema e podemos extrair delas as problemáticas, no entanto, não abrangem a realidade na qual estamos situados. Em nível filosófico, a reflexão desses autores não é desprezível ainda hoje.[12]

---

[12] Além da obra de Brown, pode-se conferir: KAFKA (1997) e uma série de obras cinematográficas, elencadas aqui de modo cronológico, que tratam do tema da vigilância, tais como: REAR window. Direção de Alfred Hitchcock. Califórnia: Universal Studios Home Entertainment, 1954. 1 CD. DVD release 2001 (115 min.); THX1138. Produção de Edward Folger; Francis F. Coppola, Larry Sturhahn. Direção de George Lucas. Califórnia: Warner Home Video, 1971. 1 VHS. VHS release 1991 (86 min.); THE CONVERSATION. Direção de Francis Ford Coppola. Hollywood: Paramount, 1974. 1 CD. DVD release 2000 (113 min.); BLOW out. Produção de Fred C. Caruso; George Litto. Direção de Brian De Palma. Califórnia: MGM, 1981. 1 CD. DVD release 2001 (107 min.); 1984. Produção de Al Clark et al. Direção de Michael Radford. Califórnia: MGM, 1984. 1 CD. DVD release 2003 (113 min.); BRAZIL. Direção de Terry Gilliam. Los Angeles: Universal Studios, 1985. 1 CD. DVD release 1998 (131 min.); THE NET. Produção de Irwin Winkler; Rob Cowan. Direção de Irwin Winkler. Califórnia: Sony Pictures Home Entertainment, 1995. 1 CD. DVD release 1997 (114 min.); GATTACA. Produção de Danny De Vito et al. Direção de Andrew Niccol. Califórnia: Sony Pictures Home Entertainment, 1997. 1 CD. DVD release 1998 (106 min.); ENEMY of the State. Direção de Tony Scott. Hollywood: Touchstone Home Entertainment, 1998. 1 CD. DVD release 1999 (132 min.); MINORITY report. Direção de Steven Spielberg. Califórnia: Dreamworks Video, 2002. 2 CDs. DVD release, 2002 (145 min.); ARGO. Direção de Ben Affleck. Califórnia: Warner Brothers Burbank Studios, 2012. 1 CD. DVD release 2013 (144 min.); ZERO Dark Thirty. Produção de Kathryn Bigelow; Mark Boal; Megan Ellison. Direção de Kathryn Bigelow. Califórnia: Sony Pictures Home Entertainment, 2012. 1 CD. DVD release 2013 (177 min.). Vários deles encontram-se em uma lista disponível em Amazon: SURVEILLANCE movies. Disponível em: <http://www.amazon.com/Surveillance-Movies/lm/MNRNN376PD35>. Acesso em: 26 nov. 2012.

Do que foi exposto, já podemos extrair várias considerações problemáticas sobre o fenômeno da vigilância. O mito de *Argos Panopticon* insere a questão do poder, da inteligência e do conflito. Em Bentham, os interesses sociais em relação ao pessoal e à inspeção através da arquitetura física da vigilância, por meio da orquestração dos edifícios e das técnicas da engenharia arquitetônica. A partir disso, a realidade dos internados inspira o tipo de vigilância que classifica, delimita para agir, embora o poder deva operar sem coerção, sem força, invisível. Em Orwell, a reflexão sobre a vigilância assume caráter mais tenso como controle social. O Estado, que deveria proteger, controla ideologicamente os que pensam diferentemente. Evidenciam-se, assim, alguns fatores: a criação de uma sociedade insegura; o controle social, tensão entre sociedade e governo, que, para eliminar tensões, utiliza o discurso da insegurança; o poder e uso da tecnologia para controlar (teletela); a vigilância em sentido negativo; a violação da privacidade; a visibilidade e invisibilidade dos corpos.

Em Foucault, o discurso sobre a vigilância e poder aparece intensamente. Ao analisar o exemplo da peste e o *Panóptico* como instrumentais de controle no passado, abrem-se algumas frestas para colocar interrogações sobre a sociedade segura, a guerra aos terrorismos, os discurso usados atualmente para a classificação em dualidades: bom e mau; terrorista e não terrorista; país seguro e inseguro; e o poder das instituições sobre os corpos. Foucault enfoca, mais do que o instrumental da arquitetura, o discurso do poder e do saber. Se, no passado, as instituições garantiam o poder por meio da disciplina: prisão, locais de trabalho, escolas, hospitais; hoje, há uma diluição em termos de locais, todavia de recrudescimento no monitoramento. Nesse sentido, Deleuze, ao fazer a diferenciação entre sociedade disciplinar e de controle, ajuda a atualizar o discurso de Foucault para os dias atuais. Ele observa que, atualmente, ocorre a modificação da linguagem: da linguagem analógica à da cifra, da senha, isto é, linguagem algorítmica; a modificação do espaço físico ao espaço virtual, ilocalizável, não físico; de indivíduos, físico a indivíduos duais, telemáticos; digitais que são transformados em dados, amostras e mais fáceis de manipular; da imobilidade estrutural à mobilidade gasosa, à estrutura da rede, onde tudo é interconectado e mediado pela tecnologia. Em termos deleuzianos, essa é a sociedade de controle.

Essa sociedade de controle aparece evidente na ficção *Fortaleza Digital*, em que a ameaça à NSA e o uso de novas tecnologias tanto para a segurança quanto para monitorar interna quanto externamente são evidenciados. Surgem questões para a reflexão: a interceptação de mensagens, o uso das tecnologias e a digitalização dos corpos, a espionagem,[13] a violação da privacidade, o discurso contra a insegurança (antiterrorismo, terrorismo eletrônico, ciberpornografia, segredo, segurança etc.), tensão social, a onipresença e a onisciência da vigilância: tudo é vigiado; a problemática dos dados: tudo é registrado e quem controla os que detêm os dados? O uso das tecnologias de informação e de comunicação, a dependência cada vez mais dos sistemas algorítmicos e do computador e tecnologias eletrônicas como agentes que nos dizem o que podemos ou não fazer e o corpo nômade, na linguagem de Lyon, "corpos que desaparecem".[14] Em outros termos, uma imagem abstrata do outro.

Essas evidências são importantes para percebermos que, ao discorrermos sobre a vigilância, tocamos em campo bastante ambíguo. Há, sim, um aspecto salutar, o da segurança, porém há fatores conflitantes e que recaem sobre o plano da ética e da necessidade de um olhar hermenêuti-

---

[13] Sobre a espionagem, Whitaker dedica um capítulo intitulado "o século dos serviços de inteligência" e nele, dentre as tensões desses serviços na Guerra Fria, discorre sobre os processos de aquisição de informações desde a utilização de pessoas ao uso das tecnologias e as questões do poder estatal, a manipulação e a repressão (WHITAKER, 1999, p. 15-44).

[14] Afirma: "os corpos que desaparecem constituem um problema basilar da modernidade, acentuado pelo desenvolvimento e pela invasão das tecnologias da informação e da comunicação" (LYON, 2001a, p. 19).

co mais amplo. O estudo da vigilância é um campo interdisciplinar que envolve várias ciências, como geografia, história, ciências da informação e da computação, ciência política, sociologia, filosofia e outras (Lyon, 2004, p. 146). A partir do auxílio delas, podemos perceber outras interfaces que devem ser estudadas no campo da ética e, em termos cristãos, inseridas no campo da teologia moral, especialmente no campo da moral social. As questões assinaladas pelo mito de *Argos Panopticon*, pelas obras de Bentham, Orwell, Foucault, Deleuze e Brown parecem dar-nos a dimensão problemática do tema e a provocação à outra abordagem intelectual, a da moral social, ampliando, assim, os estudos sobre vigilância, um tema atual para nossos dias. Consoante com Lyon, o Grande Irmão de Orwell e as análises foucaultianas do Panóptico não deveriam ser considerados os únicos e, menos ainda, as melhores metáforas a lançarem luzes sobre a vigilância (Lyon, 1997, p. 111).

3. Fronteiras éticas da vigilância

Se a definição de vigilância que propomos é entendida como ação constante e direta de um sujeito caracterizado por vontade deliberada ou imbuído de responsabilidade institucional, envolvendo a perceptibilidade de um determinado corpo ou fenômeno, executada de maneira física presencial ou tecnologicamente mediada presencial e virtualmente, significa que se essa relação envolve pessoa-pessoa face a face, uma pessoa ou instituição exercendo vigilância sobre outras, existe responsabilidade ética da parte de quem o faz. Portanto, a vigilância toca em questões éticas. A interface da vigilância mais problemática desse ponto de vista é aquela que, por meio das novas tecnologias, é capaz de exercer o controle sobre a vida das pessoas, monitorando, classificando e até mesmo as excluindo. Assim, faz-nos necessário perguntar qual o desafio ético em compor, no campo da vigilância, a segurança individual e comunitária? Que critérios éticos usar para que possamos garantir o direito do cidadão à segurança, bem como protegê-lo da vulneração resultante, muitas vezes, das próprias interferências que as tecnologias podem causar, sem lhe tolher a autonomia?

Se, atualmente, a situação da segurança social é colocada nesse novo e complexo contexto tecnológico, no qual as transformações requerem reflexões em questões de ética de segurança social, parece salutar que a ética teológica apresente elementos reflexivos que, juntamente com esses novos avanços, possam favorecer a vida, as relações e o compromisso entre indivíduo e sociedade, bem como pensar sobre os perigos presentes nesse campo, tal como a violação dos próprios direitos de viver em uma sociedade segura e não ser incomodado. A ética cristã considera o respeito ao indivíduo e o bem-estar social e reconhece também que, devido ao fato de o ser humano viver em sociedade, sua segurança e privacidade são relativas e que as novas tecnologias de vigilância são ambíguas. Através desses pressupostos, conforme nosso ponto de vista, ela pode contribuir para o discurso moral ao reafirmar o direito humano à segurança, fornecer critérios para isso e refletir sobre as problemáticas decorrentes de uma vigilância que, ao invés de proteger o ser humano, tolhe sua liberdade.

3.1. A proteção individual e comunitária como forma de cuidar

Como vimos, Aristóteles tem uma intuição digna de atenção ao pensar os territórios e as cidades a partir de um ambiente saudável, sem catástrofes e onde houvesse espaço para a prática política e militar. Essas condições promoviam a *asfaleia* – a segurança. Para promover um ambiente seguro, é necessário ser vigilante tanto individual quanto comunitariamente, e não apenas do ponto de vista de forças militares ou de recursos. Essa vigilância coloca-se positivamente no instinto humano de se autodefender ou defender o outro diante de determinado perigo. A vulnerabilidade do outro faz com que alguém possa lutar por ele para que o mesmo não corra risco.

Uma das primeiras evidências da proteção individual é o cuidado dos pais em relação ao recém-nascido. Nesse episódio, observamos a necessidade que o ser humano tem dos outros para autogestir-se, uma vez que seu próprio aparato defensável diante do mundo ainda não está preparado. Há ainda um processo a ser feito de maturação de órgãos, de personalidade, de percepção e de confronto com o mundo e de autocuidar-se. A proteção depende do modo que o sujeito cuida de si mesmo e também da situação na qual sua comunidade vive. Se uma comunidade atravessa um estado de caos, isso é uma ameaça também à proteção individual. Poderíamos dizer que por proteção individual compreendemos a capacidade que o indivíduo tem por si só de se autoproteger dos perigos, de gerir e regulamentar a própria vida com segurança; e por proteção comunitária, a maneira como os seres humanos organizam-se conjuntamente para criarem um ambiente favorável para o desenvolvimento social, relacional para a sobrevivência. Portanto, um bem e que deve ser promovido.

Na concepção aristotélica de segurança, esse bem é assegurado pela atividade política e militar. Para além dessas instituições importantes, a base primordial para se obter tal bem é a cidadania, isto é, ser vigilante na promoção do bem público que traz garantias à proteção individual e comunitária. No entanto, não pode existir cidadania se não existe a base para tal que são as pessoas e a educação. São elas que, por meio de relações pautadas no reto agir, buscam garantir um ambiente vital para o desenvolvimento. Nesse sentido, deve-se construir um *ethos*, um conjunto de normas e valores aceitos pelos indivíduos e pela comunidade para criar uma morada para o desenvolvimento do ser. Chama-nos a atenção a definição dada por Susin que nos coloca no contexto da ética como um lugar da segurança.

> A ética é o lugar privilegiado de reconhecimento de nosso momento histórico. Ética, segundo uma busca etimológica simples e bem enraizada na experiência humana, significa "regras de construção da casa". A ética é, portanto, um saber a respeito do humano, de sua necessidade de casa, de acolhimento e de nutrição, de proteção e de intimidade, de reconhecimento e de espaço social. A ética é o lar do humano, da lareira onde se mantém o vigor, o fogo e o pão, a mãe e o mestre, o remédio e o carinho, aquilo que provê o humano, sem o qual, por mais sofisticado que seja o sistema, não se cumpre a tarefa e a vocação do humano. Portanto, ética é a construção de uma casa para a vida verdadeiramente humana, um mundo habitável sobre o caos exterior, com paredes consistentes para separar das tempestades e do frio, da violência e do abandono. Mas, se a ética é o lugar de reconhecimento da história humana, a ética faz história, tem história, tem crises e desafios históricos, e é historicamente constituída até chegar a tempos mais sólidos (Susin, 2001 p. 69-70).

A ética é um lugar privilegiado para ler o atual momento histórico no qual estamos inseridos. Trata-se, pois, de uma ética contextualizada, que busca uma hermenêutica diante da situação e de sujeitos concretos. Nesse caso, indivíduo e sociedade que necessitam de proteção, envolvidos pela problemática da insegurança e das tecnologias de vigilância. Assim, o objetivo da reflexão ética é captar a experiência humana de quem deseja estar seguro e que experimenta sobre si a vigilância operada por outros sujeitos e por instrumentos. Logo, a ética pode ser vista como capacidade de cuidar e carrega em seu bojo a vigilância que promove a segurança. A visão de Susin descortina um horizonte do que seja o sentido da ética e daquilo que realmente deveria ser a convivência humana, todavia, não é assim. Na atual conjuntura, em termos de pluralismo ético, ela é muito mais estabelecida por acordos nos quais indivíduo e comunidade têm seus papéis.

A situação do grau de vigilância dos tempos atuais e do uso de recursos para proteção individual e comunitária faz pensar se o problema não está na capacidade do homem pós-moderno de refletir sobre a situação de criar para si e para outro um lar seguro. A segurança, então, não emerge de uma vigilância enquanto cuidado de si, do outro, fundada em valores, possibilidade que emerge por ser sujeito ético e que brota de uma responsabilidade em relação a si mesmo de construir o ambiente para si e para o outro. Não obstante, delegada a outros para que vigiem e ditem procedimentos para se obter a segurança, criando a sensação de que o ser humano não tem mais a capacidade de cuidar de si e que a comunidade está insegura. Parte da insegurança que temos está na incapacidade de o ser humano refletir eticamente e de se tornar responsável por melhorar a comunidade onde vive. Vigiar o outro e ser por ele observado dá lugar ao medo do outro. Onde há o medo do outro, cada um se reclusa em seu mundo para se autoproteger, e a sociedade que se desenvolve sempre é a da desconfiança, do desaparecimento do outro que se torna abstração. "Em um mundo no qual os corpos desaparecem, os dados abstratos são privilegiados" (LYON, 2001a, p. 214).

A proteção pode ser entendida como o ambiente seguro que o indivíduo ou a comunidade cria para amparar-se, defender-se ou autopreservar-se. Está correlacionada ao instinto de preservação próprio dos seres humanos. A problemática da proteção individual e comunitária surge quando tanto o ambiente individual quanto o comunitário são envolvidos pela vigilância e pelo uso das tecnologias numa delicada relação de dependência. Há o desejo humano positivo da segurança; do outro, o interesse das companhias de altas tecnologias que pressionam governos para adquirirem seus produtos para detectar ameaças contra a segurança. Nota-se uma questão real, a necessidade de promover segurança e o que acaba sobrepondo-se aos interesses comuns são os privados das empresas e dos governos e a consequência é o panopticismo que se tem tornado a vida atual. Nesta tensão, o que emerge? A resposta é o cuidado em sentido ético do termo, cuidado do outro. Conforme Lyon, pessoas são seres sociais e a sociabilidade primordial é descoberta em cuidar do outro, e essa sociabilidade tem sido ameaçada por algumas formas de mediação da vigilância. A dificuldade está no fato de que, no mundo atual, há uma intenção de mercantilização e redução do bem ao útil (LYON, 2001c, p. 179).

No campo da vigilância, fica muito clara a relação de poder que existe entre quem observa e é observado. Quando essa relação não é mediada tecnologicamente, é vis-à-vis, ela tem um viés igualitário. No momento que se insere tal mediação, o observador tem um enorme poder sobre quem é observado (Lyon, 2007a, p. 15), que passa a ser submetido, classificado, aceito ou não, e tem menos poder individual para resistir à demanda institucional pela quantidade de dados sobre ele (Bogard, 2010, p. 2-3). A mediação tecnológica é positiva quando esta ajuda a cuidar do indivíduo e da sociedade. No dizer de Lyon, o princípio-chave é "o cuidado ao Outro. Numa sociedade de estranhos – na qual os aspectos negativos são exacerbados eletronicamente pela vigilância – o cuidado pelo Outro requer ser radicalmente reenfatizado. No presente, enquanto alguns sistemas de vigilância, na verdade, contribuem ao cuidado, a tendência dominante impulsiona em relação ao controle" (Lyon, 2001a, p. 214). Resta verificar qual a legitimidade da segurança social para cuidar do ser humano.

3.2. A legitimidade da segurança social

Conforme a reflexão anterior, o ser humano como ser social aprende regras de sociabilidade ao confrontar-se com o outro e preocupar-se com ele. Há uma inter-relação, mesmo nas sociedades complexas, como a pós-moderna. Necessita-se do outro para sobreviver. No conjunto das relações sociais existem a lei, os direitos e os deveres e o comportamento moral que asseguram a sociabilidade e um clima pacífico. Agora podemos perguntar: há uma legitimidade para a segurança social? A partir de que fundamentos ela se coloca? E no que ajuda a refletir em uma conjuntura de profunda vigilância mediada por novas tecnologias?

Tomemos por base a Declaração Universal dos Direitos Humanos, no artigo 3: "Todo homem tem direito à vida, à liberdade e à segurança pessoal" (MANUEL ZUMAQUERO, 1998, p. 29). Na Declaração, três fatores emergem como importantes: a vida, a liberdade e a segurança pessoal. A vida aqui pode ser entendida tanto como física, continuidade de existência, perpetuação e também de condições para se desenvolver humana e intelectualmente. Liberdade como possibilidade de ir e vir, de exprimir aquilo que se pensa, sem coação e para fazer escolhas pessoais, de modo que o sujeito torna-se seu próprio legislador e pauta sua vida pelos contratos sociais e, por fim, a segurança pessoal. Cada pessoa tem o direito de viver em liberdade em ambiente seguro, com possibilidade de deslocar-se, sem sofrer sinistro tanto pessoal, quanto social e territorialmente. Em termos gerais, são esses os aspectos que emergem dessa Declaração.

A forma encontrada historicamente para garantir tal segurança foi a constituição do Estado e as formas governamentais que assumem como ônus a segurança social em termos de defesa dos territórios, bem como do povo que ali permanece. Cada era histórica tem suas características. Obviamente que isso tem um custo social que vem do próprio povo, que deve contribuir financciramente por meio das tributações e oferecer pessoas para compor os exércitos para defender o território e, por consequência, as pessoas que nele vivem. Isso não é diferente hodiernamente. A diferença dos outros tempos é que estamos situados numa conjuntura socioeconômica capitalista, globalizada com muitos recursos tecnológicos, com a finalidade de proteger tanto indivíduos, quanto para serem usados pelos governos para a segurança social. Do ponto de vista estratégico, alargam as possibilidades de termos um ambiente seguro, pelo menos em nível dos discursos, o que não significa que realmente o seja.

A segurança social é, portanto, legítima, um direito, pelos menos prescrito nas leis dos países democráticos. Isso significa que o Estado não deve ser nem frágil, deixando imperar a barbárie e a anarquia, nem primar pela onipotência de seu poder por meio de um totalitarismo burocrático administrativo que inibiria ou destruiria as forças criativas da vida social. Sua função é regulamentar instâncias intermediárias da vida social, a partir de alguns princípios regulamentadores, tais como o bem comum, a subsidiaridade como tutela dos direitos, não os sufocando; e da solidariedade, a justa intervenção do Estado em benefício dos mais necessitados. Nesse sentido, o Estado é salvaguarda de todos, especialmente dos mais fracos (VIDAL, III, 1995, p. 649).

No entanto, essa garantia dada não é pela bondade dos Estados ou dos governos, sobretudo no sistema capitalista. Se uma pessoa, comunidade, sociedade sentem-se seguras, isso tem implicâncias à vida cotidiana. Podem-se produzir e consumir mais bens. Para manter tal condição, mesmo na guerra, o Estado consome o melhor produto decorrente da pesquisa e do trabalho humano para se criar uma sensação de segurança. Tantas vezes para o Estado, a segurança social é legitimada por interesse dos que o governam, mas se este não cumpre seu papel, as pessoas tendem a se rebelar ou são reprimidas pelo aparelho estatal. Desse modo, a vigilância se tornou símbolo de segurança nacional, com as novas tecnologias, exercendo funções de guardas polivalentes, com a finalidade de mediar as interações entre pessoas, organizações e mundo construído. Em nome dessa realidade, há uma proliferação na sociedade, sobretudo nas estruturas urbanas de sistemas de transporte, telefonia, documentos de identificação, tecnologias da computação, cartões de crédito, saúde, etc. (MONAHAN, 2010, p. 8-9).

O bem comum pelo qual o Estado deve pautar-se é um ponto para legitimar a segurança social. Daqui derivam duas consequências: o Estado deve evitar indivíduos que portem perigo à convivência social, retirando-os de circulação por meios estabelecidos pelas leis, evitando, ainda, que estes representem perigos ou que direitos sejam violados e aplicar os recursos disponíveis no campo das novas tecnologias para auxiliar no processo de identificação. Essas tecnologias são um apoio ao aparato preventivo e jurídico e jamais devem ser a palavra final sobre um determinado fato, porque toda tecnologia, ainda que sofisticada, não pode interpretar as sutilezas do ser humano (WHITAKER, 1990, p. 30; STEDMON, 2011, p. 527-534).[15] A problemática que emerge daqui é que, muitas vezes, o Estado, como garantidor dessa segurança, acaba sendo abraçado por uma série de companhias multinacionais que estabelecem uma relação tal e passam a gerir e a determinar o que o Estado deve fazer, e isso acarreta consequências à sociedade. Um exemplo seria como nossos dados são preservados e usados em benefício dessas empresas para suas estatísticas, publicidades, técnicas de marketing. O que deveria ser uma garantia social pode transformar-se numa gaiola de ouro.

Garantir essa segurança social tem-se tornado um desafio hoje devido à crise de poder econômico que o mundo globalizado vive e que tem influência sobre a vida das pessoas que passam a não suportar o peso da burocracia estatal que devora a todos por meio dos impostos e retribui pouco em forma de serviços. Observamos uma descrença na figura do Estado como gestor e vivemos o recrudescimento do desemprego, da

---

[15] Neste texto, Stedmon faz um estudo de caso mostrando que nem sempre aquilo que é mostrado é verídico, pode conter erros, especialmente de quem opera as tecnologias. Contrasta o poder da imagem gravada que, muitas vezes, é assumida como verdade do ponto de vista legal, não sendo questionada. Por causa disso, muitas pessoas, às vezes, são penalizadas injustamente. Outro caso típico de que a tecnologia pode não ser suficiente em uma ação é o caso ocorrido em Londres, a cidade com maior número de câmeras da Europa, onde cada um pode se ver em uma tela a cada momento, por causa do monitoramento. Tudo isso não evitou a morte de Jean Charles, um brasileiro confundido com um terrorista etíope Hussain Osman, na estação Stockwell no dia 22 de julho de 2005. Cf. Entenda o caso Jean Charles de Menezes. Disponível em: <http://g1.globo.com/Noticias/Mundo/0,,MUL169468-5602,00 ENTEND A+O+CASO+JEAN+CHARLES+DE+MENEZES.html>. Acesso em: 2 nov. 2011. Este fato é notado por Bauman que faz as seguintes considerações: "No momento em que escrevo estas linhas ainda não existe na Grã-Bretanha, nenhuma reação da magistratura à tática 'atirar para matar' adotada pela polícia metroviária: tática que à primeira aplicação levou à morte de Jean Charles de Menezes, cuja única culpa consistiu em ser (erradamente) identificado pela polícia como um suicida em potencial e que, contrariamente às (erradas) explicações fornecidas pela polícia após o fato, ele não tinha conhecimento de estar sendo seguido, não fugiu mediante à presença da polícia e nem pulou a barreira de entrada para o metrô. É verdade que devemos manter os olhos abertos contra o perigo de novos ataques terroristas, mas também devemos olhar com suspeita para as forças da ordem, que poderiam nos trocar por terroristas" (BAUMAN, 2008, p. 189).

pobreza, e o aumento dos conflitos sociais, dos fundamentalismos e da insegurança. Isso ajuda a explicar, em partes, o fenômeno da vigilância atual, uma espécie de *Big Brother* pós-moderno. Para ser beneficiado pela segurança social, em termos modernos, surgem as tensões. Em um mundo globalizado, marcado pela migração, especialmente nos casos de busca de trabalho e de segurança, o outro diferente étnica e culturalmente é sempre visto como um suspeito. Sobre ele, o Estado exerce um poder de coletar todos os dados, fotografá-lo, obter impressões digitais, digitalizá-lo de alguma forma, e este nem sempre terá as garantias daquilo que deve ser a segurança social.

3.3. A privacidade sob riscos

Nas análises precedentes sobre Bentham, Foucault, Orwell, Deleuze e Brown, fica evidente em todos a violação da privacidade. Por meio desses autores, constatamos que se trata de um tema conflitante, mesmo os três primeiros sendo de diferentes contextos tecnológicos. Como sabemos, a vigilância não está restrita atualmente só no campo da segurança, abrange vários aspectos da vida dos cidadãos. Nessa interação indivíduo, sociedade e novas tecnologias de vigilância, a privacidade tem-se tornado um desafio e sempre ocupa lugar nas legislações dos países e nos tribunais. "A privacidade foi colocada pela primeira vez como tema sério, digno de consideração jurídica, durante este último século" (LYON, 1997, p. 28). Para Lyon, a privacidade tem sido relegada somente ao campo jurídico, distante das transformações sociais. Nesse sentido, a reflexão sociológica e histórica traz elementos para perceber as transformações culturais que se deram na esfera privada (LYON, David, 1997, p. 28).

Para o momento, interessa verificar as questões emergentes do ponto de vista da problemática; posteriormente, abordaremos o tema averiguando que não se trata de algo pacífico na literatura. Há uma série de estudos sobre vigilância e privacidade a partir da metade dos anos 70 e aumenta consideravelmente dos anos 80 em diante (LYON, 2004, p. 145).

Conforme já demonstrado, todas as atividades hoje são passíveis de registro e de monitoramento. Uma chamada via celular, um e-mail, o cartão de crédito, a captação de imagens por câmeras revelam que a privacidade absoluta, como muitos pensam, não existe. Há situações em que essa realidade já está incorporada na vida das pessoas e, por meio de um pacto de confiança entre indivíduos e instituições, os primeiros confiam que seus dados são preservados e estas, para manterem a própria credibilidade, protegem os dados daqueles de certa exposição pública, embora os usem para suas finalidades. Esses procedimentos são considerados de rotina. O assunto agrava quando o indivíduo passa por um processo de invasão interior em que seu corpo é transformado em dados, em nome da segurança, e sabemos que esses dados circulam entre centrais que os cruzam, e não sabemos quem os controla, para qual finalidade e como são tratados (SOLOVE, 2004, p. 4-5). Em *Fortaleza Digital*, no diálogo dos personagens Hale a Susan, surge uma questão, como podemos ver:

> A NSA é a guardiã desse portal. Hale assentiu pensativo. – *Quis custodiet ipsos custodes*? Susan olhou para ele, sem entender. – Latim, *Das Sátiras*, de Juvenal. Significa "Quem guardará os guardiões!" – Sim. Se *nós* agimos como guardiões da sociedade, então quem irá *nos* vigiar para ter certeza de que *não somos* perigosos? (BROWN, 2008, p. 106).

No fundo, a pergunta que nasce do diálogo é: quem controla o controlador? Será que esses guardiões são realmente críveis? Pois são eles que salvaguardam os dados digitalizados que temos: informações geradas por tecnologias de codificação genética, protocolos de saúde, identidade, movimento financeiro, saúde, imagem que a cada hora é capturada por fotografias ou câmeras. Para Lyon, "o problema então não é aquele de defender a privacidade pessoal de olhos indiscretos, embora isso possa ser mais ou menos justificado. A questão é, ao contrário, aquela de saber que coisa são os dados digitalizados. Quem terá depois acesso e para quais fins? Os indivíduos podem controlar ou restringir o uso de informações derivadas de seus comportamentos?" (LYON, 2001a, p. 214).

Há sempre algo obscuro em relação às tecnologias de vigilância. Algumas situações são constrangedoras, como a mencionada por Staples sobre os testes de urina feitos a toxicodependentes, estudantes, atletas e trabalhadores. A pessoa passa por um ritual meticuloso, devendo concordar com as humilhações mesquinhas do procedimento e ao olhar voyeurista do testador que deve assistir à pessoa urinando. Depois da mortificação, o corpo e seus fluídos são tratados com cuidado extraordinário, porque contêm a verdade, de maneira que não é o eu pessoal a dizer se há em si determinada substância ou não. Staples ainda recorda que os testes de drogas têm gerado uma quantidade considerável de litígios sobre a questão da privacidade, embora as decisões, muitas vezes, parecem seguir o estabelecido argumento do "bem maior". Esse raciocínio sustenta que há um "bem maior" para a sociedade, estabelecido às custas de uma mínima invasão da privacidade individual (STAPLES, 2000, p. 98-99).

Outro lugar onde nosso anonimato e privacidade são sacrificados são os aeroportos. Segundo Toshimaru Ogura, o aeroporto é o epítome da vigilância orientada para a sociedade. Por meio dos aparatos tecnológicos, nega-se o anonimato dos passageiros que, na medida em que estes passam pelas entradas e saguões dos aeroportos e pelos controles de segurança, têm suas identidades mais conhecidas por meio dos circuitos fechados de televisão (CCTV) que operam nas salas de espera e no controle de imigração. Assim, o aeroporto é um espaço altamente integrado de vigilância pelo governo que está atrelado com o setor privado, além das fronteiras nacionais das empresas aéreas. Para Ogura, a questão que se coloca é como os nossos dados pessoais são usados em países estrangeiros, uma vez que não há restrições legais para acumulação de dados em passaportes, embora tecnologicamente isso seja possível de ser feito e, além disso, esses dados estão disponibilizados em rede para serem conectados dentro e fora do país de acolhimento. Assim, no aeroporto, afirma, não se tem outra escolha a não ser sacrificar os direitos à privacidade. Nesse tipo de vigilância orientada para a sociedade, tornou-se difícil o anonimato (Ogura, 2006, p. 281).

A Declaração Universal dos Direitos Humanos, artigo 12, assevera que "ninguém será sujeito a interferências em sua vida privada, em sua família, em seu lar ou em sua correspondência, nem a ataques a sua honra e reputação. Todo o homem tem direito à proteção da lei contra tais interferências ou ataques" (Manuel Zumaquero, p. 30). Uma das primeiras facetas da segurança está no nível individual, o direito que uma pessoa tem à intimidade e à privacidade. Todavia, se esta invocasse sobre si o direito à intimidade de maneira fechada, incorreria no isolacionismo. A necessidade de abertura ao outro determina abrir-se a outras realidades externas. E, nessa interação dialética entre interioridade e exterioridade, revela-se a si mesmo e aos outros sua própria fragilidade. Constata-se que, independentemente das tecnologias de vigilância, pela própria condição vulnerável e dependência de relações sociais, não há nem intimidade c privacidade absolutas. Além disso, privacidade é um tema variável de acordo com épocas históricas, países e culturas (Lyon, p. 174-175). O que deve ser privado para um grupo pode não ser para outro. No comunitarismo, a privacidade não é um valor, diferentemente da sociedade ocidental hodierna. Na Declaração, parece predominar uma interferência externa, visível. No entanto, muitas vezes, o problema hoje é que essa interferência é tão sutil que não temos nem consciência de que ela ocorre. Hodiernamente, quando falamos, por exemplo, de correspondências, isso se torna complexo, pois os provedores controlam as correspondências que recebemos. A mentalidade presente na Declaração, devido à época em que foi elaborada, é ainda uma tradicional concepção de privacidade como o direito de não ser incomodado e que já se encontra bastante desgastado.

Nesse sentido, parece que a tendência é, ainda que ocorra certo desconforto, submeter-nos ao sacrifício de ter a privacidade minimamente violada para obter a segurança, embora não tenhamos segurança de como os dados são tratados. Caso ocorra algo mais grave em que o indivíduo sinta-se ofendido, recorre ao tribunal, que, muitas vezes, levará em consideração o "bem maior" da sociedade. Resta-nos saber se esse "bem maior" é realmente da sociedade em si, para melhor segurança ou se para o bem das organizações de controle.

4. Conclusão

A discussão sobre a vigilância é recente e interdisciplinar, embora o enfoque das pesquisas tenha sido mais o fenômeno sociológico derivante das transformações do capitalismo, do surgimento das novas tecnologias, da situação de insegurança em que vive a sociedade pós-moderna, seja como fato real, motivado pelo 11 de Setembro de 2001, ou como algo ideológico criado pelos governos, mídias e interesses privados para manter essa tensão social, e, com isso, explorarem tal fenômeno em benefício próprio. A vigilância em si não é um evento pós-moderno, origina-se com o ser humano e estende-se desde o ato de visualizar o outro e ser por ele visualizado, às atividades cotidianas, como comprar, telefonar, até a submissão aos sistemas de vigilância e de controle tecnológicos. Nos últimos anos, a expansão do fenômeno tem merecido a atenção dos estudiosos.

Ao estudar o tema da vigilância e segurança, constamos que este sempre gera suas tensões. O mito de *Argos Panopticon*, como uma visão de mundo, já demonstra determinados conflitos. Bentham pensa em um projeto arquitetônico utilitarístico que traga benefícios tanto à sociedade quanto ao indivíduo, embora o primeiro prevaleça sobre o segundo, e Foucault retoma esse projeto, não mais do ponto de vista da arquitetura, mas discutindo uma arqueologia do poder que pode vir a ser um verdadeiro controle, como vemos em Orwell. Outras evidências constatadas nas análises precedentes são a invisibilidade, a sutileza e o caráter de poder da vigilância. Não obstante, vale ressaltar que, embora sendo referências clássicas, com exceção de Brown, devemos ir além daquilo que observam esses autores, devido ao contexto da inserção das tecnologias de informação e de vigilância para finalidade de segurança preventiva.

Nessa interação vigilância, segurança e novas tecnologias, notamos algumas interferências tanto positivas quanto negativas na vida do sujeito pós-moderno. A tensão se torna maior quando essas tecnologias passam a interferir de tal modo que começam a incomodar, colocando em risco a intimidade e a privacidade das pessoas, constituindo uma verdadeira violação de direitos. Nesse sentido, a ética teológica oferece sua contribuição, como ciência, a esse enfoque, uma vez que possui fundamentos humanísticos e reflexivos sobre o agir humano. O conflito indivíduo-sociedade e novas tecnologias de vigilância deve ser abordado com seriedade e entrar na pauta da grande sociedade, porque está envolvida nessa realidade, tanto em nível da proteção e da segurança, quanto no que se refere às interferências.

Capítulo 2

VIGIAR É PRECISO?

Mas, notícia após notícia, alerta após a alerta, a angústia aumenta e, como nos delírios paranoicos, dissemina-se sobre todas as coisas que se tornam terrivelmente suspeitas. Eleva-se em cada um de nós o limiar de vigilância, tornamo-nos mais cautelosos, mais desconfiados. O espaço público, que é o lugar de socialização, torna-se um lugar de perigo, enquanto o setor privado – a família – torna-se um lugar de segurança. Dentro de casa, confiamos. Fora, desconfia-se (GALIMBERTI 2009, 342).

Anteriormente expusemos alguns elementos conceituais para compreender o fenômeno da vigilância. Ao analisar os estudos desse tema, um fator que chama atenção é o enfoque dos autores. Acentuam os processos, as consequências ou as tecnologias. Com exceção de Lyon, que o faz de certo modo, sentimos a falta de uma visão mais abrangente de como esta se dá do ponto de vista histórico-antropológico, considerando o ser humano como "lugar da vigilância", isto é, tanto como ator e como objeto da mesma, na concretude da trama das relações sociais e as implicações que isso tem para a vida. Partindo desse pressuposto, discorreremos como a vigilância surge da necessidade advinda da própria condição vulnerável do ser humano como proteção e cuidado a suas formas mais intensas de controle e de segurança, ao medo do outro: do olhar físico controlador sobre o outro à mediação tecnológica mais intensa e mais precisa.

Diante do mundo, o ser humano busca dar as primeiras explicações à situação caótica em relação ao destino, a partir do conceito de providência e do mito da Criação. Este último sugere uma condição de segurança após todas as coisas serem criadas. Ao ser criado, este ser, dotado de inteligência e razão, é projetado para o campo relacional e constrói seus confins individuais como fenômeno de individuação, na convivência social da cidade à fronteira como elemento político e geopolítico. Deste modo, a vigilância evolui dos modos de relacionar, do cuidado às formas mais simples de controle e de segurança até às mais complexas e invasivas, consideradas na evolução social, no âmbito público e privado e sob o ponto de vista da ética e particularmente da justiça, que aparecem como fator de proteção à vida. No decorrer do tempo, aumenta a desconfiança, provocando a erosão das relações sociais, o medo do outro que passa a ser usado como um fator importante pelas mídias, indústrias de tecnologias de vigilância e governo para obterem seus escopos em relação à segurança. Há um processo de imunização que ajuda a precaver e também causar a morte social. Com a lógica do medo instaurada, tornou difícil a mobilidade humana, fazendo-a cumprir os ritos de passagem da fronteira.

Destacaremos, em cada etapa, as formas de vigilância usadas no conjunto das relações sociais e a consequente reação, quando observamos que tais meios estão tornando-se invasivos demasiadamente, tolhendo a liberdade. Faremos uma leitura partindo da antropologia filosófica e teológica, situada em alguns períodos da história ocidental.

1. Da condição vulnerável à necessidade de segurança

Nos estudos sobre a vigilância, os autores tendem a discorrer sobre os processos, consequências ou acerca das novas tecnologias. Obviamente são questões pertinentes. Entretanto, as perguntas básicas são: por que o ser humano tem tanta necessidade de vigiar? Por que se sente tão ameaçado? A questão não é nova, uma vez que, desde o aparecimento do homem na terra e a instauração dos mais simples modelos de sociedade às mais abertas e globalizadas, ele vigia e é vigiado. A evidência maior encontra-se no atual tecido social, no qual se observa uma situação de insegurança que paira no ar, um medo que parece ir além daquilo que é próprio do ser humano, algo criado no intuito de vulnerabilizá-lo e forjá-lo a fazer suas escolhas.

1.1. As primeiras explicações diante da caoticidade e do mundo inseguro

A necessidade e o desejo de proteção não são uma aspiração do homem pós-moderno. Já se apresentam desde a antiguidade. A condição vulnerável do homem diante do mundo desconhecido o faz intuir algumas explicações para aplacar a própria angústia e fornecer possíveis explicações à própria origem e a seu posto na natureza. De dois mundos diferentes, o grego e o semita, podemos identificar essa demanda: a concepção de providência, uma das formas de responder à dureza ante o destino; e o mito do Gênesis, a explicação primordial da organização do caos e a criação do ser humano.

A intuição do conceito de providência[1] provoca uma situação confortável no ser humano, portanto, de segurança diante do mundo. Esse termo provém do contexto da filosofia grega, especialmente do estoicismo, para responder ao aparente caos e à existência de um ser superior, Demiurgo ou *Logos*, que organiza universalmente e guia as coisas (Colombo, Paolo, 2006, p. 9087). Exprime uma visão de mundo diferente daquela epicureia que concebia o mundo como fruto do acaso (Colzani,

---

[1] O conceito de providência é bastante controverso, possuindo usos positivos e negativos historicamente. A teologia cristã, sobretudo católica, apropria-se dele e o desenvolve a partir dos pensamentos dos filósofos antigos, da Escritura, dos Padres, de Tomás até chegar no Vaticano I. Atualmente, tal conceito não tem sido muito empregado pela Teologia moderna. Sobre essas controvérsias (Frangiotti, 1986).

1997, p. 581). A partir da observação da natureza e do cosmo, os estoicos captam a existência de uma razão que envolve, regula e governa os elementos singulares do cosmo, ordena-os, direciona-os, para a conformidade de uma lei universal de causalidade, que concede a cada um o lugar a que é destinado, bem como a todos os seres viventes. Essa providência é conhecida tanto nas grandes como nas pequenas coisas e dá ao cosmo um direcionamento ao bem e ao belo (SCHILSON, 1989, p. 819). Tal conceito de providência é imanente, cósmico, identificado com a necessidade da natureza e da razão. É determinista e não deixa espaço à liberdade humana. Para os estoicos, a fé na providência conduzia o homem sábio a enfrentar a dor da existência e a morte com serenidade (RAVA, 1993, p. 845), a aceitar o que lhe acontecer, não devendo reclamar diante de tal drama cósmico e, em algumas circunstâncias, buscar o controle de si mesmo (HASKER, 1998, p. 797).

De modo distinto, a Escritura hebraica expressa fortemente a convicção na presença, na fidelidade, na atividade libertadora e na direção de todas as coisas por Deus, como podemos ler no Sl 145,9: "Iahweh é bom para todos, compassivo com todas as suas obras". Das obras divinas, além da Criação, a que demonstra a dimensão providencial é a libertação de Israel do jugo egípcio (Êx 3–18,27). O relato do êxodo rumo à terra prometida demonstra, a partir da percepção dos relatos, a ação meticulosa de Deus para garantir que o povo se livraria da opressão do Egito (Êx 13,17–15,21). Mesmo quando Deus é abandonado por seu povo, continua providente, porque é fiel e cuidador. Tal ação é recordada pelo profeta Miqueias quando ele apresenta a fidelidade de Deus a Israel: "Sim, eu te fiz subir da terra do Egito, resgatei-te da casa da escravidão e enviei diante de ti Moisés, Aarão e Maria" (Mq 6,4).

Outro texto semita que exprime a dimensão providente de Deus e a inserção antropogenésica no mundo é o mito do Gênesis (Gn 1,1-30). Afirma o relato que, no princípio, Deus criou o céu e a terra e que a terra estava em um estágio caótico, sem forma, vazia, em trevas, e um vento muito forte soprava as águas. No primeiro dia da criação, Deus cria a luz, faz a divisão entre dia e noite; no segundo, cria um firmamento para separar as águas superiores das inferiores; no terceiro, organiza as águas inferiores, dividindo-as entre terra e mar e, na terra, insere relva, ervas, árvores frutíferas segundo cada espécie. No quarto dia, são criados os astros celestes; no quinto, as formas de vida animal e, no sexto dia, no cume da criação (GARCÍA LÓPEZ, 2004, p. 67), Deus cria a espécie humana, sua imagem e semelhança e entrega toda a realidade criada para homem e mulher cuidarem. Em Gn 1,29-30 podemos ler:

> Deus disse: "Eu vos dou todas as ervas que dão semente, que estão sobre toda a superfície da terra, e todas as árvores que dão frutos que dão semente: isso será vosso alimento. A todas as feras, a todas as aves do céu, a tudo o que rasteja sobre a terra e que é animado de vida, eu dou como alimento toda a verdura das plantas", e assim se fez.

Três elementos podem ser extraídos desse relato: a necessidade desde os primórdios de delimitar espaços, separar, para que não haja o caos (separação de dia e noite, água e terra); o ser humano é inserido no mundo a partir do momento em que ele tem todas as possibilidades de se desenvolver em ambiente seguro; e, por fim, a de ser relacional tanto com o ambiente quanto com sua própria espécie (DOS ANJOS, 2010, p. 136-139).

Brambilla (2005, p. 223), ao se referir sobre as narrativas do "início", afirma que:

> À função de *separação* é consignada a tarefa de projetar uma "história" que ordena uma multiplicidade de eventos, conferindo-lhe a unidade de uma sequência inteligível [...]. A esta corresponde a "forma narrativa" que coloca ordem e na qual se inserem de modo simples formas prévias (como o hino poético de *Gn* 1). A ideia de separação ou pausa é polivalente, porque diz que o início não pertence à série das coisas contadas sucessivamente, mas juntas as inauguram e as fundam. Por isso se assiste a uma espécie de "progressão na separação", que corresponde à ideia de "distinção" do Criador da criação, e evoca a separação originária sem a qual o mundo não existe como realidade múltipla. Este primeiro aspecto ancora a ideia de "distinção" do Criador da criatura e de progressiva separação do humano no criado.

A sabedoria do texto sugere o fato de que no momento em que há condições ambientais para que o ser humano possa desenvolver-se, ele surge como criatura à imagem e semelhança de quem o criou. Esse desenvolvimento prolonga-se na responsabilidade de continuar a transformar, considerando as carências e o ambiente no qual está inserido. Assim,

> os atos com os quais o homem cumpre a tarefa de tornar possível sua vida são, portanto, considerados sempre a partir de dois aspectos: de um lado se trata de atos *produtivos*, graças aos quais ele obvia as desvantagens representadas de suas carências, ou seja, de isenções, de facilitações – do outro, de instrumentos que o homem atinge em si mesmo para orientar sua vida, e que em comparação com os animais são inteiramente de novo gênero (GEHLEN, 1983, p. 63).

Esses atos produtivos não são como nas demais espécies uma forma programada, fechada, que constitui apenas o modo para a sobrevivência da espécie e não dão significado ao que é produzido. Ao contrário, o ser humano exerce seu ato produtivo com criatividade e dá-lhe sentido tanto no ato em si, daquilo que criou, quanto para o mundo no qual o rodeia.

Avançando um pouco mais na compreensão do sentido da providência como conceito reassegurador para o ser humano, na tradição cristã notamos elementos que comprovam nosso raciocínio e inserem a noção de cuidado em relação ao outro, sobretudo o mais frágil. Afirma Frangiotti (1986, p. 19-20):

> No primeiro momento, na tradição cristã, o termo "providência" indica a ação benfazeja de Deus a respeito de pessoas, de grupo, de povo, de natureza ou mesmo de história. [...] Num segundo momento, o vocábulo "providência" se aplica também ao nível das relações inter-humanas em sentido mais amplo. Assim, de pessoa que vem em ajuda a outra diz-se que ela é sua "providência". A ação de proteger, de preservar, de garantir alguma coisa em favor de alguém é ação providencial.

Do ponto de vista das narrativas neotestamentárias, a manifestação providencial do Deus criador e libertador ocorre em Jesus que, em palavras e atos, sempre recordará a seus seguidores e interlocutores a ação benfazeja de Deus em prol dos mais abandonados. Certamente o texto que exprime com maior ênfase esse duplo aspecto, a da ação divina em relação aos marginalizados da história e da ajuda providencial do ser humano, superando códices religiosos e culturais e acudir quem está caído, é a história do "bom samaritano" (Lc 10,29-37). Na verdade, o texto quer exprimir o agir providencial de Deus em relação à humanidade ferida. Isso confirma o pensamento de Frangiotti de que a ideia de providência divina não está ausente do Novo Testamento. Ela se expressa na confiança em Deus, no amor vigilante do Pai sobre as criaturas, provendo suas necessidades que possuem dois sentidos, o de presciência, no aspecto preventivo das necessidades humanas, e o prover todas as coisas para além da vida humana e da natureza (Frangiotti, 1986, p. 44). Nesses termos, o sentido de providência que o cristianismo traz em seu corpo doutrinário é o de um solidarizar-se visceral e prático que socorre, protege e reinsere a pessoa no contexto social. Não é puramente uma realidade abstrata que se funda e espera em um paternalismo divino que garante os meios de sobrevivência, mas de reconhecimento que Deus é providente em suas ações e insere o ser humano na corresponsabilidade ao cuidar do cosmos e ser o guardião de seu semelhante. Desse modo, a intuição originária, a de aplacar a angústia da vulnerabilidade diante de um mundo caótico, ganha maior conotação como forma de aproximação, de cuidado sanante e de proteção diante das ameaças que vulneram o próprio ser humano em sua existência.

Esse desejo de segurança e de vigilância está inscrito no próprio ser humano, e essa evidência surge da própria escassez de aparatos defensivos em relação aos outros animais. Gehlen discorre que o homem é carente de instrumentos orgânicos, despossuído de armas naturais, de órgãos de defesa, de ataque ou de fuga, de cabelos cobrindo o corpo, sem adaptação às intempéries. Durante toda a sua infância, há a necessidade de proteção e de cuidados prolongados, de modo que, em condições naturais, em meio a outros animais perigosos, seria subtraído da face da terra. Entretanto, mesmo diante da carência de instrumentos físicos, esse ser é capaz de transformar a natureza, tornando-a habitável. Assim, ele vive como ser cultural a partir dos resultados obtidos de sua própria atividade *previdente*, planejada e complexa que lhe permite sobreviver em condições naturais degradantes. Esse conjunto de condições originárias ativamente *modificadas*, por meio das quais somente o ser humano pode sobreviver, o autor a chama de "esfera natural" (GEHLEN, 1983, p. 60; GEHLEN, 2005, p. 72-74).

Na mesma linha, Galimberti nota que "como resultado desta carência, o homem, para viver, é obrigado a construir o complexo de artifícios ou técnicas, capazes de suprir a insuficiência daqueles códigos naturais que, para os animais, são instintos" (GALIMBERTI, 2007, p. 89). Em seguida, continua: "o homem não possui algo *a mais* que o animal, mas algo *a menos*; sua natureza é caracterizada por uma *carência* dos atributos típicos do animal, e aqui e não em outro lugar, deve-se colocar entre animal e homem o princípio da diferença" (GALIMBERTI, 2007, p. 160). É essa diferença que faz desenvolver mecanismos que o torna mais forte e a modelar o ambiente no qual ele se insere. Conforme Batista Mondin (2006, p. 250), "diversamente dos outros seres vivos, cujo ser é inteiramente produzido, pré-fabricado pela natureza, o homem é em grande parte artífice de si mesmo. Enquanto as plantas e os animais são submetidos ao ambiente natural em que se encontram, o homem é capaz de cultivá-lo e transformá-lo profundamente, adequando-o a suas necessidades".

Se, para sua condição de existência, ele tem de modificar seu ambiente, equivale a dizer que deve criar todas as possibilidades para que possa ter segurança. De acordo com Gehlen, o primitivismo orgânico e a carência instrumental do ser humano transformam o mundo em coisa útil à vida humana. Ele prepara as armas defensivas e ofensivas que faltam em seu organismo, prepara seu alimento, protege-se das intempéries, alimenta-se, faz crescer os filhos que permanecem ineptos por um tempo muito longo, e, para essa necessidade, precisa da colaboração de seu semelhante. Todo o conjunto da natureza transformada por sua ação àquilo que é útil à própria vida é chamado de cultura, e o mundo da cultura é o mundo humano (GEHLEN, 1983, p. 64-65). Para Pannenberg, significa que, diferentemente dos outros animais que precisam de condições específicas e instaladas, o ser humano está desenhado para produzir cultura e sua dependência no que diz respeito às relações sociais encontra-se institucionalizada como um mundo natural (PANNENBERG, 1993, p. 201).

Esse cuidado apresenta-se também na escolha do ambiente para viver. Conforme vimos no primeiro capítulo, uma das preocupações de Aristóteles era a construção das cidades em territórios onde não houvesse catástrofes naturais. Desde a habitação em cavernas à construção dos edifícios modernos, fazem-se observações empíricas ou acuradas do ambiente para se certificar de que ali se trata de um ambiente seguro. Hoje, temos as diferentes tecnologias que podem vigiar o ambiente e agir sobre ele para que se evitem certas catástrofes. Esse é outro elemento de segurança para a sobrevivência da espécie humana, o ambiente seguro do ponto de vista das catástrofes naturais.

O universo, com todos os seus fenômenos, representava ao homem primitivo uma força tremenda e ambígua: vida e morte. Como não era revestido de aparatos tecnológicos e diante da própria condição vulnerável e da natureza temível, aquele raciocina se esta não era comandada pelas divindades possuidoras de características símiles às humanas, que conforme o humor poderiam destruir tudo. Se a natureza era comandada pela divindade, era necessário encontrar um modo de controlar tal irascibilidade. A estratégia humana era oferecer sacrifícios para apaziguar a ira dos deuses para não enviarem catástrofes, castigos, pragas e manterem a natureza em estado de equilíbrio, eliminando o caos e restaurando a ordem (BERGER, p. 91-97), a segurança.

1.2. Da abertura ao outro à demarcação da fronteira

Esse ser inacabado, do ponto de vista de suas especializações, é impelido a relacionar-se com o diferente de si, com o outro. "A necessidade dos demais se verifica desde o nível biológico: no homem, o instinto necessita de hábitos para realizar todas as suas funções, tem de aprender, necessita dos outros. O *homem sozinho* é um animal inviável, fraco, desvalido" (YEPES STORK; ARANGUREN ECHEVARRÍA, 2003, p. 137). No relato de Gênesis, homem e mulher aparecem como humanidade que se abre para estabelecer relações. A relação baseada na alteridade é sinônimo de cuidado e de segurança. Quando as relações sociais se rompem, ocorre o inverso da criação, a destruição, a insegurança e a vigilância, como cuidado do Criador, são compreendidas como algo perseguidor, assustador, que faz perceber a própria nudez, conforme podemos observar no texto de Gn 3.

Constatamos, deste modo, que o ser humano não pode subsistir sozinho. "É um ser com os demais" (AMENGUAL, 2007, p. 143). Há a necessidade de seu semelhante. "Como ser aberto aos demais, o homem é naturalmente social, ou seja, pertence a sua essência viver em sociedade" (YEPES STORK; ARANGUREN ECHEVARRÍA, 2003, p. 181). É a partir daí que ele estabelece vínculos, superando simplesmente os condicionamentos biológicos e sua condição de indefinitividade. No dizer de Stork e Echevarría (2003, p. 138),

> O homem é constitutivamente dialógico. Isso supera a relação com a natureza: necessitamos falar, compartilhar racionalmente, crescer em um campo de aportes comuns. Não bastam os animais, as árvores. Antes deles a existência do homem é incompleta. Adão necessitava de Eva, ao contrário era o fastio. Em seu fundamento, as relações interpessoais precisam esclarecer as seguintes noções: *o comum, o amor* e *a amizade*. Sobre elas se articula o eu com o tu de maneira mais profunda e intensamente humana.

No âmbito existencial, a relação eu-tu inclui em seu bojo segurança, e o tipo de vigilância que se estabelece sobre o outro é o de cuidado, para proteger, para ampliar laços, algo extremamente necessário para o desenvolvimento do animal-homem. A relação apresenta-se para o ser humano como um processo salvífico da solidão. Viver solitariamente é tornar-se muito mais vulnerável, inclusive ao inimigo. Essa lição os antepassados aprenderam e continua renovando-se. De acordo com Amengual, o ser humano é essencialmente com os outros, formando comunidade-sociedade, e a relação é constitutiva de seu próprio ser e de sua existência (2007, p. 146).

A sociabilidade humana, além da proteção e do cuidado, é um meio para garantir a continuidade da espécie. A reprodução humana, diferentemente dos demais animais, não envolve somente um ato biológico, mas uma série de cuidados. Para Amengual, a dependência do ser humano em relação aos outros não é simplesmente pela necessidade de ser gerado. Nesse sentido, o processo reprodutivo nasce de uma insegurança da espécie humana de se prolongar existencialmente e, ao mesmo instante, de uma necessidade do outro como continuidade no mundo. Por causa do nascimento prematuro, seria impossível a sobrevivência, de modo que se requer a presença dos pares. Não bastam apenas os cuidados. Por seu caráter deficitário instintual e orgânico, o ser humano passa por um longo processo de aprendizagem. Essa formação concretiza-se por meio da relação interpessoal, de modo que a aprendizagem e a relação nos fazem indivíduos humanos (AMENGUAL, 2007, p. 144; GEHLEN, 1983, p. 60). No processo de aprendizagem, além de humanizar, aprofunda no conhecimento de quem é o outro que se apresenta. No convívio social, esse diferente pode representar a proteção, a salvação, assim como o conflito, a guerra e a maldade.

A não abertura do ser humano ao outro significa a não possibilidade de construção social. Equivale dizer não se relacionar com as diversas coletividades e não construir relações simbólicas com essa mesma comunidade de pertença. Esse processo traduz ao mesmo instante a morte do social e do indivíduo. Para Augé, "cada indivíduo está em relação com diferentes coletividades, em relação às quais vem definida sua identidade de classe no sentido lógico do termo [...]. Mas cada indivíduo único se define também através de suas relações simbólicas e instituídas ("normais") com certo número de outros indivíduos pertencentes ou menos a sua mesma coletividade" (AUGÉ, 2000, p. 37). É somente por esse processo que se conhece quem é o outro e somente a partir dele que o ser humano se recria processualmente em suas relações positivas e negativas, naquilo que é bom e mau, e terá ambiente seguro ou inseguro. Nessa interação do ser humano, situado na história, dão-se também os diferentes modos de se organizar socialmente. É aí que se percebem outras interfaces da vigilância, não tanto como cuidado, e sim como formas de se proteger individual e comunitariamente do outro.

Todavia, o ser humano, apesar de sua vulnerabilidade e a necessidade do outro, descobre também a exigência de estabelecer fronteiras. Elas surgem como o espaço de individuação em relação aos demais e depois também como delimitação de espaço físico para viver até se estender às fronteiras geográficas dos países. Dos Anjos afirma que "as fronteiras são espaços em que os sujeitos se tocam e se deixam tocar. A condição de poder em que se constituem é um importante vetor para permitir as interações. De fato, as fronteiras podem se fechar ou se abrir ou até mesmo serem rompidas por violência" (DOS ANJOS, 2010, p. 132-133).

Uma das perguntas fundamentais do ser humano é quem sou? À medida que as ciências humanas evoluem, cada uma, em sua área específica, tenta dar uma resposta sobre esse ser complexo que é o humano. Um dos aspectos importantes é o processo de individuação que cada um constrói. Mesmo passando pelos processos de aprendizagem com os demais, ao final, cada um compõe uma unicidade irrepetível em relação aos outros e caracteriza uma personalidade. Esse processo é constituído junto com a comunidade como suporte dialético para aprender a ser.

A individuação é um tipo de fronteira importante e positiva, porque a partir dela os seres humanos se constituem como diferença (Dos Anjos, 2010, p. 127). Se não houvesse tal seccionamento, ocorreria o caos humano da despersonalização e as relações seriam de extrema pobreza, uma vez que cada indivíduo relaciona-se a partir do *feedback* de sua própria individuação com a do outro.

Da individuação ao reconhecimento do indivíduo, conquista da modernidade, o ser humano escreve outro capítulo de sua história existencial. A individualidade é um espaço que o ser humano precisa para sua solidão positiva. É o espaço útil para refletir sobre si, para se recolher, para vigiar sobre as próprias atitudes. Entre individualidade e sociedade não há dualidade, ruptura, pois a individualidade rompida com o social transforma-se em individualismo, vulneração e morte da relação. Há as delimitações úteis para que o indivíduo possa nutrir sua individuação.

O ser humano, como ser que se autoconstrói, estabelece seu espaço relacional, com ele a fronteira, como forma de circunscrever espaço e vigiar sobre ele e preservar a identidade. O clã, a tribo, o grupo humano homogêneo, familiar, marcado pelas linhagens com um sistema próprio de organização social, de economia, com território próprio, linguagem, organização de governo, com sua divisão de trabalho entre homens e mulheres (Maria Ferigla, 1998, p. 668-672), como formas simples de proteção e de sobrevivência à cidade, como espaço complexo, com suas atividades econômicas, políticas, administrativas, jurídicas, com os meios suficientes para prover a maior parte das necessidades pessoais e comunitárias (Gallino, 2006, p. 100), em que cada um vigia por seu próprio espaço. Na tribo, todos se conhecem. Na cidade, ampliam-se as fronteiras e os indivíduos já não se identificam mais pelo nome. Para não perderem a individualidade, ganham um endereço. Na cidade, ter um endereço significa existir, caso contrário, ocorre a não identidade. Se, na tribo, era fácil vigiar qualquer um pelo simples olhar, o endereço representa a forma que se tem de individuar o cidadão e construir sobre ele uma série de informações. À medida que a cidade cresce, aumentam as formas de vigilância, desde as mais elementares, àquelas que recolhem dados sobre o indivíduo, usados tanto para garantir serviços, como também para individuá-lo, caso seja considerado um perigo à comunidade. Na cidade, a noção de fronteira individual se amplia, e com ela surgem novas fronteiras para a proteção dos próprios citadinos, com pequenos controles sobre o *modus vivendi* das pessoas. Em cada habitação, uma fronteira, e, para se atravessar do outro lado, a necessidade da permissão a partir da pergunta da individuação: "quem é você?"

Das fronteiras citadinas à fronteira dos países ou ao mundo sem fronteiras, conforme se apregoa, há um longo percurso. As fronteiras nascem dos tratados ou das guerras e demarcam um país: povo, riqueza, língua, questões culturais. É fator de separação ou de contato, uma entidade política e geopolítica que serve para definir o âmbito da própria soberania e identifica os cidadãos *ad intra* e *ad extra* (Armao, 1996, p. 89-91). É o local da vigilância por excelência. É onde vigoram os tratados de reciprocidade dos países que têm grande peso na vida do cidadão que queira cruzar as fronteiras globais. É o limite onde ele renuncia seus direitos e se torna vulnerável dentro das fronteiras territoriais de outra nação, com suas leis, seus controles e burocracias.

A ideia de mundo sem fronteiras é verdadeira em partes, porque aqueles que possuem oportunidade podem cruzá-las comodamente. Ao mesmo instante, estas se impõem de maneiras muito claras a certos grupos sociais ou pela vigilância na qual são constituídas. "A fronteira desaparece fisicamente e vem virtualizada através de dispositivos digitais: no corpo, mas também externamente, nos circuitos eletrônicos globais" (Calenda; Lyon, 2006, p. 596). A "fronteira delocalizada" representa o primeiro exemplo da vigilância globalizada (Lyon, 2005, p. 120). É na fronteira que os governos executam seu poder para controle das riquezas, daquilo que ameaça o país, da migração, exercem até questões de justiça e seu poder de controlar seus cidadãos, como no caso dos sistemas de governos antidemocráticos.

Assim, da mesma forma que o ser humano se abre aos demais, também delimita espaços para si mesmo e também para controle sobre o outro. As fronteiras nascem das próprias relações humanas, é positiva enquanto possibilita estabelecer espaços de respeito mútuo e se torna problemática quando passa a ser um mecanismo de controle em que o ser humano é visto como aquele que pode trazer o perigo. Na verdade, em nível de relações humanas, sempre houve e haverá tais realidades. Alguns superáveis; outros, resolvidos pela própria força.

2. Do comunitarismo à privatização do indivíduo e as formas de vigilância social

Se o ser humano necessita de ambiente seguro para se constituir e da vigilância como forma de cuidado, à medida que as sociedades se complexificam, percebe-se o aumento dos outros processos de vigilância que vão recrudescendo tanto na vida privada quanto na pública. Considerando as formas de agrupamentos sociais, a evolução da história e a construção histórica da moral, é possível identificar como se originam as noções de público e privado e problemáticas éticas derivantes. A precisão do outro se expande, realiza-se no social, e nele também explodem as tensões. De um lado, a sociedade na qual ele se realiza; do outro, o conflito social. Nesse sentido, o ser humano sempre permanece no limiar entre a conveniência e o risco de se relacionar. É a partir desse evento que compreenderemos a sociedade de vigilância desde os tempos mais antigos aos mais modernos.

Ao percorrer a história da sociedade ocidental, observamos as transformações que foram ocorrendo em sua estrutura, a tensão entre público e privado, a passagem de um sistema comunitarista tribal, aristotélico como podemos encontrar na *Política* de Aristóteles, ao *Leviatã* de Hobbes (1987), na constituição do Estado e do individualismo. Para

Aristóteles, a existência se realiza no ser comunitário; para Hobbes, é exatamente o contrário. "Se para Aristóteles, o homem se caracteriza por sua sociabilidade; para Hobbes, o homem é antissocial por natureza e se domesticará em sociedade" (Antonio Merino, 1982, p. 103).

Vale lembrar que o sentido de privado evolui, desde sua não existência, como no caso dos clãs, ao privado enquanto pertença à intimidade familiar e, nesse caso, mesmo sendo privado, o indivíduo não tinha *privacy*, o direito de estar sozinho e não ser incomodado, como concebemos atualmente. Se a noção de público e privado avança, também os processos de vigilância.

2.1. As formas tribais e o mundo antigo

A sociedade evolui e, com ela, também os conflitos internos. Sánchez Vásquez (1978), em seu livro *Ética*, ao discorrer sobre as origens e o caráter histórico da moral, faz algumas análises e demonstra como as sociedades vão elaborando suas regras de vida. Ele recolhe alguns modelos de sociedade: a tribal, a dos livres e escravos, a sociedade feudal e a sociedade burguesa. Para ele, a moral surge quando o ser humano deixa para trás sua natureza puramente instintiva e sociabiliza-se (*gens*, várias famílias por parentescos e as tribos). A relação se dá entre indivíduo a indivíduo e entre indivíduo e comunidade, cujo objetivo é transformar a natureza, por meio do trabalho, para sobrevivência da tribo. Cada membro devia observar um conjunto de regras não escritas que consistia no dever de zelar pelo grupo, lutar pelo bem, afastar o mal e os inimigos e manter os interesses coletivos: a solidariedade, a ajuda mútua, a disciplina e o amor aos filhos da mesma tribo. O valor principal, a coragem. O vício, a covardia, uma vez que o covarde colocava em risco a vida da tribo (p. 37-53); a segurança provinha das ligações comunitárias (CASTEL, 2004, p. 8). O sistema era fechado,[2] uma vez que a tribo diferente era inimiga e o indivíduo existia fundido com a comunidade e não podia ter interesses próprios que entrassem em contradição com esse modo de vida. Não existe propriedade privada, e o coletivo absorve o individual, e a aplicação da justiça era distributiva (SÁNCHEZ VÁZQUEZ, 1978, p. 39-42). A vigilância se configurava como reforço da identidade grupal e sobre todas as atividades dos membros que se encontravam sob os olhos uns dos outros.

Com o aumento da produtividade decorrente do trabalho, com o acúmulo de ganhos, com o desenvolvimento da agricultura, com os ofícios manuais e com a nova força de trabalho escravo, surgem o acúmulo e a desigualdade entre os chefes de família e nascem a propriedade privada de bens e a divisão entre livres e escravos. Os livres não exerciam o trabalho físico, considerado indigno, que era relegado aos escravos. Surgem a moral dos livres, a única e verdadeira, e a dos escravos, que, aos poucos, vão tomando consciência da liberdade. A moral dos livres tinha sua fundamentação teórica a partir de Sócrates, Platão e Aristóteles. Havia uma relação intensa entre indivíduo que se sentia membro da comunidade (SÁNCHEZ VÁZQUEZ, 1978, p. 42-45).

De acordo com Aristóteles: "a cidade é uma das coisas naturais e o homem é, por natureza, um animal social" (ARISTÓTELES, I, 2, 1253[a], 9, 1988, p. 50), porque é o único a usar a palavra para manifestar o conveniente e o prejudicial, o justo e o injusto. É o único ser, diferentemente dos animais, a possuir o sentido do bem e do mal, do justo e do injusto e dos demais valores e a viver comunitariamente. A participação comunitária constitui a casa e a cidade. Diz o Filósofo: "o que não pode viver em comunidade, ou não necessita de nada por sua própria suficiência, não

---

[2] Sobre o sistema fechado Pellicani, após analisar os modelos de organização social de Esparta e Atenas como "sociedade fechada" (*taxis*) e "sociedade aberta" (*cosmos*), elenca algumas características da sociedade fechada: sacralização da tradição, isolamento, autarquia, hipersocialização, ortodoxia, holismo, centralização política e misoneísmo (PELLICANI, 2000, p. 17-18).

é membro da cidade, senão uma besta ou um deus" (ARISTÓTELES, I, 2, 1253ª, 14, 1988, p. 52). Para Amengual, a concepção aristotélica de animal cívico por natureza significa dizer que, somente na cidade, ele chega a realizar, por seu conceito, sua natureza, sua finalidade, sua plenitude, sua realização, a sua essência (AMENGUAL, 2007, p. 151).

A cidade, composta de casas, é a casa perfeita formada por escravos e livres. Nela vivem amo e escravo, marido e esposa, pai e filho e as relações são heril, conjugal e procriativa. A cidade é uma comunidade que visa ao bem comum e a transmissão de valores éticos, tendo por ideal a vida feliz, que consiste na convivência com os demais, na prática da justiça, no respeito à lei, na segurança e na educação (YEPES STORK; ARANGUREN ECHEVARRÍA, 2003, p. 182). Essa cidade, a pólis, distinguia-se do âmbito familiar, à medida que se fundava na igualdade entre todos os cidadãos. A vida privada era centro de rígida desigualdade, e a liberdade consistia em não governar e não ser governado, o que não existia na esfera doméstica. A igualdade não era algo conexo a uma noção de justiça e significava a essência real da liberdade. Ser livre de desigualdade é mover-se de uma esfera a outra, onde não era necessário governar e ser governado (ARENDT, 2008, p. 24).

Conforme vemos, a concepção aristotélica é fundada em um comunitarismo. De acordo com Pariotti, no comunitarismo, a comunidade é um lugar de relações diretas e fundamentadas na condivisão de valores e fins, é o núcleo central do paradigma normativo de caráter ético e político e o parâmetro para justificar valores. É um espaço de vida orgânica e real, por relações de parentesco, de vizinhança e de amizade, enquanto que a sociedade é um lugar de comunidade pacífica de indivíduos que se mantêm separados (PARIOTTI, 2006, p. 2129). A crítica que se tem ao comunitarismo é a seu pluralismo e à falta de espaços de liberdade (FORNERO, 1998, p. 181). Nesse contexto, a moral dos livres e escravos é uma forma de vigilância em nível ideológico para justificar a estratificação social e o papel das classes para a manutenção da ordem, e a ágora exerce papel importante para a manutenção dos *status quo*.

Diferentemente da democracia ateniense, a educação espartana envolvia a educação, o treinamento e os jogos, cujo objetivo era a coletivização da consciência. Esse processo era realizado desde cedo, quando o Estado tirava as crianças, aos cinco anos, de sua família para serem domesticados. Não tinha privacidade, nem liberdade individual, e o controle social era rígido e o tipo de socialização era militar (PELLICANI, 2000, p. 14). A vigilância se dá sobre os corpos que deveriam ser perfeitos pela prática da eugenia, que consistia na eliminação dos recém-nascidos defeituosos e na xenofobia, concepção do outro como raça inferior, estranha e imperfeita. Os corpos-máquinas, no regime espartano, eram produzidos para defenderem o Estado por meio do regime de caserna e da obediência absoluta.

No mundo romano, os cargos públicos eram à base da corrupção e da propina. Havia a compra de cargos e apadrinhamentos (proteção, indicação a cargos). Um romano, para ser conhecido, deveria tornar-se político. Mesmo sendo rico, se não o fizesse, não teria reconhecimento social. Verifica-se que o público tem uma função muito grande em fazer a pessoa notável. O homem público deveria oferecer espetáculos à cidade nos momentos dos ritos de passagem e no casamento. Deveria ser um benfeitor, patrocinar coisas públicas, ainda que isso lhe custasse o patrimônio, que, posteriormente, era restituído pelos impostos. A vida política romana era marcada pela monumentalização, teatralização (pão e circo) e pela ostentação. A economia fundada no setor servil, basicamente, e na agricultura dos pequenos camponeses (VEYNE, 1990, p. 103-121). A vida privada citadina definida pelo ócio, condição para a vida de um homem liberal. Para o ócio do homem livre, eram necessários trabalhadores. Os ociosos correspondiam moralmente ao ideal humano e eram considerados cidadãos por inteiros (VEYNE, 1990, p. 123-125). Ser rico era ser proprietário de terras e praticar a usura.

Em Roma, havia a ideia de salvação pública e de bem comum. Os ritos funerais públicos eram uma maneira de sacralizar o indivíduo por aquilo que ele fez em favor da cidade e garantir a imortalidade de seu nome, bem como aboniná-lo, se este fez algo que descontentou seus pares ou cidadãos. No mundo romano, o indivíduo se diluía no público, então a necessidade de criar a separação a partir da arquitetura com os espaços bem definido da *domus*. Além disso, é espaço de delimitação entre a elite e a plebe, de modo que "a *privacy* oferecia somente um refúgio temporário dos negócios da *res publica*" (ARENDT, 2008, p. 28). Assim, a vigilância se dava da plebe em relação a seus dirigentes que se escondiam por detrás dos espetáculos e da arquitetura. Da parte do Estado, as pessoas eram vigiadas por um sistema militar, pelo recenseamento e pela coletoria de impostos.

2.2. Da sociedade feudal ao Estado Moderno

A sociedade feudal mantém a divisão de classes sociais entre senhores feudais, possuidores da terra; camponeses e servos que sustentavam os senhores e eram objetos de violências e arbitrariedades, e os homens livres, os artesãos, que ofereciam a vassalagem ao senhor em troca da proteção. Na cidade com seus diferentes ofícios, representações e corporações, a segurança se dava pelo grupo de pertença (CASTEL, 2004, p. 8). Surge uma pluralidade de códigos morais: códigos dos nobres ou cavalheiros, das ordens religiosas, dos guerreiros, dos universitários, prevalecendo a moral cavalheiresca e aristocrática, fundada na honra e na nobreza de sangue (SÁNCHEZ VÁZQUEZ, 1978, p. 45-47).

Se, no sistema comunitário, o indivíduo se dilui e não há privacidade, no sistema feudal "a vida privada é, portanto, vida de família, não individual, mas de convívio e fundada na confiança mútua" (DUBY, 1990, p. 23). Conforme relatos de crônicas, no século XII, as relações eram de caráter doméstico e privado, a atividade pública ligada ao patriotismo, cuja função era a defesa, a vingança dos crimes públicos e a reconciliação dos homens livres que estavam em conflitos (DUBY, 1990,

p. 25). Verificamos, desse modo, que ocorria uma vigilância sobre a população, e a cidade tinha a finalidade de garantir a segurança. O texto que se segue comprova nossa assertiva:

> No interior do território, há momentos em que esse poder [dos magistrados investidos de um poder de coerção] se torna mais pesado e mais invasor. São os períodos ditos de "perigo" (uma palavra derivada do latim *dominiura*, exprimindo então a necessidade de instaurar uma dominação reforçada, de estabelecer uma disciplina mais estrita). Assim, à noite: em Valenciennes, por exemplo, as instituições de paz estabelecidas em 1114 evocam esse sino que convida a apagar o fogo em cada lar, que, soando o toque de recolher, ordena a cada um que se retire para sua casa: é chegada a hora de esvaziar o espaço público: que nele não fique mais ninguém senão os inimigos da paz, os quais se manifestarão desse modo e que se poderá mais facilmente restringir. Revela-se, por outro lado, que uma porção do espaço depende do poder público, os *Usages de Barcelonne* a definem assim na segunda metade do século XII: "as estradas e as vias públicas, as águas correntes e as fontes, os prados, as pastagens, a florestas e as charnecas". Trata-se em primeiro lugar, como se vê, das áreas de circulação, mas por extensão, de todos os seres que são vistos como errantes porque são estranhos à comunidade, portanto, suspeitos, sob vigilância, colocados naturalmente em "perigo", seja porque vêm de outros lugares, porque não são conhecidos – são os "forasteiros"... (DUBY, 1990, p. 26).

A propriedade privada é marcada por varas. Os criminosos públicos tinham seus bens pilhados e o sinal de tal apropriação era a cerca, cuja função era repelir a violência, afastá-la do lugar onde se vivia, protegendo-se de um estado de vulnerabilidade máxima. A lei pública, comum, garantia esse espaço envolvente, área (*atrium)* conhecida como pátio. No interior de cada cercado, configuravam-se as *res privata*, as *res familiaris*, todos os bens, os seres humanos que não pertenciam ao povo: meninos incapazes de usar as armas, mulheres e não livres de ambos os sexos (DUBY, 1990, p. 28).

A partir do século X, outro instrumental da vigilância, defesa e também de residência foram as torres (ou torreões), usados para a proteção, fins militares e guerras. "A torre é uma parte da casa: aquela em que as pessoas se refugiam em caso de perigo, por certo, como no castelo de Loches..." (Barthélemy, 1990, p. 402). No final dos séculos XI e XII, tais construções não se caracterizavam pela função militar, mas por guarda de acessos. No final do século XII, construía-se o palácio e parte da fortaleza era equipada com armas e máquinas de guerra e outros equipamentos destinados à defesa. No século XIII, combinam-se exigências militar e residencial. As torres eram cada vez mais habitáveis e mais defensáveis. No final do século XIII, surgem as casas-fortalezas (Barthélemy, 1990, p. 406-411).

Como a vida privada exercia poder sobre a vida das pessoas, o indivíduo que, por qualquer motivo, se afastasse dela era considerado estranho àquela comunidade.

> A sociedade feudal era de estrutura tão granulosa, formada de grumos tão compactos que todo indivíduo que tentasse se libertar do estreito e muito abundante convívio que constituía então a *privacy*, isolar-se, erigir em torno de si sua própria clausura, encerrar-se em seu jardim fechado, era imediatamente objeto, seja de suspeita, seja de admiração, tido ou por contestador ou então por herói, em todo caso impelido para o domínio do "estranho", o qual, atentemos às palavras, era antítese do "privado" (Barthélemy, 1990, p. 504).

No seio do feudalismo, nasce uma nova classe, a burguesia, que se alicerçará sobre a fabricação de produtos manufaturados, no trabalho livre e assalariado e, consequentemente, o trabalho industrial, surgindo o acúmulo, o espírito de posse, o egoísmo, o individualismo exacerbado e o bem-estar próprio sobre o bem-estar dos demais (Sánchez Vázquez, 1978, p. 47-53).

Da Renascença em diante, ocorre o fortalecimento do espaço privado e a ampliação do poder estatal, desmoronando a sociabilidade comunitária. Ocorre a dilatação entre público e privado, acentua-se o individualismo. É no privado que se esconde o que é precioso e encobrem-se as desigualdades entre homens e mulheres e o poder dos patrões. A partir de 1400 d.C., notamos a intervenção do Estado no interior da comunidade. O Protestantismo dá sua contribuição teológica focalizando a relação individual com Deus. Em base à intimidade do indivíduo, surge o desejo de se recolher, abrindo as portas ao individualismo. A família aparece como lugar para se esconder do olhar externo.

A vigilância se dava de forma muito direta, e as pessoas buscavam manter-se escondidas da observação da vida privada, gerindo os conflitos de famílias, evitando, sobretudo, as sanções penais, o escândalo, a perda da confiança e o desprezo (CASTAN, 1991, p. 47). Essa vigilância, conforme podemos constatar, ocorre de modo bastante intenso.

> A vigilância é garantida pela comunicação livre e frequente entre pessoas conhecidas: as zonas da vida familiar que convém preservar não constituem problema, correspondem às regularidades do horário, bem como ao prazer da pequena festa excepcional. Entre os adeptos já numerosos das aparências honestas, a riqueza que permite assumi-las sem grande esforço não poderia ser o discriminante útil. Como em geral a pretensão ultrapassa os recursos, um muro de discrição torna-se necessário à segurança. O que se deve temer não são as atividades dos vizinhos, mas sua curiosidade e, quando não é possível satisfazê-la, o risco, ao menos para os estrangeiros e para os recém-chegados, consiste em expor-se à suspeita (CASTAN, 1991, p. 52).

Em termos políticos, o pensador que parece ilustrar bem o espírito político desses novos tempos é Hobbes (1588-1679). No capítulo XIII do *Leviatã*, intitulado *Das condições naturais da humanidade por quanto concerne a sua felicidade e a sua miséria* (THOMAS HOBBES, 1987, p. 117-123), ele afirma que os homens são iguais por natureza, mesmo se alguns são mais fortes ou mais sábios. Se desejam o mesmo fim, tornam-se inimigos, esforçam-se por destruir ou submeter uns aos outros. Da igualdade, procede a desconfiança e, da desconfiança, a guerra. As causas de contenda são a competição, a desconfiança e a glória. Se os homens vivem sem um poder comum, encontram-se sempre em estado de guerra uns com os outros. Em tempo de guerra, vive-se o estado de caos, e a vida humana é solitária, mísera, desagradável e breve. Onde não tem poder, não tem lei e, onde não tem lei, não tem a injustiça. Em tal condição de guerra, nada é injusto, e a única coisa que inclina o homem à paz é o temor da morte.

No capítulo XVII, *Das causas da geração e da definição de um Estado* (THOMAS HOBBES, 1987, p. 163-168), Hobbes escreve que o fim do Estado é preservar a vida e sair da miserável condição de guerra. Que as leis de natureza, tais como justiça, equidade, modéstia, misericórdia, fazer aos outros aquilo que desejássemos que fosse feito a nós, sem um poder, são contrárias a nossas paixões que nos impulsionam à parcialidade, ao orgulho e à vingança do semelhante. Sem um poder, todo homem pode usar os meios que lhe convêm para se garantir. Os homens estão sempre em competição pela honra, pela dignidade. O acordo entre os homens somente por pacto é artificial, e o Estado é gerado por um pacto de cessão de direitos individuais de se autogovernar, a um homem ou a uma assembleia de homens que são reconhecidos e autorizados a agir em nome do cidadão. O Estado é fundado como grande Leviatã para garantir paz e defesa. O poder soberano se constitui de dois modos: de modo natural e quando os homens fazem um acordo de submeterem vida e vontade a um homem ou a uma assembleia. Hobbes entrevê um estado de natureza sem lei, direitos, constituição política, instituições formais, estado de concorrência e de guerra e somente o Leviatã, o Estado nacional soberano, para atingir seus objetivos, pode exercer a violência física, bem como oprimir os súditos com a difusão do terror (PUTZ, 1993, p. 616), executa seu poder para obter qualquer tipo de segurança (CASTEL, 2004, p. 10).

Em termos de Europa pré-industrial, numa sociedade em que parece reinar a barbárie, tratava-se de discriminar indivíduos ou grupos fora de circunscrição territorial, tais como bandidos, foras da lei, agressores que poderiam causar riscos de agressão física ou social (CASTEL, 2004, p. 9). Uma das figuras responsáveis pelo processo de vigilância na cidade, no século XVIII, é o comissário – amado e odiado – cuja função era deter, interrogar, aprisionar, investigar, informar, aplicar a lei, mantê-la, informar ao tenente-coronel tudo o que se passava em seu território e realizar obras públicas, tais como manutenção de vias públicas, saneamento e circulação (FARGE, 1991, p. 596-598).

2.3. Do século XIX aos dias atuais

O século XIX assiste ao triunfo do indivíduo. "O sentimento de identidade individual acentua-se e difunde-se amplamente ao longo do século XIX" (CORBIN, 1991, p. 419). Esse processo inicia-se quando a burguesia e trabalhadores se opõem ao Antigo Regime e ao absolutismo, lutam por liberdades individuais e contra as formas de desigualdade sociais. Além das reivindicações burguesas e das classes trabalhadoras, Corbin afirma que a individualização é realçada pelos processos de alfabetização, da exaltação do nome e do sobrenome que se estende até à nomeação de animais domésticos. A revolução provocada pelos espelhos proporciona um afloramento do estético, o retrato como forma de possuir a imagem de si e a invenção e a popularização da fotografia como representação da posse da própria imagem (CORBIN, 1991, p. 421-428).

A sociedade do século XIX é marcada pela vigilância a algumas classes como operários, militares, domésticos, prostitutas, crianças abandonadas viajantes e, de modo especial, os itinerantes e nômades que devem portar passaporte para suas viagens e são alvo de um olhar mais vigilante. Constata Corbin (1991, p. 429):

> Até o triunfo da República (1876-1879), as técnicas de ajustamento são ainda balbuciantes; sua precariedade fixa os limites desta visão panoptica que se atribui, sem dúvida com algum exagero, aos detentores do poder. O Estado civil, secularizado desde 1792, codificado a 28 Pluvioso do ano III, os recenseamentos da população e as listas nominais

estabelecidas a cada cinco anos, as listas eleitorais, censitárias até 1848, estendidas no conjunto da população masculina em março de 1848, e a seguir em setembro de 1851, constituem as referências essenciais do sistema. Certas categorias são ademais objeto de procedimentos especiais: os operários, teoricamente sujeitos à carteira desde o Consulado, carteira que eles próprios passarão a portar desde a lei de 22 de junho de 1854, para grande prejuízo dos patrões; os militares; os domésticos, dos quais se exige a apresentação de certificados emitidos pelos empregadores precedentes; as mulheres da vida registradas pela Chefatura de Polícia ou pela administração municipal; as crianças abandonadas às quais se deseje atribuir um estado civil e uma tutela; os viajantes e, mais especialmente, os elementos itinerantes e nômades, que devem providenciar passaportes antes de efetuar suas andanças.

Além desses procedimentos, outras formas de vigilância são empregadas, e uma delas é a construção de modelos arquitetônicos para as cidades que propiciassem melhor controle sobre os transeuntes e, especialmente, indivíduos causadores de desordem pública. Verifica Lyon, 1997, p. 53):

> Do século XIX em diante, os urbanistas começaram a levar em conta a função de controle interno que as cidades podiam garantir. Nas estradas citadinas se desenvolviam operações policiais e a localização de eventuais criminosos ou de fomentadores da desordem. A lei e a ordem eram perseguidas seja arquitetonicamente, seja estrategicamente, através do planejamento racional. Formas embrionárias de vigilância nas estradas ganharam vida no interior da "fortaleza urbana", muito tempo antes da era das telecâmeras fixas.

Conforme observamos, aumentam gradativamente as técnicas para individualizarem as pessoas e para controle social. Verificamos a investigação da moralidade, a certificação da boa conduta, a busca e o fornecimento de atestado de referências e de conduta feitas pelo prefeito ou pelo padre. Esses processos de reconhecimento estavam fortemente embasados na palavra e no reconhecimento visual e eram passíveis de engano. Era muito fácil, até 1880, falsificar a própria identidade e os reincidentes não eram facilmente identificados, uma vez que fora abolido, em 31 de agosto de 1832, a marca com o ferro à brasa. É no final do século, com o aprimoramento das técnicas, que se elimina a falsificação, mesmo quando se tratava de gêmeos e do estado civil. Em 1876, a polícia usa a fotografia para o reconhecimento sem nenhuma organicidade, o que tornava o processo inócuo. Em 1882, surge, com Alphonse Bertillon, a identificação antropométrica ou *bertillonagem*, com as medidas de alguns ossos do crânio (GARFINKEL, 2000, p. 39-41). Esse procedimento subsiste até o século XX e ajunta-se, mais tarde, à fotografia, formando o boletim antropométrico. No início do século XX, a identificação das marcas corporais e das impressões digitais. Até o limiar da Primeira Guerra, esse procedimento era destinado a criminosos, delinquentes, depois aos nômades e itinerantes que deveriam portar carteira de identidade, constando nome, sobrenome, data e local de nascimento, filiação, descrição, impressões digitais e foto. A partir de 1860, as modificações continuam, Pasteur descobre o micróbio, como agente perturbador do organismo, impõe-no socialmente, e verificamos, aí, a vigilância na área da saúde. De um lado, a sociedade teme a violação do eu e seu segredo; do outro, o surgimento de um voyeurismo social e dos detetives em busca de pistas (CORBIN, 1991, p. 430-436).

Alguns fatores passam a exercer grande influência na vida privada. A mudança do local de trabalho não feito mais em casa, as novas divisões e relações de trabalho (trabalho domiciliar, empresa, cadeias de montagem), o direito à greve, os processos de urbanização (PROST, 1992, p. 21-58), os meios de comunicação: jornal impresso, rádio (à válvula, portátil com transistor [WHITAKER, 1999, p. 70-71] e à pilha) que se torna mais pessoal com a evolução tecnológica e a TV. Com o ingresso dessas novas mídias, abrem-se novas estratégias para o marketing, a nova forma de vigilância sobre os desejos das pessoas, a curiosidade de bisbilhotar a vida das pessoas públicas para saber de suas intimidades e o conformismo social (PROST, 1992, p. 142-152).

Algumas dessas transformações acarretam maior segurança à pessoa ao desvencilhá-la de suas atividades cotidianas, circunscrevendo melhor seu espaço privado. Ao mesmo tempo, o aumento do fluxo de informação aumenta a possibilidade de expor-se ou ser exposto. Nesse sentido, o indivíduo passa a exercer uma vigilância sobre si mesmo para não ser capturado por tais meios.

David Lyon atesta que: "a vigilância é um aspecto central da modernidade. As práticas rudimentares das sociedades tradicionais e feudais foram amplamente intensificadas e se tornaram mais sistemáticas na era moderna" (1997, p. 59). É no pós-guerra e na expansão dos regimes totalitários que se conhece, de fato, a face obscura da vigilância, em sentido *orwelliano*, em que as pessoas eram controladas em sua intimidade para serem classificadas e eliminadas. Essa vigilância era realizada tantas vezes em nome da segurança nacional. Esses elementos ficam evidentes na obra de Mattelart (2007), na qual ele demonstra, dentre outras coisas, o processo da Guerra Fria e como, por exemplo, os EUA desenvolvem uma doutrina de segurança nacional que inculca em tantos países latino-americanos, além de sua influência por todo o mundo, por meio de suas bases militares, com altas tecnologias desenvolvidas e pelos serviços secretos.

Staples faz uma boa síntese das tranformações sociais ocorridas tanto na Modernidade quanto na Pós-modernidade. Elas são importantes para compreendermos os impactos sociais e influxos na área da segurança e da vigilância. Para ele, a Modernidade se caracteriza por maior racionalização em relação à vida social fundada nas noções de eficiência, previsibilidade, controle, disciplina; divisão do trabalho, especialização, separação de vida pública e privada; casa e trabalho; aumento da burocracia estatal e de organizações privadas; crescimento dos centros urbanos; aceleração e compressão do tempo-espaço; desenvolvimento das ciências humanas, crença no progresso, no raciocínio objetivo e a tecnologia como fator para aproveitar a natureza e melhorar a vida social e a existência humana. Como características da Pós-modernidade, constatam-se desindustrialização e globalização, flexibilização do trabalho, produtos e serviços; diluição das fronteiras; implosão das certezas e símbolos da vida moderna, tais como trabalho, casamento, família, saúde, sexualidade, intimidade, gênero, privacidade; mudança de fronteiras globais, intensificação e compressão tempo-espaço, criando intensa desorientação e perturbações na vida social; cultura dominante do vídeo; mercantilização da sexualidade; consumismo como estilo de vida; aumento dos desafios da classe média; novos modos de conceber sexualidade, religião, promovendo a política da diferença; colapso das grandes narrativas; ascensão da agenda feminista; aumento do ceticismo sobre o progresso e crítica do conhecimento científico e racionalidade (Staples, 2000, p. 32).

Considerando as características enumeradas por Staples, notamos que a vigilância na modernidade é enucleada, como no caso da divisão do trabalho, em que o patrão podia ter maior controle sobre os funcionários em termos de produção e da qualidade do produto. Em termos sociais, surge a necessidade de ampliar as forças públicas como forma de manutenção da ordem, assim como aplicar recursos da ciência para tal, dando-lhe maior eficiência, previsibilidade e capacidade de controle. Na pós-modernidade, exigem-se maiores estratégias de segurança devido à natureza complexa e da manutenção da sociedade, à diluição das fronteiras, aos fluxos de mobilidade humana, às novas conquistas de liberdade de expressão e às problemáticas de ordem social. Nesses termos, as estratégias para manter certa ordem e segurança vêm pelo viés ideológico, pelas forças policiais e pelas novas tecnologias para o auxílio da governança.

2.4. A complexificação social e o fenômeno da vigilância

Considerando as análises precedentes, tendo como fundamento os tipos de mutamentos sociais, percebemos que cada sociedade possui sua forma de vigilância sobre seus membros. No contexto tribal, essa vigilância era diretamente sobre o indivíduo, cumpria uma exigência para que o grupo social se mantivesse coeso e se dava sobre as virtudes dos membros. O corajoso e habilidoso poderia ser um guerreiro defensor da tribo. Além disso, cumprir as exigências da justiça distributiva, vingando a morte de algum membro ou da guerra. Nesse sentido, a vigilância é exercida sobre o indivíduo e sobre o próprio grupo social. Porém, não permitindo o contato com outros grupos tribais representa a morte do próprio grupo social. Portanto, não basta a sociabilidade interna, há a necessidade de ampliar fronteiras. A vigilância exercida era física, horizontal, uma vez que não existia nenhuma dimensão privada no indivíduo.

Isso quer dizer que, nas sociedades tribais ou comunitárias, por serem simples, embora a comunidade estivesse acima do indivíduo, o processo de vigilância era muito individualizado, face a face, uma vez que no pequeno núcleo era muito mais fácil individuar a pessoa que cometeu uma infração contra os princípios da comunidade, fazendo com que a justiça fosse aplicada. A conflitividade social era ínfima, pois todos vigiavam todos. Em tais sociedades, não havia privacidade, considerada um contravalor. "Um homem que vivesse apenas uma vida privada e que, como o escravo, não pudesse acessar a esfera pública, ou como o bárbaro, escolheu de não estabelecer tal domínio, não era completamente humano" (ARENDT, 2008, p. 28). Solove afirma que "nos tempos antigos, as comunidades eram pequenas e íntimas. A informação era preservada na memória de amigos, familiares e vizinhos, e era espalhada pela fofoca e por histórias contadas" (SOLOVE, 2004, p. 2).

Do ambiente tribal ao sistema da pólis grega, representa uma grande evolução, porque, mesmo acentuando o discurso sobre o ser humano como animal político e de palavra, surge um novo tipo de abertura social, ainda que fundado em classes: o homem livre e escravos, e discriminatória de mulheres e crianças. O homem da ágora ateniense ou o político romano exercem a vigilância de dois modos: pelo poder aristocrático e pela palavra. A partir da construção discursiva, podiam manter o mundo dos escravos ou a plebe sob controle. Na sociedade espartana, a vigilância era militar.

Entretanto, não basta somente a palavra, a sociedade já se torna complexa e são necessários outros tipos de vigilância feitos pelos recenseamentos, pela tributação e pela vigilância dos exércitos. À medida que os territórios se ampliam e se caracteriza a identidade dos povos, buscam-se modos para controlar povos de outras nações, especialmente se estes representam alguma ameaça, para não entrarem no território. Essa vigilância cumpre várias exigências como: evitar a miscigenação étnica, a não profanação de lugares de culto ou ritos religiosos, a coesão social[3] e a defesa do território. Tais ações já não são executadas de maneira física ou presencial apenas, já se percebem certas mediações técnicas como é o caso da escrita para registrar dados, e o exército com suas armas para garantir segurança. Em uma sociedade desse tipo, o privado está restrito a não possibilidade de ascender ao público. Somente o homem público existe. Tornar pessoa pública significava, ao mesmo instante, vigiar e ser vigiado.

Na sociedade feudal, as duas classes que exercem seu poder são o clero e a nobreza. O clero, com seu discurso religioso, utilizando-se de uma concepção aterrorizante de Deus, mantinha a ordem social, evitando as revoltas camponesas e exercendo a vigilância sobre a vida dos fiéis. De acordo com Gary Marx, a vigilância no século XV era pode-

---

[3] Na Escritura verificamos alguns exemplos nos livros de Esdras e Neemias e dos Macabeus sobre a pureza cultual e o contato com povos considerados pagãos.

rosa e dominante e se concretizava na busca por hereges, por demônios e bruxas, bem como pelo policiamento da consciência religiosa, pelas regras de caráter religioso envolvendo adultério e casamento, por meio dos registros de nascimentos, casamentos, batismos e mortes. Com o avançar dos séculos tal prática gradualmente declina-se (MARX, 2002, p. 17; LYON, 2007a, p. 77). A nobreza tinha por função a guerra e o exercício do poder sobre as demais classes. As formas de vigilância eram sobre os servos na forma de tributação e sobre a família e, do ponto de vista da segurança militar, as torres com suas guardas e as cidades fortificadas. O modo de vigilância era vertical.

A partir da Renascença, quem exercerá o poder de controle será o Estado, que usará seus meios para fazê-lo. O surgimento das burocracias estatais, aliadas ao progresso tecnológico, possibilita o exercício maior do monitoramento social que se torna mais amplo e começa a dispor de determinados recursos, indo além da observação direta. O exemplo concreto é a fotografia, que, de um evento artístico, passa a ser usado como identificação de criminosos. O controle não é mais horizontal nem vertical, é caleidoscópico, envolvendo diferentes facetas do mesmo objeto a ser vigiado. Daí em diante, esse processo envolve tanto as capacidades perceptivas naturais do ser humano, limitadas, quanto aquelas exercidas por instrumentais tecnológicos e, por vezes, marcada pela invisibilidade. É interessante notar que, do momento em que se chega a um nível de vigilância muito objetiva, em uma sociedade complexa, o indivíduo se recolha e não queira ser incomodado, refugiando-se no mundo privado, sem o qual ele não existe.

Assim, verificamos que os processos de vigilância fazem parte do arcabouço antropológico e se instalam preliminarmente no instante em que esse ser passa a habitar a terra e que, na medida em que ocorre o processo de evolução do próprio homem e com ele da humanidade, este vai respondendo com os recursos que lhe são possíveis e lhe proporcionam a segurança para sua sobrevivência. Nesse percurso histórico, notamos também como esses processos se manifestam mais agressivos e eficientes e com maior poder. O ser humano ultrapassou sua habilidade de percepção biológica, a partir de seus cinco sentidos para chegar a uma capacidade hiperpanóptica nos dias atuais, sempre para responder a seus instintos de segurança, a seus medos, aos ataques do outro, na extensão entre a necessidade e o próprio risco de se relacionar com o mistério do outro e acompanha-lhe o binômio público-privado no processo de relação e de conflitos sociais.

2.5. A evolução interpretativa da ética nas formas de vigilância e de proteção

Dois aspectos importantes demonstram que, à medida que a sociedade evolui, evoluem com ela as formas de vigilância. A ética e suas expressões de justiça surgem como processo de proteção ao indivíduo. Isso não significa, em nenhum momento, que direitos não foram e não são violados, mas é uma forma de responder aos desafios que se impõem a cada época histórica. A justiça começa a evoluir para proteger o indivíduo e dar-lhe certa segurança, e isso também representa uma evolução da ética. Na evolução social e das tecnologias de informação, a invasão da privacidade começa a se tornar um problema, e passam a existir as leis e instituições como formas de contravigilância.

Como constatamos anteriormente, em cada momento histórico, ocorreram processos de vigilância e de oscilação entre a proteção do indivíduo e sua vulneração. Uma das grandes contribuições vem à medida que o ser humano evolui moralmente, modificando seu agir em relação ao outro, sobretudo na prática da justiça. Obviamente não podemos separá-la da moral. Vázquez afirma que "a moral só pode surgir – e surge efetivamente – quando o homem supera sua natureza puramente natural, instintiva, e possui já uma natureza social, ou seja, quando já forma parte de uma coletividade (*gens*, várias famílias com parentesco entre si; ou *tribo*, constituída por várias *gens*)" (SÁNCHEZ VÁZQUEZ, 1978, p. 39). Notamos um processo evolutivo do próprio ser humano em relação à socialização, que tem por finalidade a proteção da própria tribo em si mesmo. Para garantir a funcionabilidade do sistema e sua proteção, cada indivíduo deve ser fiel ao pacto comunitário. "Assim surge a moral com a finalidade de assegurar a concordância da conduta de cada um com os interesses coletivos" (SÁNCHEZ VÁZQUEZ, 1978, p. 40). Ora, a moral dá coesão ao grupo social e é uma forma de vigilância sobre o indivíduo para proteção da coletividade, ainda que a coletividade seja um limite à moral aceita pelos costumes e tradições (SÁNCHEZ VÁZQUEZ, 1978, p. 42). Para o grupo sobreviver, é necessário impor regras, caso contrário, torna-se caos.

A superação de uma moral estática implica, através da ética, uma crítica aos processos de vigilância e de segurança dos próprios indivíduos. Tomemos, por exemplo, dois textos escriturísticos em Gn 4. No episódio do assassinato de Abel, por seu irmão Caim, permanece da parte do Criador a proteção como contraposição à lei da vingança e como possibilidade dada ao ser humano de regeneração, mesmo quando provoca o mal. Caim reconhece a própria culpa diante de Iahweh, que lhe responde de forma hiperbólica: "Quem matar Caim, será vingado sete vezes". O texto continua dizendo que "Iahaweh colocou um sinal sobre Caim, a fim que de não fosse morto por quem o encontrasse" (Gn 4,15). A ameaça de Iahweh de vingar aquele que fizesse o mal a Caim e o sinal imposto sobre ele podem ser lidos, nesse caso, como formas de contraposição ao discurso da vingança. Diferentemente é o discurso de Lamec em Gn 4,23-24 que afirma: "Ada e Sela, ouvi minha voz, mulheres de Lamec, escutai minha palavra: Eu matei um homem por uma ferida, uma criança por uma contusão. É que Caim é vingado sete vezes, mas Lamec, setenta e sete vezes!". O texto em voga situa um regime vingativo que visa defender a vida a partir de uma represália desproporcionada (BOVATI, 1998, p. 39). A desproporção encontra-se entre a ferida-contusão e a retribuição à morte de uma pessoa. Vive-se uma sociedade da barbárie, de profunda insegurança, da vigilância sobre qualquer delito para se cumprir a vingança. O desdobramento da crítica a esse texto vem pela chamada lei do talião expressa em Êx 21,22-25,[4] que evoca a proporção. O texto faz uma casuística e ali apresenta o que considera a proporcionalidade. Vejamos:

> Se homens brigarem e ferirem mulher grávida, e forem causa de aborto, sem maior dano, o culpado será obrigado a indenizar o que lhe exigir o marido da mulher; e pagará o que os árbitros determinarem. Mas se houver dano grave, então darás vida por vida, olho por olho, dente por dente, pé por pé, queimadura por queimadura, ferida por ferida, golpe por golpe.

Nesse caso, além de levar em conta a devida proporcionalidade, aparece uma mediação judicial para decidir sobre o cumprimento de tal pena, e isso representa uma evolução ética. "A lei do talião, que a nós, contemporâneos, parece absurda e cruel, representa na realidade certo progresso moral, porque dá à vingança a forma de uma reparação equilibrada: um olho, e não mais por um olho (Dt 19,21)" (BRUGUÈS, 1994, p. 387-388). Isso significa uma evolução tanto da justiça e representa a mudança de um *ethos*. "A lei do talião, 'olho por olho', assinalou, em seu tempo, um passo avante com relação à barbárie, limitando os excessos de vingança" (VAILLANT, 1994, p. 70). No modelo prefigurado por Lamec, se um membro da tribo A fosse morto pela tribo B, esta

---

[4] Os paralelos: Lv 24,19-22: "Se um homem ferir um compatriota, desfigurando-o, como ele fez assim se lhe fará: fratura por fratura, olho por olho, dente por dente. O dano que se causa a alguém, assim também se sofrerá: quem matar um animal deverá dar compensação por ele, e quem matar um homem deve morrer. A sentença será entre vós a mesma, quer se trate de um natural ou de estrangeiro, pois eu sou Iahweh vosso Deus". Dt 19,21: "Que teu olho não tenha piedade. Vida por vida, olho por olho, dente por dente, mão por mão, pé por pé".

tinha o direito de liquidar todos os membros da A. Com a lei do talião, há o direito de vingar somente aquele indivíduo que fora morto. Esse sistema significa proteção maior à própria coletividade. Outro avanço em relação à proteção do indivíduo se dá, ainda que por motivações econômicas, todavia, não se aplicando a pena capital, é a conversão dos prisioneiros de guerra que antes eram destinados à morte a serem escravos (SÁNCHEZ VÁZQUEZ, 1978, p. 43).

Outro código famoso é o de Hamurabi (séc. XVIII a.C.), um dos primeiros a ser redigido, contendo 282 artigos, gravados em tábuas de pedras e colocados em lugares públicos. Dividia a sociedade em três classes salvaguardadas pelas leis: homens livres, *muskenum* (classe média) e escravos, e estabelece uma série de normativas referentes à família, ao cultivo dos campos, ao comércio, ao trabalho, à compra de escravo e aos direitos dos proprietários sobre eles e à regulamentação de certas profissões. Tem como base a lei do talião e possui um espírito de equidade (VELO, 1973, p. 566-567; NOVA ENCICLOPÉDIA BARSA, v. 7, 1999, p. 314; MEIER, v. 3, 1992, p. 41-42; THE NEW ENCYCLOPAEDIA BRITANNICA, v. 8, 1984, p. 598-599; MONLOUBOU; DU BUIT, 1987, p. 498-499).[5]

Em termos cristãos, essa evolução aparece muito bem apresentada em Mt 5,38-39.43-44,[6] quando Jesus diz: "Ouvistes que foi dito: *Olho por olho dente por dente*. Eu, porém, vos digo: não resistais ao homem mau [...]. Ouviste que foi dito: *Amarás o teu próximo e odiarás o teu inimigo*. Eu, porém, vos digo: amai os vossos inimigos e orai pelos que vos perseguem". Tal ensinamento representa a superação da lei da vingança e o mais alto grau de evolução ética, da justiça e da proteção do

---

[5] O CÓDIGO *de Hamurabi*. Disponível em: <http://www.faimi.edu.br/v8/RevistaJuridica/Edicao6/c%C3%B3digo%20de%20hamurabi.pdf>. Acesso em: 18 maio 2012. Alguns artigos do código de Hamurabi podem ser lidos paralelamente ao Pentateuco, por exemplo: art. 6//Êx 22,1-9; art. 15-16//Dt 23,15; art. 154//Lv 18,6.29; art. 196,205// Lv 19,15 e art. 230//Dt 24,16.

[6] Um comentário exegético interessante sobre estas perícopes da não violência (Mt 5,38-42) e do amor aos inimigos (Mt 5,43-48) encontram-se em Luz, 2006, p. 433-471; DE MINGO, 1993, p. 125-146.

outro. "Pedindo aos homens de renunciar ao espírito de vingança, Jesus extirpa a violência na raiz" (VAILLANT, 1994, p. 71). Outro exemplo da evolução da ética e da justiça está na Regra de Ouro: "não faça aos outros aquilo que não quer que façam a você"; em sentido positivo, "faça aos outros aquilo que gostaria que fosse feito a você" (VIGNA; ZANARDO, 2005).[7] Desse modo, notamos nesse quadro a dimensão de uma vigilância sobre a ação humana para que não provoque o mal ao outro, não viole sua vida. Há, portanto, a vigilância como forma de cuidado.

Se as questões da sociedade antiga estão em transpor a ética da tribo, vigiando para que o indivíduo seja protegido, a partir da Renascença a violação dos direitos à privacidade começa a se tornar um problema, ainda que se tivesse de pagar indenizações por qualquer violação, devido ao peso que a vida privada tinha no âmbito familiar e relacionado à imagem pública, estas não eram muito consideradas. "Como a informação espontânea e recíproca é quase perfeita, toda violação perceptível e comprovada é facilmente denunciada, e nenhum culpado permanece indiferente, quando a timidez das pessoas humildes é neutralizada pela isca das indenizações e pelo apoio de rivais interessados" (CASTAN, 1991, p. 53). Notamos, então, uma tomada de consciência em relação à invasão do espaço do outro na vida pessoal, e a indenização surge como forma de levar quem violou o espaço alheio, a perceber que sua ação não é ética, além de reparar o dano, isto é, ocorre uma justiça reparativa.

Essa problemática se acentuará mais tarde, especialmente às vésperas da Primeira Guerra Mundial, com os novos procedimentos adotados com a lei de 16 de julho de 1912, que impõe aos nômades, itinerantes, comerciantes e industriais no exterior a carteira de identidade antropomé-

---

[7] Trata-se de um estudo feito por vários autores, enfocando a Regra de Ouro do ponto de vista sapiencial, considerando a reflexão hebraico-cristã, a islâmica e o confucionismo. Consideram a história do pensamento ocidental a partir de Agostinho, Tomás, no período medieval e na filosofia moderna e algumas aplicações práticas dessa regra.

trica.[8] Essas ações começam a inquietar as pessoas em relação aos próprios segredos e, ao mesmo tempo, ocorre a conscientização dos direitos pessoais, da autonomia do indivíduo, sendo objeto de debates políticos. O texto que se segue ilustra o que estamos dizendo:

> A nova ameaça que tais procedimentos (conforme mencionamos acima) fazem pesar sobre o segredo da vida privada e começa a inquietar. Quando a questão alcança seu apogeu, a antropometria desperta a ira dos dreyfusianos[9] e alimenta um vivo debate. Entretanto, e revela-se aqui a mesma ansiedade, o afluxo de queixas obriga o prefeito Lépine a deixar de exigir das proprietárias dos bordéis a fotografia das mulheres que frequentam seus estabelecimentos. Provavelmente seria possível distinguir muitos outros sinais desta nova suscetibilidade; Philipe Boutry mostra também, desde 1860, em várias paróquias do Ain, uma intolerância até então desconhecida em relação a qualquer violação de atos pessoais por parte dos pregadores. Os pastores, apegados à batida imagem da "eloquente profundeza dos abusos individuais", são aos poucos obrigados a levar em conta o novo espaço privado da vida moral baseada na autonomia da pessoa (CORBIN, 1991, p. 435).

Esses fatos demonstram como a vigilância começa a incomodar as pessoas, ao terem seus dados coletados pelas instituições de justiça, de serem expostas e também dos abusos das autoridades religiosas, com todas as formas de controle sobre a vida íntima de seus fiéis, especialmente na confissão.

A reflexão sobre a tutela da *privacy* ocorre em 1890, nos Estados Unidos, por um artigo de Louis Brandeis e Samuel Warren na *Revista Havard Law Review*, intitulado "The right to privacy" (WARREN; BRANDEIS, 2007,

---

[8] Desde a introdução da antropometria de Bertillon, os cidadãos franceses tiveram muita resistência à adoção de uma carta nacional de identidade. Em 1921, inicia-se o uso de impressões digitais. Estas foram reintroduzidas em 1968 e suprimidas em 1974 por causa das mesmas contestações (CEYHAN, 2008, p. 110-111).

[9] Movimento social e intelectual revanchista, cuja corrente de opinião está ligada ao episódio de Alfred Dreyfus, capitão do exército francês, condenado por vender segredos do exército francês aos alemães. Foi condenado por traição e sua pena foi à prisão perpétua e à degradação militar. Mais tarde, descobriu-se sua inocência e, em 1898, o oficial Hubert-Joseph Henry admitiu forjar provas para incriminar o capitão (NOVA ENCICLOPEDIA BARSA, v. 5, 1999, p. 252).

p. 75-103), cuja definição de *privacy* era o direito do indivíduo de ser deixado em paz. A origem pode ter sido a publicidade indesejada feita ao matrimônio da filha de Warren. Começa-se a refletir sobre a observação ou publicação não autorizada de personagens potentes e famosas, sobre o sensacionalismo e a cessar a publicação de imagens de pessoas em seus leitos de morte (MARKS; CLAPHAM, 2009, p. 292; LYON, 1997, p. 28-29; SOLOVE, 2004, p. 57-59; LYON, 2007a, p. 138). Assim, as questões da privacidade do indivíduo ganham cunho jurídico a partir desses eventos, uma vez que o indivíduo autônomo sente-se ferido em sua intimidade.

Com o advento das novas mídias, estas permitem vigiar a vida de pessoas famosas e a flagrá-las em sua intimidade. Em 17 de julho de 1970, na França, surge uma lei que estabelece "o princípio do direito ao respeito pela vida privada e reprimir os atentados a esse direito" (PROST, 1992, p. 151). Com o transistor, com o *chip*, com os novos *softwares* e todo o aparato eletrônico e digital de recolhimento e de armazenamento de dados, juntos com as tecnologias de imagens e de difusão, a privacidade começa a ser ameaçada. Na verdade, as leis surgem porque se ignora a ética e violam-se os direitos. Dessa maneira, a ética e as leis se apresentam como uma contravigilância. Além disso, existem grupos que trabalham para proteger o interesse do cidadão, por exemplo, a *Privacy International*, nascida em 1991, com a missão de defender os direitos à privacidade ao redor do mundo e lutar vigilantemente sobre quaisquer intrusões na vida privada por governantes e corporações, proporcionando mecanismos de policiamento com ferramentas, com a perspectiva de responsabilizar quem ameaça ou viola a *privacy*, além de organizar encontros nacionais e internacionais e entrevistas pela mídia sobre tais temáticas.[10]

Nesse processo, é interessante a observação de Lyon de que a casa em determinado tempo, porto sagrado da liberdade da vida pública, cada vez mais se torna um lugar de vigilância (LYON, 1997, p. 31-32).

---

[10] Cf. PRIVACY INTERNATIONAL. Disponível em: <https://www.privacyinternational.org/article/about-us>. Acesso em: 5 fev. 2012.

Se, no passado, esta era uma instituição privada que abrigava e protegia seus membros da insídia pública; hoje, na atual sociedade midiática e digital, torna-se o lugar por excelência de todos os tipos de vigilância, tanto governamental quanto das formas coercitivas inconscientes da publicidade. À medida que esses meios começam a intrometer-se na vida das pessoas, principiam as reflexões legais, éticas sobre as consequências deles na vida daquelas. A dificuldade está em identificá-las. Se, anteriormente, a vigilância era fácil de ser nomeada, agora se liquefaz e se torna difícil abordá-la tanto do ponto de vista ético quanto jurídico.

Ao longo da história, a humanidade busca proteger a privacidade, e isso ocorre à medida que o ser humano vai tomando consciência de seus direitos e contrapondo-se às formas de intrusões e violações e começa a legislar, elaborando leis e códigos de proteção à pessoa, que podem ser em nível nacional e internacional.[11] A aplicação das leis da privacidade se dá em diferentes instâncias: no fórum da equidade da justiça penal; na liberdade de pensamento, na não discriminação; no âmbito da proteção do ambiente familiar; no direito à propriedade privada, no combate às formas de vigilância por meio da violação de correspondência, de chamadas telefônicas sem justificativas judiciais, sobre o arquivamento de dados pessoais e sobre o direito de saber para qual finalidade e quem

---

[11] As questões sobre a privacidade estão circunscritas nos "direitos do homem". Sobre a evolução desses direitos, desde os tempos bíblicos, passando pelos filósofos, Padres da Igreja, códigos medievais, Declaração Francesa de 1789, os movimentos humanistas, a Declaração da ONU e suas convenções universais, pactos regionais e conferências, (COMPAGNONI, 1995, p. 38-92). Sobre a privacidade, os documentos mais importantes que a menciona: Sobre a privacidade, os documentos mais importantes que a menciona: *Declaración Universal de Derechos Humanos*, art. 12; *Declaración Americana de los Derechos y Deberes del Hombre*, art. 5; *Convenio para la Protección de los Derechos Humanos y de las Libertades Fundamentales*, art. 8; *Pacto de San José de Costa Rica*, art. 11; *Pacto Internacional de Derechos Civiles y Políticos*, art. 7; *Declaración del Parlamento Europeo sobre los Derechos y Libertades Fundamentales*, art. 6.11; *Convención sobre los Derechos del Niño*, art. 16; *Convención de Derechos Humanos y de Libertades Fundamentales de la Comunidad de Estados Independientes*, art. 9 (MANUEL ZUMAQUERO, 1998, p. 30. 18. 38. 170. 200. 320-321. 332. 337). Sobre a proteção de dados pessoais: *Convenio sobre la Protección de las Personas con Respecto al Tratamiento Informatizado de Datos de Carácter Personal* (MANUEL ZUMAQUERO, 1998, p. 262-274).

os controla, de corrigi-los e destruí-los, se feitos ilegalmente; e no campo da sexualidade, ao não ser discriminado por preferência sexual, na garantia das escolhas pessoais. Cabe aos governos não interferirem na vida dos cidadãos, assim como devem garantir proteção contra interferência não justificada (MARKS; CLAPHAM, 2009, p. 296-300).

3. O medo do outro: vigilância como previsão e controle

Juntamente com os processos evolutivos da sociedade, ocorre uma série de situações conflituosas, uma descrença no ser humano e uma evolução do medo. Este sempre fez parte da história da humanidade e pode ser usado tanto para precaver quanto para aterrorizar, torturar. O medo é um velho conhecido do ser humano. Algumas análises interessantes sobre ele estão na obra de Jean-Delumeau (1979), que detalha os diferentes medos que assolam a sociedade europeia dos séculos XIV a XVIII, desde o medo natural aos coletivos: medo dos fantasmas, da peste – na Idade Média –, do temor da noite, das doenças, da morte, das revoltas e guerras, da fome, das heresias, da Inquisição, do Apocalipse, do fim do mundo e do diabo, e o medo do outro: muçulmanos, hebreus, heréticos e das mulheres. Pellizer e Zorzetti (1983) recolhem, sob diversos prismas, a sensação de medo dos pais na sociedade antiga e medieval, considerando a figura do pai sujeito e objeto dos medos, sua posição social, representando a ordem e tradição, os conflitos de gerações, as relações de poder entre pais e filhos, entre dominador e dominados e os itinerários de socialização do indivíduo. Por fim, Madoz (2001) faz um breve estudo sobre as dez palavras-chave do homem moderno: medos irracionais, loucura, doença, sofrimento, velhice, morte, fracasso, desamor, solidão e silêncio.

Todos esses eventos, em diferentes épocas e realidades sociais, demonstram a fragilidade e a insegurança do homem antigo e do atual. Discorreremos como a sociedade atual é afetada pelo medo que causa a erosão das relações sociais, a desconfiança, a insegurança e a ação da indústria da vigilância a seu redor, no intuito de ser uma contrarresposta tanto afirmativa, quanto interesseira.

3.1. A erosão das relações humanas e a perda da confiança

Ao analisar as transformações que a sociedade atravessa, observamos que, em um primeiro momento, o indivíduo é engolido pela comunidade e, aos poucos, vai liberando-se, em busca da própria individualidade. É uma conquista dos tempos modernos. Todavia, no conjunto das relações sociais, os conflitos sempre existiram. "O conflito é uma constante na realidade humana, tanto individual, quanto coletiva" (VIDAL, v. 3, p. 894). O relato semita de Caim e Abel (Gn 4) já intui o conflito, a violência fratricida na existência humana, desde os primórdios da humanidade (ALONSO SCHÖKEL, 1987, p. 27), e retrata que a incapacidade de lidar com o diferente (BELLO, 1989, p. 35) pode chegar aos extremos da violência ao outro. "Caim representa os seres humanos que violam os vínculos de sangue, transformando a fraternidade em fratricídio" (GARCÍA LÓPEZ, Félix, 2004, p. 70). Nesses dois personagens, podem-se antever dois modelos de sociedade que se entrechocam, campo e cidade ou modos de produção: agricultura (Caim) e pastoreio (Abel) (ALONSO SCHÖKEL, 1987, p. 33; BELLO, 1989, p. 38; WESTERMANN, 1989, p. 44).

Amengual classifica em três modos as relações sociais: competitivas, cooperativas e solidárias. As competitivas são aquelas nas quais os seres humanos se comportam como adversários uns dos outros, pela concorrência; por razões subjetivas, a inveja, o ciúme e a geração de conflitos; as relações cooperativas são aquelas pautadas pela coincidência dos mesmos objetivos; as solidárias são relações assimétricas entre desiguais, na qual um está disposto a perder para que outro ganhe (AMENGUAL, 2007, p. 165-166). Vidal, ao analisar o conflito social, estabelece algumas causas: por patologias do indivíduo; pelas disfunções e funcionamento negativo das estruturas, grupos e instituições; e por um sistema econômico injusto (VIDAL, 2000, p. 114). Da análise dos dois autores, constatamos hodiernamente que as relações estão fundamentadas na competição, pelo funcionamento negativo das estruturas, sobretudo as políticas, que não dão conta de responderem ao bem-estar social e econômico, constantemente em crise. Com isso, as consequências negativas sobre a vida das pessoas, contribuindo para um grau de agressividade social, bem como a perda da confiança no outro.

Para Storke e Echevarría, a sociedade atual é marcada pela despersonalização formada por sistemas anônimos nos quais os indivíduos não são reconhecidos como pessoas singulares, ocorrendo uma verdadeira massificação. Há um funcionalismo em que são reconhecidas apenas pelo papel social que exercem. É uma sociedade complexa com sistemas complexos e poliédricos, e as pessoas são afastadas dos centros de poder, não participando das decisões. Há uma ausência de responsabilidade pelos problemas públicos, manifestados pela falta de interesse de intervenção política. Por fim, o pluralismo de valores que, muitas vezes, representa a ausência de valores e ideais que são substituídos pelo consumo e pelo materialismo (YEPES STORK; ARANGUREN ECHEVARRÍA, 2003, p. 195-197).

Essa conflitividade social com suas diferentes facetas, a massificação, o arrefecimento dos valores, a indiferença pelo outro, a ineficiência da justiça, os fundamentalismos têm gerado uma situação ainda mais problemática socialmente que é a violência social. Isso não significa que a sociedade esteja num estado de exceção, mas repercute nas diferentes instâncias de modo constante. Vidal afirma que a "violência social é aquela que se realiza em e através da mediação social, tanto em seu conjunto como no objeto ou finalidade, tem uma primária dimensão social, suas manifestações e repercussões mais importantes acontecem no âmbito social humano" (VIDAL, 2000, p. 627). A partir da finalidade perseguida e pelos procedimentos na ação, o mesmo autor classifica a violência social como: estrutural, quando esta está inserida e atua por meio de estruturas violentas, podendo pertencer à violência repressiva ou coercitiva pela força do poder político; de resistência ou de rebelião, opondo-se a situações pessoais ou estruturais injustas ou repressivas; à violência bélica; à violência subversiva ou terrorista com a finalidade de desestabilizar a sociedade (VIDAL, 2000, p. 627-628). Acrescentamos ainda a violência religiosa, causada pelas interpretações fundamentalistas da religião que também desgastam o tecido social.

Essas manifestações da violência são muito visíveis, são resultantes da incapacidade de resolução de gerir os conflitos sociais. No entanto, existe outro elemento social que está mascarado entre a conflitividade e a violência sociais que denominaríamos de intolerância violenta. A intolerância por si só já carrega dentro de si uma dimensão agressiva ou repressora em relação ao outro seja esta política, religiosa e étnica. Portanto, é um contravalor social. A intolerância violenta, além de ser um contravalor social, muda os sujeitos de valores em relação à ação e ao objeto. Um exemplo disso, uma pessoa que violenta um animal e o mata. Tal ação não é um valor e o agir correto dos membros da sociedade é a denúncia à justiça. A intolerância violenta não o faz assim. Procede com a agressão, seja moral e física a tal ponto que a pessoa que cometeu o delito torna-se irreconhecível, uma não pessoa. No fundo, a intolerância violenta não considera a pessoa em suas escolhas, mas pela escolha pode desconsiderá-la em todos os níveis.

Esse tipo de atitude tem uma expansão muito rápida e perigosa pelas redes sociais, sobretudo Orkut, Facebook, Twitter, que exercem um tipo de vigilância negativa sobre a pessoa e espalham uma espécie de terror virtual, a partir de agressões verbais, morais e de exaltação da violência física.[12] Esse tipo de comportamento social, na verdade, revela o grau de tensão, de inversão de valores, de vigilância e de violência encastrada na sociedade. Não significa imputar a negatividade a tais meios, e sim a ação daqueles que usam deve ser considerada.

Todo esse processo social nasce da dificuldade que é a convivência social e a gestão de conflitos e tem como efeito a erosão acentuada das relações humanas, a perda de confiança no outro e a insegurança. Segundo Martuccelu (1999, p. 159-160):

> O tema da insegurança, bem como as diversas teorizações dos riscos na sociedade moderna, sublinham, a seu modo, essa dimensão da condição moderna, sem dúvida mais importante do que as manifestações de práticas violentas *stricto sensu*. O indivíduo se sente "exposto" a "novos" perigos que não são concebidos como simples fruto de uma distorção da modernidade, mas, ao contrário, são o próprio resultado de sua realização. Na modernidade, há riscos constantes ligados a efeitos colaterais impossíveis de serem eliminados. O indivíduo sente-se ameaçado por riscos econômicos (quedas das bolsas, inflação, desemprego), tecnológicos (centrais nucleares), sanitários (novas doenças)... O risco toma-se consubstancial à modernidade.

Essa sensação de insegurança, associada aos riscos econômicos, tecnológicos, sanitários, à violência urbana, além de instalar o medo na sociedade, cria também o medo do outro. A partir disso, as relações humanas tornam-se mais difíceis e instauram-se todos os mecanismos para que se possam prever os possíveis acontecimentos e usar os recursos necessários para isolar-se de tal perigo, prever, combater e controlar.

---

[12] É o caso do *cyberbullying*, uma forma virtual de prática de *bullying*, sobretudo entre os adolescentes que usam ferramentas como e-mail, Orkut, Facebook, Twitter, blogs e outros para esse tipo de ação violenta. Sobre essa temática, consultar o site IDEPAZ: diga não ao *bullying*. Disponível em: <http://www.bullying.pro.br/>. Acesso em: 11 dez. 2012. Nessa página, encontram-se vários artigos de psicólogos, advogados e outros estudiosos enfocando o problema.

3.2. O medo como fator de precaução e de perda da liberdade

Todos os seres vivos possuidores de um sistema nervoso motor têm medo. O ser humano não é diferente. "O medo nos faz permanecer vivos e nos mantém alertas e atentos ao perigo" (HILLMAN, 2009, p. 114). Portanto, este possui seu lado positivo. Entretanto, há outra face do medo que paralisa, que é incompreensível, que provoca a incerteza e a impossibilidade de agir. Bauman (2008, p. 4) expressa bem esta sensação:

> O medo mais temível é o medo generalizado, esparso, indistinto, livre, desancorado, flutuante, privado de um endereço ou de uma causa clara; o medo que nos persegue sem uma razão, a ameaça que devemos temer e pode ser visto por toda parte, mas não se apresenta jamais claramente. "Medo" é o nome que damos a nossa *incerteza*: a nossa *ignorância* da ameaça, ou do que se tem a fazer – que podemos ou não podemos *fazer* – para deter o caminho ou, se este não está em nosso poder, pelo menos enfrentá-lo.

Buscando compreender o medo numa perspectiva psicológica, Ferraris afirma que ele afeta o ser humano em diferentes graus e pode deixar traços indeléveis na mente, podendo emergir na consciência de forma dramática, seja no consciente ou em nossos sonhos e trazer problemas de adaptação, em casos extremos, a morte. As fobias originárias do medo podem provocar a perda da memória consciente, bloquear o curso normal da vida, forçando a pessoa à limitação da liberdade e a criar subterfúgios para garantir-lhe bem-estar físico e psíquico (FERRARIS, 1998, p. 13).

Furedi individua sete regras para o medo: o medo como problema em si mesmo, atomizado; associado a qualquer coisa de flutuante nos diferentes âmbitos da experiência; como ideologia, prospectiva muito usada pelos políticos para buscar o consenso; como algo que não representa qualquer coisa de tangível, específico ou visível, que não se pode individuá-lo, embora as ameaças estejam sempre em crescimento, são incalculáveis e desconhecidas; algo cultivado de modo a identificar a pessoa com o próprio medo. Ter medo é essencial à identidade de uma pessoa e o que a amedronta identifica-a e forma o estilo de vida; como caráter privativo, individualizado. Viver o medo sozinho é muito mais difícil de gerenciá-lo. Ele faz as pessoas isoladas e difíceis de solidarizarem-se com outras. E, por fim, o medo como qualquer coisa muito difícil de gerenciar, o de nós mesmos (FUREDI, 2009, p. 37-42).

O medo, em sua dimensão positiva, auxilia sempre na atitude vigilante e na busca de soluções seguras. Ao mesmo instante, pode ser um instrumental interessantíssimo de exploração por aqueles que são interessados neste aspecto débil de nossa sociedade. Se nas primeiras formas de organização da comunidade, a virtude era a coragem; hoje, a virtude importante é a prudência, porque esta se coloca em equilíbrio tal de situação de medo generalizado. O medo é bom, à medida que conscientiza do perigo, e a prudência faz interrogar a veracidade desse perigo e a ser providente.

Atualmente, a percepção do medo já vem desde o berço, na preocupação dos pais com os filhos. Essa apreensão está relacionada ao aspecto da sobrevivência da espécie e ao cuidado. Devido às mudanças sociais, os pais geralmente passam a maior parte do tempo no mundo do trabalho, e os filhos são confiados às babás ou às creches. Como não sabem ao certo quem, de fato, está dentro da casa cuidando do filho ou se exerce qualquer violência sobre ele e, sobretudo, quando suspeitam de tal ação, hoje há uma vasta gama de recursos de vigilância para as famílias, constituindo uma hipervigilância. Katz (2006, p. 28) argumenta que essa realidade, no fundo, expressa um retrato da reprodução social e ocorre por causa de uma cultura do medo.

> A indústria de proteção à criança faz parte dos 1.1 bilhões de dólares do setor de vigilância doméstica trazida pela migração de tecnologias de espionagem e lógica através da fronteira doméstica. Seus produtos permitem os pais monitorarem de longe os seus filhos, os educadores de

infância e outros, interagindo com seus filhos. A venda de tecnologias tais como as *"nanny cams"* e *child-watch monitors* entre um arsenal de acessórios de segurança doméstica – *tasers*, spray de pimenta, bastões (incluindo bastões modelo infantil com um minialarme), armas de choques, *crossbows* (bestas), repelentes de animal, latidos eletrônicos de cães, *door braces* (travas de porta), modificadores de voz por telefone para todos os tipos de cofres, alarmes infravermelho, foguetes de pulso – estes negócios tornam algo parecido como um alarme de roubos quase pitoresco, para não falar da noção de tecnologias apropriadas para o lar, poderia abranger coisas semelhantes a aspiradores de pó.

Como observamos, tais tecnologias vêm suprir o desejo dos pais em verem seus filhos numa dinâmica do olhar afetivo; do outro, a vigilância sobre as formas de como tais cuidadores e educadores estão interagindo e educando os filhos. Nesse sentido, a indústria desses produtos apela para o carinho, para o sentido de proteção e de segurança. Esses elementos garantem, numa sociedade marcada pelo medo, criar uma parafernália eletrônica nos berços dos bebês ou de modo invisível nas paredes, numa espécie de *Big Brother* infantil. Como ressalta a mesma autora, o crescimento da indústria de proteção é mais uma reposta ao discurso venenoso e escorregadio do medo do crime estocado no comércio do Estado liberal (KATZ, 2006, p. 27; WHITAKER, 1999, p. 101-103). Esse mercado industrial pauta suas estratégias tocando no grande e crescente nível de ansiedade e na afirmação de que as crianças podem ser protegidas de tudo, especialmente de abusos, e, ainda, possibilita reassegurar se o filho parou de chorar, vê-lo durante o intervalo do trabalho, buscando recriar uma espécie de família nuclear a distância, mostrando que os serviços oferecidos são seguros, confiáveis (KATZ, 2006, p. 28-29).

A aplicação desses recursos lida com dois pressupostos: a ansiedade e a culpa. A ansiedade em saber o que ocorre com o filho longe do olhar físico vigilante dos pais e os recursos tecnológicos que se apresentam como prolongamento desse olhar. A culpa angustiante dos pais, a de que, se não instalarem tais aparatos, o filho está inseguro e algo fatal pode acontecer.

Da parte das crianças, crescer em tal ambiente vigiado terá como efeito pessoas desconfiadas, inseguras e com medo do outro. Cria-se um círculo vicioso do medo sempre voraz por segurança. O preço a pagar é a redução dos espaços de liberdade e não necessariamente redução da angústia.

Segundo Galimberti (2009, p. 355),

> entre os sistemas de controle generalizado ao qual nos submetemos para nos garantir a segurança coletiva e os sistemas individuais de conduta que nos impomos para atingir níveis padrão de bem-estar e apresentabilidade, não só reduziu drasticamente os espaços de liberdade, sejam coletivos e individuais, mas também aumentou a *taxa de ansiedade* que, para ser aplacada, invoca regras mais restritivas, condutas ainda mais regulamentadas.

Essa liquefação do medo, conforme Bauman, não atinge um determinado público social, mas toda a sociedade. A tendência, nesse caso, é cada vez ao fechamento e ao isolamento. Isso é propiciado facilmente pelo atual sistema econômico que prega o bem-estar individual e oferece uma rede imensa de produtos, de modo que o indivíduo não precise mais atravessar as fronteiras de sua porta, encontrar-se com o vizinho, com o porteiro. A internet, o cartão de crédito, o telefone celular garantem seu isolacionismo, num disfarce de proteção, segurança e ainda garantem bem-estar. Do mesmo modo, pela internet e celular pode-se relacionar virtualmente, sem se confrontar com o olhar face a face. No máximo, esse olhar será por uma *webcam* que permite o distanciamento físico do outro. Na sombra do individualismo, a suspeita e a desconfiança reafirmadas cada dia pelos noticiários que trazem as notícias da violência nas metrópoles, as suspeitas de ataque terrorista, queda das bolsas e novas epidemias virais. Tudo isso é real, porém a forma como são veiculadas e o excesso de repetição constituem uma luta contra um inimigo invisível, que pode atacar a qualquer momento. O público torna-se o lugar do perigo; o privado, o individual, a solidão, o lugar da segurança e o espaço para a sociabilidade humana tornam-se cada vez mais precários. Sobre isso, Galimberti (2009, p. 342) acena:

Mas notícia depois de notícia, alerta após alerta, a angústia se espalha e, como nos delírios paranoicos, se dissemina sobre todas as coisas, que se tornam terrivelmente suspeitas. Eleva-se em qualquer um de nós o limiar de vigilância, tornamo-nos mais precavidos, mais suspeitosos. O lugar público, lugar da socialização, torna-se o lugar do perigo, enquanto o privado – a família – torna o lugar da segurança. Dentro da casa se confia; fora desconfia. E assim o social colapsa e, com o social, parte da essência humana que os antigos gregos tinham individuado, quando definiam o homem "animal social". Desenvolveremos o egoísmo, a solidão, a desconfiança e a suspeita. Antes do desastre terrorista, criamos uma sociedade tão pouco confiante que, em longo prazo, finalizará como sendo o verdadeiro desastre sem vítimas de sangue.

Mais uma vez não se pode esquecer da prudência. Ela possibilita libertar-se do medo que cega, da angústia que imobiliza e a centrar-se em si, fazendo-o perceber o medo como um fator de precaução. Pode ser um fator de percepção de que quanto mais se isola dos demais, mais vulnerável será e de que a segurança começa a partir do ser humano mesmo, e depois, como recurso para auxiliá-lo, as tecnologias e a conveniência de se ter uma consciência crítica em relação aos medos que nos são impostos. Parece ser paradoxal, como afirma Bauman, que "a geração mais bem equipada tecnologicamente de toda a história humana é também a geração aflita como nenhuma outra de sensações de insegurança e de impotência" (BAUMAN, 2008, p. 126). Essa situação de insegurança é resultante do próprio processo histórico da sociedade ocidental e, hodiernamente, difunde-se com mais velocidade. É salutar que o homem pós-moderno se liberte do estado infantil em que se encontra, superando os traumas da desconfiança que vivenciou pelas experiências destruidoras causadas pelo próprio humano, tais como as Guerras Mundiais, os regimes totalitários que viam o ser humano como cifras e não como pessoas (ANTONIO MERINO, 1982, p. 109) e a violência nos dias atuais. Não há outro caminho se queremos optimizar a sociabilidade humana.

3.3. A construção social da insegurança: mídias e indústrias de tecnologias de vigilância

"Se, no passado, a maioria dos medos vividos pelas pessoas eram ligados a experiências diretas, talvez vividas pessoalmente, hoje, grande parte dos medos deriva de experiências indiretas, não vividas pessoalmente, e com as quais se tem contato através das mídias" (DINI; MANNA; BITONTI, 2009, p. 231). O medo é interessante para a mídia e os políticos. Assim, podem exercer sua vigilância, em parte informativa, preventiva; da outra, negativa. Altheide, num breve estudo acerca do modo que os *mass media* constroem o medo, escreve: "Existe o *business* do medo: há muitas empresas que instalam alarmes contra o furto, aumentam os controles para droga, aumentam o número de telecâmeras que as pessoas instalam sem prestarem atenção às pesquisas que demonstram que elas não têm muito efeito sobre a redução dos furtos. Todavia, comprar essas coisas faz as pessoas sentirem-se melhor" (ALTHEIDE, 2009, p. 34).

O mesmo autor faz uma análise dos discursos políticos americanos, mormente para justificar a guerra no Iraque após o ataque de 11 de Setembro de 2001 e constata como a palavra "medo" aumentou nas mídias americanas e europeias, ocupando páginas de finanças, esporte e até de jardinagem. O medo está associado ao crime, depois à droga e, por fim, à AIDS (nos EUA). As estatísticas, segundo ele, demonstram que, no passado, a vida de nossos avós era muito mais perigosa, todavia a sensação hoje é de que a vida é muito mais ameaçadora e arriscada. Com o passar do tempo, as mídias e a cultura popular exercem papel importante para o aumento do medo. Muda-se o formato para atrair o público do entretenimento ao perigo, e os políticos tornam-se especialistas em sugerir medo e perigo. A "política do medo" utilizada por parte daqueles que tomam as decisões é usada para que consigam seus escopos. Tal política afirma que, para se manter seguro, deve-se usar qualquer meio necessário, e, se a opinião pública pensa que está em perigo, sustentará tais meios. Cria-se uma arquitetura do medo, uma blindagem social, deteriora-se a vida pública, suspeita-se do estrangeiro e associa-o ao perigo (ALTHEIDE, 2009, p. 29-35).

A imagem do estrangeiro veiculada, geralmente, é aquela de um nômade, suspeito de prejudicar a ordem social, de atos terroristas e violentos, proveniente dos países pobres ou em desenvolvimento. Giuseppe Roma, ao estudar o medo nas megalópoles mundiais, nota as diferenças geográficas entre Tóquio, Nova York e Roma e individualiza um fator transversal entre as três: "cresce mais o medo de quem tem menos, das classes sociais pobres, de baixa renda e precárias" (ROMA, 2009, p. 59). Devemos considerar que grande parte da insegurança que os países ricos apregoam também é o resultado da desigualdade social, fruto do processo colonizador passado e moderno de países ricos. Da mesma forma que auferiram os recursos dos países mais pobres, agora atraem também as populações de países em desenvolvimento em busca de recursos e melhores condições de vida. O certo é que o medo aumenta com essa insegurança social. Portanto, a vigilância e, nesses casos, o discurso sobre a segurança contribuem para uma imagem sempre suspeitosa do estrangeiro, de condições precárias de vida como aquele potencialmente mau, abrindo uma fenda à estigmatização social.

Entre a realidade da insegurança, dos discursos e das práticas existem os interesses. As mídias precisam noticiar, essa é a finalidade por que existem, no entanto, passam da comunicação da verdade e da instrução ao sensacionalismo e à especulação (DERIU, 2005, p. 360), provocando uma confusão pública. O mesmo evento pode ser noticiado de tantas formas quanto os interesses daqueles que os controlam. Pessoas confusas são vulneráveis e, muitas vezes, o discurso ideológico aproveita-se dessa situação para um verdadeiro discurso soteriológico. "O medo produz necessidades: de segurança, de controle, de figuras e de políticos 'fortes'" (DINI; MANNA; BITONTI, 2009, p. 215). Nas palavras de Deriu (2005, p. 357): "nesta situação, muitos políticos podem desfrutar ânsias e medos, manipular incertezas por motivos instrumentais para obter consenso em relação a políticas de segurança e de ordem pública, que não tem outro significado do que aquele de exorcizar uma angústia difusa e profunda, de desviar a atenção dos problemas mais reais e profundos".

Essa situação de construção da insegurança é demonstrada por Monahan (2010) em seu livro *Surveillance in time of security*. Ele evidencia como agem os discursos políticos, especialmente os do então presidente Bush, das instituições de segurança, no combate ao terrorismo, bem como a veiculação midiática para a construção popular da insegurança, mesmo se o objetivo é combatê-la. Analisa o seriado televisivo *24 horas* e os discursos fundamentalistas que leem o Apocalipse sob o prisma da destruição do mundo. A partir desse fenômeno, cria-se uma cultura da segurança e incluem-se na pauta discursos sobre o uso da tortura, preparação a ameaças de ataques terroristas e de catástrofes naturais, com a colaboração de empresas público-privadas para prestação de serviços de segurança, além de estudos sobre os efeitos da vigilância, a partir do uso das diferentes tecnologias que compõem tal infraestrutura.

Observa que, mesmo fazendo um discurso focalizando a segurança e as providências governamentais, aumenta-se a sensação de insegurança e de angústia na população e, com isso, também o interesse das empresas de segurança. Monahan (2010, p. 37) afirma:

> Enquanto o seriado de televisão como *24 horas* normaliza a tortura no imaginário público e modela o discurso político, as agências do governo americano ativamente associam-se com as indústrias de segurança para propagarem o medo de ataques terroristas e cultivarem o desejo de prevenção através de meios tecnológicos. Essa parceria é um componente da larga tendência de privatização da segurança nacional, que se espalha por muitos teatros de operação.

Tais meios tecnológicos manifestam-se nas zonas de fronteiras com a implementação de sistemas de identificação biométrica, máquinas de raio-X, detectores de metal e de bomba, *bodies scanners*, que veem sob as roupas, sensores de movimentos, veículos aéreos não tripulados,[13] videovigilância e tantos outros equipamentos (MONAHAN, 2010, p. 37). Na lógica do capitalismo moderno, é preciso consumir. "A aquisição de novas instrumentações para a vigilância é induzida por uma fortíssima pressão comercial" (LYON, 2005, p. 89). Deste modo, essas empresas produzem bens de consumo, devem vendê-los e ainda exercem seu poder sobre os governos, seus legítimos parceiros. "Contratos para sistema de vigilância são extremamente lucrativos para empresas privadas e gostam de influenciar as políticas de segurança locais e nacionais" (MONAHAN, 2006, p. 9). Deriu, ao discorrer sobre a situação de insegurança da sociedade atual, assinala o sucesso que os produtos antiterrorismo fizeram logo após o 11 de Setembro, nos mercados, influenciando até os mercados financeiros (DERIU, 2005, p. 355; LYON, 2005, p. 65-68). Tal influência chega ao âmbito da proteção familiar. Para Bauman, o medo constitui um grandíssimo capital político e comercial, pois oferece uma série de utensílios de segurança às famílias que constroem sua pequena fortaleza familiar contra o caos e o perigo que se encontra exteriormente e em macroescala. No nível político, ações de prevenção e de ataque (BAUMAN, 2009, p. 132-133).

---

[13] Os VANT (Veículos Aéreos não Tripulados) ou UAV (*Unmanned Aerial Vehicle*) mais conhecidos como *drones* (zangões) têm se tornado nos últimos tempos um problema. Inspirados nos aeromodelos por rádio controle apresentam o que há de mais avançado em robótica aérea e vigilância. São equipados com altíssima tecnologia com câmeras e radares de alta resolução ou infravermelhos, bombas, mísseis e podem ser usados para fins pacíficos e militares. São operados por uma central de telecomandos e programados para executar a missão por sistema de navegação GPS. O emprego de tal tecnologia foi ampliado na guerra do Afeganistão com a finalidade de perseguir terroristas da *Al Qaeda*, e trouxe muitas mortes por erros de operação. Além disso, o uso de tais aeronaves não tem uma regulamentação internacional. A justificativa para o uso é a precisão, o baixo custo das operações e também de vida humanas. Uma breve síntese sobre o uso e funcionabilidade dessas aeronaves. Cf. *Drones: What are they and how do they work?* Disponível em: <http://www.bbc.co.uk/news/world-south-asia-10713898>. Acesso em: 20 maio 2012. A descoberta recente é de que *drones* não criptografados podem ter seu sistema de GPS hackeado. A questão que se levanta e que esse processo poderia ser feito por pessoas especializadíssimas em aviões militares, o que pode causar grande perigo nas operações e nos alvos programados. Cf. SHARKEY, Noel. *Researchers use spoofing to "hack into a flying drone"*. Disponível em: <http://www.bbc.co.uk/news/technology-18643134>. Acesso em: 1 jul. 2012.

Assim, quando levamos em consideração os processos de vigilância com a finalidade de segurança, devemos buscar o realismo e compreender os interesses obscuros de governos e empresas privadas que nem sempre respondem ao verdadeiro anseio de segurança que a sociedade almeja. É importante considerar que "a economia de consumo depende da produção de consumidores e os produtos para combater o medo precisam de consumidores medrosos e com medo, animados pela esperança que seja possível afastar aqueles riscos temíveis e que podem fazê-lo (naturalmente com uma ajuda em pagamento)" (BAUMAN, 2008, p. 11). Numa sociedade onde reina o medo, as questões de segurança tornam-se um *slogan* facilmente patrocinado pelos interesses dos líderes políticos, pela indústria de segurança e pelos *mass media* (DERIU, 2005, p. 360; LYON, 2005, p. 161-162) e acabam por ocupar os discursos em detrimento de outras realidades mais profundas e mais gritantes da sociedade pós-moderna, tais como a desigualdade social, que é uma das bases da insegurança.

3.4. O fechamento e imunização em relação ao outro

A sociedade vigiada apresenta um fenômeno curioso e paradoxal. As pessoas se escondem, não querem ser incomodadas. Entretanto, na maioria das vezes, tornam públicos, pelas redes sociais Orkut, Facebook, Twitter e outros seus sentimentos, crenças religiosas, opções sexuais, pensamentos, aquilo que, no passado, era considerado âmbito da vida privada e, talvez, sem perceberem, tornam-se muito vulneráveis, expostas,[14] a partir da *cybervigilância*.

---

[14] Só para citar um exemplo é a *timeline* do Facebook que organiza em forma cronológica todos os eventos da vida do usuário, criando um verdadeiro dossiê. Embora alegue privacidade, um hacker ou pessoa especializada pode vigiar o perfil de um usuário e saber todas as suas atividades.

Na realidade a filosofia que está por trás do Facebook, como em outras *redes sociais*, é muito mais invasiva e menos inócua e genuína do que pode aparecer a milhões de usuários. Na verdade, indica quem e onde frequento, a minha orientação política e sexual, a minha religião e a quais grupos sou ligado ou a quais eventos tenho participado; significa ser nu (ou seja visíveis) diante dos olhos da vigilância (RAGNEDDA, 2009, p. 52).

Lyon assinala que a vigilância não exercita apenas controle e coerção, mas sugere, persuade e seduz. As pessoas, ao deixarem trilhas e traços que podem ser monitorados por diferentes agências, colaboram com a própria vigilância (LYON, 2001a, p. 77). Ao se exporem, têm a imagem diluída no espaço virtual, onde se pode escapar do confronto diretamente físico com outro e não do olhar virtual. As redes sociais dão essa possibilidade. Há um desejo muito grande, quase voyeurista, de saber da intimidade de pessoas públicas ou de informar-se sobre o que se passa na vida do outro ou obter confidencialidades. Esse conteúdo exposto pode ser rastreado. A rastreabilidade nas redes sociais se dá de modo passivo, quando se verificam perfis, fotos que as pessoas publicam on-line ou por uma incursão invasiva, por meio de conhecimentos técnicos e programas especiais, que permitem resgatar as atividades feitas na rede a partir dos diferentes protocolos de comunicação.[15] Essa exposição midiática, às vezes, é paradoxal. Tantas vezes reivindica-se o

---

[15] Uma análise desses procedimentos pode ser encontrada na apresentação de Vincenzo Calabro (<http://www.vincenzocalabro.it/vc/index.html>). Cf. CALABRO, Vincenzo. *Tracciabilità delle operazioni in rete e network forensincs:* diritto e nuove tecnologie. Disponível em: <http://www.vincenzocalabro.it/vc/seminari/NetworkForensics.pdf>. Acesso em: 19 maio 2012. O autor afirma que os traços possuem dupla tipologia: os que demonstram como a conexão é realizada: os *Log file* e as tabulações do tráfico telefônico ou dados; e as que contêm o conteúdo das comunicações ou parte delas: os *Log file* de sistema e as memórias de massa ou *cache*. Para executar interceptação é necessário conhecer uma série de componentes de *hardwares* e *softwares* que compõe a rede: *hub, switch, router, firewall*, sonda de rede e balanceadores. Alguns dos softwares que o autor cita e capazes de rastreabilidade são: WIRESHARE. Disponível em: <http://www.wireshark.org/>. Acesso em: 25 nov. 2012, e componentes, XPLICO. Disponível em: <http://www.xplico.org/>. Acesso em: 25 nov. 2012, e outros. O *wireshare* é um software que analisa o tráfico de rede, elencando os diversos protocolos de comunicação, origem e destino de todos os dados do computador ou da rede na qual está conectado.

direito de estar só, uma espécie de agorofobia social, e se publicam on-line conteúdos relacionados à intimidade que não se teria coragem de fazê-lo ou dizê-lo no confronto com o outro, ou se participa de programas televisivos de cunho apelativo. O sucesso que fazem os tabloides populares, os *Big Brothers*[16] ou os *realities shows* veiculados em tantos programas de TV parecem demonstrar essa esquizofrenia social.

Na lógica do *Big Brother* e *realities shows* – a vida como ela é – o que se atesta é um fenômeno da exposição imagética e de vigilância no que diz respeito aos aspectos exteriores. Quando descemos ao nível das relações humanas, sempre há uma conflitividade e apresenta uma face bastante hobbesiana do homem, um lobo, cujas relações verdadeiras são impossíveis. Natoli afirma que "estamos numa sociedade onde se produziu um afrouxamento dos laços sociais e um triunfo do individualismo de massa" (NATOLI, 2009, p. 97). Isso reduziu ainda mais as possibilidades de confiança.

Esse fenômeno da desconfiança generalizada provoca, em nosso modo de ver, aquilo que Roberto Esposito (2002) chama de "imunidade" (*Immunitas*). O autor inicia sua obra sobre biopoder, perguntando o que

---

[16] Bauman explicita bem a lógica do *Big Brother* a partir dos conceitos de "eliminação" em que na casa as pessoas passam por esse processo, não porque são más, sim porque é a regra do jogo; "revelação" tais seriados recolhem nos personagens os sentimentos escondidos das pessoas; a "liberação" de tudo que está escondido intimamente e a "absolvição" retrospectiva e antecipadora, perdoando as contravenções já cometidas, bem como das astúcias futuras (BAUMAN, 2008, p. 30-38). Na página 35 Bauman exprime tal fenômeno: "*O Big Brother* é um espetáculo desordenado ou pelo menos, como preferiria dizer os críticos mais benévolos, 'multifacetado' ou 'que possui muitos níveis'. Qualquer um (muitos, talvez a maioria) pode encontrar qualquer coisa, independentemente de sexo, cor de pele, de classe e de instrução. A luta desesperada dos habitantes da casa pode trazer para diante da TV os apaixonados pelo sórdido e quem gostaria de ver o quão baixo possa descer o homem em comparação com os níveis notados comumente, e em muitos modos diversos; essa luta envolverá e encantará os cultuadores das carnes desnudadas e de tudo aquilo que é picante e *sexy*; há bastante para oferecer a quem há necessidade de enriquecer a própria linguagem de termos obscenos e deseja lições práticas sobre como utilizá-las. Efetivamente, o elenco dos benefícios é longo e variável. Os espectadores do *Big Brother* são acusados por seus críticos, sempre com boas razões, de um número impreciso de motivos desprezíveis, mas em qualquer caso também lhes atribuíram mais nobres".

há em comum entre a luta contra o surgimento de uma nova epidemia, a oposição ao pedido de extradição de um chefe de um Estado estrangeiro acusado de violação de direitos humanos, o reforço das barreiras contra a imigração clandestina e uma estratégia para neutralizar o último vírus de computador. Levando em consideração a medicina, o direito, a política social e a tecnologia informática, demonstra que a resposta está na dimensão protetora em relação a um risco, isto é, o conceito de imunização. Esse conceito torna-se interessante, pois Esposito argumenta que aquilo que pode imunizar, proteger a vida, também pode negá-la. "Através da proteção imunitária, a vida combate aquilo que a nega, mas segundo uma estratégia que não é a de contraposição, mas do desvio e da neutralização. O mal deve ser combatido – mas não o tendo longe dos próprios limites. Ao contrário, incluindo-o dentro" (ESPOSITO, 2002, p. 10).

Na verdade, esse fechamento social e esse medo do outro pode ser explicado, pois, à medida que indivíduo e sociedade sentem-se ameaçados, estes se fecham numa forma de imunização contra o perigo. Entretanto, essa mesma imunização pode levá-lo à morte, juntamente com o risco a que se propõe imunizar. Ao citar um exemplo da história da medicina em que algumas terapias, com a finalidade de defender o organismo, acabou por enfraquecê-lo, o autor diz: "Isto quer dizer que – como ocorre em cada esfera dos sistemas sociais contemporâneos, sempre mais neuroticamente atormentados pelo imperativo da segurança – é próprio a proteção a gerar o risco do qual se pretende defender. O risco, em síntese, requer proteção na mesma quantidade em que a proteção produz risco" (ESPOSITO, 2002, p. 169).

Essa imunização em relação ao risco apresenta-se, pois, de dois modos: recrudescimento da vigilância para se prevenir do perigo e aí as tecnologias apresentam-se como um fator importante e o isolamento do outro. Talvez esta seja a parte mais obscura da sociedade atual, ao mesmo instante, contracenam exposição e imunização e a opção por se imunizar em relação ao outro é desumana.

Estar imune em relação ao outro não significa ter a fronteira positiva própria dos relacionamentos que cada pessoa possui e permitir o equilíbrio das relações. É sempre ver o outro como fator de risco, algo que incomoda ter à presença, e é sempre importante estar alerta. O confiável é aquilo que se pode controlar. No âmbito das relações, ter o grupo com as mesmas convicções, os mesmos gostos, os mesmos fundamentalismos. Pensar diferente constitui ameaça, pode expor o grupo de afinidade, torná-lo sem mecanismos de defesa. Na forma mais radical, é optar por não ter nenhum tipo de vida social e fechar-se numa autossuficiência, egoísmo e ceticismo em relação ao próprio ser humano. Daí, deriva uma série de classificações. Classificar é um ato humano, todos o fazemos. Entretanto, quando isso é feito para se imunizar realmente da presença do outro, chega-se ao extremo que é a exclusão.

Relacionar-se socialmente sempre incluirá riscos e um processo de imunização que existe desde o momento em que o ser humano habita a terra. O perigo constitui quando este provoca a morte do social, as relações se tornam privadas, ao nível da intolerância do outro. À medida que esse processo se apresenta, a tendência é a busca cada vez mais por respostas tecnológicas aos problemas de segurança, o que é uma maneira, de certo modo, ingênua. Ela é, com certeza, mais eficaz, no entanto, evidencia a dificuldade que o ser humano pós-moderno tem de autopercepção e de buscar resolver os conflitos a partir da palavra, isto é, do diálogo.

A sociedade em que vivemos, marcada pela eficiência, objetividade, quer respostas sempre rápidas. No nível de desenvolvimento que alcançamos, a possibilidade eficiente de imunizar os conflitos humanos, individualizá-los, isolá-los e monitorá-los, dando certas garantias de segurança, vem pelo viés tecnológico. Não porque do ponto de vista das relações humanas isso não seja possível. É um largo processo que deve passar pelas questões político-econômicas para melhorar as condições de vida da própria sociedade que inclui não só a segurança física, mas também segurança considerada como desenvolvimento humano, que repercute no físico, como o fenômeno da violência, da desconfiança e do distanciamento. Essa é solução em longo prazo. As soluções vigentes são individualizar os fenômenos, imunizá-los, a partir de ópticas profundamente econômicas e tecnocráticas que afetam todos os níveis da vida, com vigilância intensa que responde a um fenômeno generalizado de insegurança. Obviamente, tem sua contribuição à segurança social, entretanto, a sociedade precisa ir além.

3.5. A lógica do medo e o cumprimento dos rituais da fronteira para ir e vir

Essa situação de medo generalizado das pessoas manifesta-se na contrarresposta dada pelos governos que tentam garantir tal segurança. Esse fenômeno é visível nas fronteiras, um lugar importante para filtrar e controlar ameaças à sociedade, sobretudo hoje, em tempos globalizados e do capitalismo, cujo fluxo de pessoas é maior, seja por turismo, negócios, trabalho e enorme gama de atividades (LYON, 2007a, p. 120-122). Consequentemente, a realidade de insegurança impõe condições sobre a vida das pessoas: modificar hábitos, evitar circular por determinadas zonas, afastar-se de lugares e de pessoas suspeitas e pedir identificação a estranhos. Existe uma série de procedimentos de segurança a cumprir, cada qual para determinada circunstância, que constitui um verdadeiro ritual. Esses procedimentos são mais visíveis nas áreas de fronteiras e lugares de trânsito, especialmente quando se trata de se deslocar de países. De todos os lugares e modos de proceder, o que sintetiza melhor a série de rituais a cumprir é o aeroporto, lugar de fronteira que combina segurança para conforto dos passageiros e, ao mesmo tempo, de intensa vigilância e temor. Salter analisa os procedimentos a partir dos ritos antropológicos de passagem, seguindo o antropólogo van Gennep e assevera: "A partir do local do aeroporto, o modelo antropológico do 'rito de passagem' é aplicado às fronteiras modernas, separando os níveis em ritos pré-liminar, liminar e pós-liminar – os quais são moldados pela arquitetura, o complexo confessionário e a hiperdocumentação" (SALTER, 2011, p. 36).

O autor relaciona o rito preliminar, aquele que separa o mundo anterior, à arquitetura dos aeroportos, uma máquina de vigilância onde se combinam informação e alta tecnologia; efetuam-se controles rígidos de bagagens; presença de suporte técnico e de pessoal para distinguir chegadas e partidas, voos nacionais e internacionais. Salter considera que os aeroportos são instituições complexas destinadas à vigilância, a discriminar e a controlar o movimento dos corpos. Cada passageiro é estritamente monitorado com a finalidade da segurança pessoal. Os ritos de passagem são uma forma de classificação social: classe, posição social e etnia. Tais ritos regulam a admissão ou não em determinada comunidade sob certas condições. Da aeronave ao *hall* de chegada do aeroporto, as pessoas se subdividem em cidadãs, estrangeiras e refugiadas. A passagem para a fase subsequente, a liminar, é um rito de transição, em que a pessoa passa pelo complexo confessionário, o coração do regime de segurança do aeroporto. Ali se deve dizer a verdade sobre si mesmo, sobre o próprio passado, futuras intenções e se pede para entrar no Estado almejado. É onde o passageiro abdica de seus direitos nacionais (excetos os humanos) e sofre na fronteira a aplicação do poder soberano. O agente examina o passaporte e concede absolvição ou novas investigações. É uma fase da obediência incondicional e qualquer atitude ou palavras pode suscitar suspeita. A última fase, a pós-liminar, a de incorporação ao novo mundo, a pessoa vivencia a fase da hiperdocumentação, em que deve fornecer ao Estado seus dados biométricos, digitais para a construção do perfil e permanecerá etiquetado na memória do Estado (SALTER, 2011, p. 43-47).

A análise de Salter é interessante, pois demonstra, a partir de suas bases foucaultianas, como o poder e a vigilância são exercidos nas fronteiras como lugares de transição. Se Foucault reafirma os mecanismos para domesticar os corpos transformando-os em dóceis, na visão do autor em questão, verificam-se os procedimentos feitos sobre os corpos dos passageiros, transformando-os em viajantes dóceis. De certo modo, há um despoderamento de quem deve passar por esses processos, em relação às autoridades policiais, de fronteira e do Estado que fazem os controles e acolhem. Determinam com sua capacidade quem é apto ou não a entrar. Além disso, os rituais de classificação aos quais a pessoa é submetida e os dados que lhe são pedidos, tais como biometria, impressões digitais e outros, constituem a verdadeira face do olho eletrônico. Para Lyon, os aeroportos funcionam como um filtro de dados que peneiram os viajantes que passam como oportunidades de consumo ou representam riscos de ameaças (Lyon, 2007a, p. 123).

Bennett, a partir de uma experiência de viagem (Victoria-Toronto--Kingston-Toronto-Ottawa-Toronto-Victoria), faz uma análise desde a reserva da passagem até chegar ao destino final, levando em consideração o episódio do 11 de Setembro. Nessa ação, está envolvida uma série de dados pessoais que as empresas retêm para si, desde a localização do passageiro até suas preferências como lugar de assento e refeição. Além dos dados que as próprias empresas recolhem, os serviços de imigração exigem todas as explicações acerca do propósito de tal viagem. Todas essas ações revelam a situação atual da vigilância no sentido de proteger tanto o passageiro quanto sua segurança, bem como a *privacy* do indivíduo. O autor conclui alertando sobre os perigos do uso de "metáforas totalizantes" em discutir a vigilância e de que esta é algo contingente (Bennett, 2011, p. 113-138).

O que constatamos, analisando esses autores, é que a vigilância reduz certas liberdades e que hoje toda a mobilidade humana, seja ela para qual propósito, está sujeita a controles. Obviamente que alguns lugares são estratégicos, porque individualizam melhor as pessoas. Apresenta-se aí uma face ambígua do processo que todos são obrigados a conviver, talvez inconscientemente pela grande massa, a da "suspeita categórica",[17] conforme Gary Marx, e que está presente naqueles que monitoram os sistemas de segurança. Em si, não é confortável para o cidadão de boa índole conviver com a ideia de que seja um suspeito, todavia, acaba por convencer-se de que essa suspeita faz parte do próprio sistema e o que está em jogo é sua própria segurança pessoal, seu bem-estar.

O que notamos é que as pessoas começam a ficar sensíveis em relação aos abusos. Elas não se importam de ceder dados pessoais, passar pela maratona de identificações desde a compra do bilhete aéreo até o destino final, desde que observem que aqueles que estão solicitando tais dados cumprem rigorosamente os protocolos e agem com respeito, tendo em vista exatamente a segurança. Ao contrário, perdem a confiança no sistema, na medida em que, mesmo inocente, alguém é classificado e excluído socialmente.

O processo no qual todos viajantes são submetidos é complexo e resguarda quem o faz, isto é, as agências de segurança do governo em vista do bem-estar do território que acolherá o novo indivíduo. O viajante é muito vulnerável, uma vez que ele renuncia basicamente aos direitos de cidadãos que têm em relação a outro país, de modo que, se ele é posto na lista de suspeitos categóricos, no mínimo será submetido aos constrangimentos de uma série de interrogatórios, requisição de documentos, informações e, nos casos mais extremos, ser deportado para seu país de origem. Numa sociedade complexa onde existem a insegurança, a violência e o medo do outro, para obter o bem-estar, é necessária a vivência dos rituais para a confirmação da própria identidade e inserção do novo mundo.

---

[17] Cf. MARX, 1988, p. 219. O termo "suspeita categórica" (*categorical suspicion*) é usado pelo autor para demonstrar a atenção que se tem a certos indivíduos em relação a sua inclusão social e comportamental em determinada categoria e está relacionada à atividade de policiamento. Mas nas formas de gerenciamento de risco, promover a vigilância generalizada de grupos com características semelhantes. Em outros termos, qualquer um, mesmo se não culpado, é no mínimo suspeito até que se prove sua inocência.

4. Conclusão

Considerando o itinerário que percorremos, verificamos que a condição de vulnerabilidade faz com que o ser humano transforme o ambiente em que se encontra e se relacione com o outro como meio de se proteger e até mesmo defender a sobrevivência da espécie. Essa necessidade o faz sair de seu isolamento e criar vínculos sociais, começando da experiência tribal, onde o indivíduo era diluído pelos interesses da coletividade até as diferentes formas de proteção, de acordo com os grupos sociais, evoluindo sem nenhum tipo de privacidade à concentração do privado, em âmbito familiar, para não se dissolver na vida pública. Essa separação entre público e privado, no início, é feita pelas técnicas arquitetônicas. Na interação público e privado está implicado o relacionar-se com outros e isso sempre envolve riscos, conflitos; todavia, o sujeito isolado é vulnerável e não pode subsistir. A partir do surgimento da propriedade privada e do aumento dos rendimentos das pessoas e da desigualdade social, crescem a tensão e os conflitos sociais, e sempre aqueles que detêm tais propriedades exercem o poder de vigiar sobre aqueles que não a têm para manter o patrimônio e dissuadir as revoltas sociais.

No intervalo necessidade e risco da relação, as formas de vigilância vão tomando corpo, desde as mais simples e diretas, no confronto cotidiano até as mais sofisticadas, com diferentes mediações tecnológicas. À medida que a sociedade evolui, é essencial pensar meios que vigiem sobre as situações que causam ameaça à comunidade, desde catástrofes naturais até indivíduos que constituem perigo à sociedade. Portanto, quanto mais a sociedade evolui em extensão, economia, desigualdades, mais tende a intensificar a vigilância com o objetivo de prever perigos, individuá-los e agir, combatendo-os.

Além do aumento das formas de vigilância, os próprios códigos legais e de ética são uma maneira de proteger a vida e o indivíduo, dando-lhe maior segurança. Das leis da vingança às formas de justiça reparativa, nota-se um longo caminho percorrido pela humanidade. O indivíduo vai-se percebendo como autônomo, ganha maior consciência da ética e da justiça e começam a aparecer os direitos vinculados à proteção em relação à vigilância de outros.

Essa dilatação da sociedade faz também alargar o medo social, e as formas de controlar o outro recrudescem a tal ponto que as liberdades de ir e vir são monitoradas nas fronteiras e o outro se torna um "suspeito categorial". Há um medo do outro que ameaça as relações e faz com que o ser humano se feche cada vez mais em si mesmo, privando-se ao máximo do contato com seus pares. O privado é visto como desejo de não ser incomodado e também de segurança. Esse medo generalizado muitas vezes é reforçado pelos *mass media*, pela política, pelo marketing das empresas de segurança que, aliados aos governos, querem vender seus produtos, uma vez que no sistema capitalista é preciso criar desejos nas pessoas, nutri-los e responder à demanda a partir dos produtos. O produto cobiçado atualmente é a segurança. Surge uma sociedade imunizada que, à primeira vista, combate o organismo que a ameaça, mas que corre o risco de sofrer as consequências do excesso de imunização. Com o medo generalizado, a noção de fronteira tornou-se mais evidente e um lugar importante para controlar o fluxo de pessoas e individualizar possíveis perigos, além de controlar a mobilidade indesejada, como é o caso da migração.

Por fim, a insegurança social tem requisitado cada vez mais tecnologias e medidas preventivas mais duras. As pessoas têm construído pequenas fortalezas pessoais para se sentirem mais seguras, e os governos, a cada dia, respondem com mais estratégias de defesa e tecnologias para controlar os perigos. Há a sensação de alívio até que ocorra novo fato ameaçador e novamente a insegurança volta a fazer parte do cotidiano, criando uma espécie de círculo vicioso na sociedade atual. Mais insegurança, mais tecnologias de segurança.

Capítulo 3

A VIGILÂNCIA TECNOLÓGICA ENTRE PROTEGER E EXPOR

> *As políticas de segurança, diz-se, fazem amplo uso de sistemas de vigilância e da esterilização do território. Mas essas práticas, por sua vez, são apenas uma parte das medidas que se tornaram possíveis às novas tecnologias* (PITCH, 2008, 140).

Anteriormente conceituamos o que se entende por vigilância e demonstramos como esta vai desenvolvendo-se ao longo da história, nas formas mais simples às mais sofisticadas. Enfocaremos, neste capítulo, as grandes transformações ocorridas na sociedade no âmbito das tecnologias da segurança, a contribuição das ciências nesse processo, o modo como são classificadas as características operativas, o uso que podemos fazer e o impacto delas sobre o ser humano, evidenciando características positivas e ambivalentes, conforme algumas aplicações. Argumentaremos que elas constituem uma nova forma de poder que opera a transformação, a fragmentação, a reconstituição e o desaparecimento do corpo e podem classificar, discriminar, excluir e serem invasivas. Nesse processo, sempre há um conflito de interesses entre indivíduo e sociedade, e, por fim, delinearemos algumas reflexões do Magistério sobre as tecnologias e a problemática do terrorismo.

Tomás de Aquino, ao discutir o conceito de verdade do filósofo judeu Isaac Ben Israel sobre "adequação da coisa ao intelecto", afirma que a "verdade se define pela conformidade do intelecto à realidade e, portanto, conhecer tal conformidade é conhecer a verdade" (SAN TOMMASO D'AQUINO. *La somma teologica* I, q. 16, art. 2, 1951, p. 110) e continua a discorrer sobre o argumento, demonstrando os processos de como isso se dá no intelecto humano. Raciocinando desse modo, poderíamos dizer que na era das tecnologias de vigilância, a verdade pode ser definida pela transformação do corpo físico em digital, em um código alfanumérico que confirma o corpo real, isto é, o indivíduo. Não basta a verdade do indivíduo que se apresenta por si só, é preciso que seja confirmado pelo código de barras para ter sua identidade confirmada. Em outros termos, dizer que realmente é aquela pessoa. A credibilidade não vem mais pela palavra e pelos corpos que se impõem, mas pela palavra dos sistemas eletrônicos que ressuscitam dos bancos de dados o ser virtual que ali adormece e o contrasta com o real. O segundo deve confirmar o primeiro. Ele é a prova concreta de que a pessoa seja ela mesma.

1. A tensão indivíduo-sociedade e progresso das tecnologias de vigilância

Conforme vimos, as mudanças histórico-socioculturais alteraram os modos e as técnicas da vigilância. Nem toda vigilância é tecnologizada, no entanto, emprega técnicas. Do século XIX em diante, a vigilância tecnológica mostra-se bastante imponente.[1] As estatísticas da *American Civil Liberties Union* (ACLU) ilustram essa assertiva.[2]

---

[1] Conforme a ACLU "todos os dias, a NSA (*National Security Agency*) intercepta e armazena 1,7 bilhões de e-mails, chamadas telefônicas, textos e outras comunicações eletrônicas, que é equivalente a 138 milhões de livros a cada 24 horas". Cf. THE NSA UNCHAINED. Disponível em: <http://www.aclu.org/national-security/nsa-unchained-infographic>. Acesso em: 18 fev. 2012.

[2] Cf. SURVEILLANCE MILESTONES. Disponível em: <http://www.aclu.org/images/privacy/milestones.gif>. Acesso em: 18 fev. 2012. Partindo do gráfico da ACLU, de modo cronológico e de outras fontes, observa-se a evolução das tecnologias de vigilância das mais simples às mais avançadas nos Estados Unidos, mas com repercussões mundiais. Reproduzimos o gráfico em texto discursivo. O gráfico não expressa fielmente o ano do nascimento dessas tecnologias, mas sim a década. 1830-1840: fotografia de daguerreótipo, telégrafo, código Morse; 1840-1850: primeira força policial profissional em tempo integral criada nos EUA (New York); 1898: gravação magnética (Valdemar Poulsen); 1870-1880: cilindro fotográfi-

Prometeu encontra Argos e a expansão dessas tecnologias com suas características trazem importantes consequências para a vida humana.

1.1. *Argos Panopticon* e Prometeu

O mito de *Argos Panopticon* deu a possibilidade de verificar que a vigilância e o controle fazem parte da história da humanidade e provocam, desde os primórdios, questões conflitantes relacionadas ao controle e ao monitoramento. Entretanto, *Panopticon*, apesar de sua quantidade de olhos, é derrotado por sua falta de astúcia e incapacidade de prever e vencer a técnica de Hermes. Talvez fosse diferente se o monstro de cem olhos tivesse como aliado Prometeu, aquele que pensa e enxerga antecipadamente, é astuto, previdente (GALIMBERTI, Umberto, 2007, p. 59), rouba o fogo de Zeus, doando-o aos humanos e, posteriormente, castigado por

---

co, primeiro dispositivo de gravação de áudio, Bertillonagem (identificação pela medida de partes do corpo); 1880-1890: impressões digitais para identificação criminal; 1890-1900: projetor de imagens em movimento; 1900-1910: impressões digitais adotadas pelo Departamento de Polícia Americana; 1930-1940: número de segurança social; proposta derrotada de base de dados de impressões digitais da população e polígrafo; 1940-1950: programa de espionagem Operação Shamrock, computador digital; 1950-1960: Satélites, fundação da NSA; 1960-1970: consolidação das agências de crédito, adoção de negócios de *mainframe*, supercomputador, cartões de crédito; 1970-1980: gravação de vídeo cassetes domésticos, microprocessadores, marketing direto; adoção de código de barras; 1980-1990: computador pessoal (PC), mídias digitais (CDs de áudio, câmeras digitais), CCTV (câmeras de vigilância no varejo); 1990-2000: Lei CALEA (*Communications Assistance for Law Enforcement Act*): telecoms devem adotar projeto para permitir escutas; banco de dados de impressão digital eletrônica do FBI; CODIS FBI e bancos de dado de DNA, motores de busca, varejo dos "cartões de fidelidade", GPS, explosão da internet, vídeo e fotografia digitais, biometria; 2000-2007: gravadores de caixa preta para automóveis, scanners corporais, telefones com câmeras, *data mining*, digitalização de registros públicos, e-commerce, rastreamento on-line do comportamento de compra do consumidor, reconhecimento facial, domínio do motor de busca Google, cartões de identidade com biometria ou RFIDs, *cookies*, *bugs* da web e outras tecnologias para rastreamento, RFID, "farejadores" (*sniffers*) de partículas, *nanny cams*, veículos aéreos não tripulados, Youtube, proliferação dos controles de identidade, programa *datamining* da *Total Info Awareness* (TIA); o Congresso americano antecipa estados da legislação de privacidade passando à financeira, programa de Vigilância Terrorista da NSA, *Patriot Act*, Real ID Act, *Health Insurance Portability and Accountability Act* (HIPPA) legislação de "privacidade" e outras.

causa de sua filantropia. "Prometeu, amigo dos homens, doa-lhes o fogo com o qual todos podem transformar os metais e produzir instrumentos. Dá-lhes a capacidade do cálculo, da previsão e, de alguma maneira, os princípios da operatividade técnica. A essa altura, porém, Zeus se torna temeroso de que os homens, graças à técnica, possam tornar-se mais poderosos dos que os deuses" (Galimberti, 2009, p. 210).

Os dois mitos elucidam, desde o princípio, que a vigilância sem técnica não é capaz de atingir seu objetivo e, ao mesmo instante, advertem da poderosa combinação entre saber, poder e previsão. A pós-modernidade redescobriu a capacidade panóptica a partir do viés prometeico, aquele que vê antecipadamente. Esse saber fazer, roubado do mundo dos deuses, empodera o ser humano. Argos e Prometeu, de certa forma, são perigosos, ambos possuem grande capacidade. Prometeu lida com uma qualidade do mundo divino que é a onisciência. Os deuses podem ver tudo. Ao ser capaz de pensar antecipadamente dos próprios deuses, coloca em risco o mundo divino. Argos, associado a Prometeu, representa a força que não se deixa seduzir pelo som da flauta de Hermes, porque passa a pensar em antecipação, de modo que os olhos seriam capazes de prever qual instrumento seria usado na tentativa de vencer o monstro de cem olhos.

O agir providente de Prometeu lhe acarreta uma série de consequências, uma vez que seu ato é uma rebelião contra o poder (*Díos tyrannida*) que governa o mundo (Galimberti, 2007, p. 256). Zeus decreta que Hefesto e seus servos *Kratos* e *Bias* (poder e violência) o agrilhoe em um rochedo do Caucaso e envia uma grande águia que devorava diariamente seu fígado, o qual regenerava à noite. Ao ver o sofrimento do Titã, Hercules, deus da força e da coragem (Nova Enciclopédia Barsa, v. 7, 1999, p. 362), abateu a águia e o libertou de suas correntes (Gran Enciclopedia, 2002, p. 10914). Diferentemente de Argos que morre ao ter a cabeça decepada, Prometeu, apesar do poder e da violência exercidos sobre ele, não morre. Há capacidade regenerativa, é imortal. Seu fígado representa a capacidade que a técnica possui de se refazer, de progredir. Interpretando os dois mitos, na reflexão da conjuntura atual, podemos vislumbrar que, se partimos da ilustração mítica de Prometeu como a origem da capacidade técnica do homem, podemos dizer que esta evoluiu de tal forma que passa a corresponder a um evento salvífico, na qual os acontecimentos são tecnologizados. A era atual pode ser traduzida pelo tempo da "regeneração do fígado de Prometeu", o qual todos os dias submete-se à águia que o devora e recupera-se durante a noite. Equivale a dizer aos processos técnicos em constante mutação.

Argos e Prometeu representam o modo de como cada sociedade foi exercendo, de acordo com sua competência técnica, sua capacidade de vigilância. As metáforas de *Argos Panopticon* e Prometeu estão em evidência, porque a sociedade atual busca resolver os problemas da insegurança pelo acúmulo de tecnologia. Em termos governamentais tem-se resolvido pelas tecnologias militares, *Kratos* e *Bias*. No sistema panóptico de Bentham e na reflexão de Foucault e de Orwell, as tecnologias usadas na vigilância eram centralizadas. Hoje, elas se liquefazem na rede, são mais invisíveis e eficientes e fazem parte da pauta dos mercados de alta tecnologia. "A vigilância é hoje panóptica não porque as tecnologias de vigilância estão centralizadas e hierarquizadas (elas são mais dispersas e descentralizadas, como no exemplo da internet), mas porque o Estado e as empresas são atores dominantes e acumulam poder que podem usar para a vigilância disciplinar (disciplinando o comportamento econômico e político)" (Fuchs, 2011, p. 122), através de um "panóptico descentralizado" (Whitaker, 1999, p. 55).

Em todos os relatos, há um personagem importante envolvido e que tem poder sobre a vigilância e a técnica: Zeus. Nesse sentido, o deus grego pode ser traduzido pelos interesses relacionados ao capitalismo, as empresas e aos governos. Prometeu rouba o fogo em favor dos humanos e os empodera. É castigado por tal ação filantrópica. Da mesma forma, os poderes de Zeus temem quando os humanos são empoderados. É importante que as pessoas não tenham olhos e nem tenham a iluminação das consciências, pois desse modo, com o simples som da flauta ideológica, é fácil manipular e deixá-los sem o fogo como objeto transformador ou contrarresposta ao próprio poder de Zeus. Ao final, quem se apodera do poder de *Argos Panopticon* e de Prometeu é o próprio Zeus, ao ordenar que cortem a cabeça do primeiro e aprisione o segundo no rochedo, a fim de puni-lo pelo ato de bondade que praticou até ser libertado por outro poder. Prometeu não morre por sua capacidade regenerativa e pela ajuda de Hércules que mata a águia. Entretanto, permanecem a onisciência e a onipotência de Zeus a controlar todo o Olimpo com seus auxiliares *Kratos* e *Bias,* que são poderes disciplinares manipulados para punir. Conforme Foucault, "a punição disciplinar é, pelo menos por uma boa parte, isomorfa à própria obrigação; ela é menos a vingança da lei ultrajada que sua repetição, sua insistência redobrada. De modo que o efeito corretivo que dela se espera apenas de uma maneira acessória passa pela expiação e pelo arrependimento; é diretamente obtido pela mecânica de um castigo. Castigar é exercitar" (FOUCAULT, 2009, p. 173). Zeus, por ser contrariado, exercita seu poder em ambas as situações. No caso de Prometeu, após ser libertado por Hércules, o deus supremo ordena-lhe a troca pelo centauro Quíron, imortal, que havia sido ferido por uma flecha. Tal ferimento era incurável, de modo que podia sofrer as dores eternamente.

Em ambos os casos, a violência exercida foi sobre o corpo, como consequência das relações políticas e contrastes de poder no Olimpo. No assassinato de *Argos Panopticon*, sua cabeça, representação da consciência e do raciocínio lógico, é decepada. No castigo de Prometeu, este é acorrentado e seu fígado é roído durante o dia. Assim, a leitura de Foucault reaparece a advertir sobre o poder que é capaz de controlar os corpos e fazer deles aquilo que se entende. "O corpo também está diretamente mergulhado num campo político; as relações de poder têm alcance imediato sobre ele; elas o investem, marcam-no, dirigem-no, supliciam-no, sujeitam-no a cerimônias, exigem-lhe sinais" (Foucault, 2009, p. 28-29). O outro fator que emerge da leitura dos dois mitos é se realmente Argos e a técnica prometeica são perigosos ou se é preciso ter muito mais atenção ao poder de Zeus que pode usar de seus caprichos e colocá-los ambos a seu serviço. Nos dois relatos míticos, Zeus nunca age por si só, é invisível, age pela flauta de Hermes, por meio de Hefesto e seus servos. À humanidade, resta o fogo roubado que Zeus não foi capaz de retomá-lo para si, como contrarresposta a seu poder dominador.

Portanto, da leitura mítica depreende-se um panorama da problemática do poder sobre a técnica e os influxos sobre a realidade social, provocando sempre tensão. Ocorre lembrar que a técnica e as tecnologias não são capazes de operarem sozinhas. Concentrar a reflexão da vigilância somente sob o prisma tecnológico torna-se claudicante. Ambas têm implicações sobre a sociedade, de maneira que recorda Fuchs (2011, p. 122):

> A vigilância é uma relação social entre seres humanos e que envolve o poder disciplinar. Faz uso de instrumentos para produzir saber sobre esses mesmos seres humanos com o objetivo de coagir e dominá-los. Reduzir a vigilância ao nível das tecnologias de vigilância não apenas a afasta de sua dimensão social, é uma forma de reducionismo tecnodeterminista e de fetichismo que reifica a vigilância e dessa forma destrói o potencial crítico do conceito.

O certo é que as tecnologias podem comportar efeitos positivos e ambivalentes, de acordo com o uso que se faz delas. Isso parece ficar bem claro a partir da reflexão mitológica. As tecnologias recentes são resultantes do próprio processo evolutivo da sociedade, por meio das descobertas científicas, das transformações do capitalismo e da globalização, da complexidade social e de interesses públicos e privados. Por isso, a importância do olhar crítico em relação ao interesse no uso de tais tecnologias na área de vigilância.

1.2. A expansão das novas tecnologias de vigilância

É importante considerar que as tecnologias de vigilância exercem grande influência na vida das pessoas. Muitas vezes pensamos que a expansão delas se deu por causa dos 11 de Setembro. Em partes, tal acontecimento contribuiu para isso, todavia, não é o único (Lyon, 2005, p. XIV). Alguns fatores cooperaram para tal, como o próprio processo da modernidade com sua nova ciência, a indústria de tecnologias, o processo de globalização das fronteiras, o terrorismo e a militarização da própria segurança.

A era moderna foi marcada por uma série de acontecimentos importantes, dentre estes, a consolidação dos Estados modernos com suas novas formas de governabilidade, o capitalismo, a revolução industrial, a nova concepção de ciência e as guerras. Todos esses fatores transformaram a sociedade. Na verdade, todos esses passos foram galgados graças ao próprio processo de hominização e de conflitividade do ser humano que responde aos diferentes contextos no processo de construção social. Dessa construção, interessa a revolução tecnológica pela qual a humanidade percorreu, graças ao processo de implementação da máquina, do capitalismo e da organização do trabalho. Em relação ao processo de industrialização, Lyon chama a atenção para a mudança da concepção de temporalidade, que se dá da sociedade agrícola à industrial e da importância que ganha o relógio como forma de controle sobre os operários. Afirma: "Enquanto em ambientes preeminentemente agrícolas as atividades diárias eram delimitadas pela estação, pela hora e pelas marés, as práticas modernas de trabalho são medidas pelo relógio" (Lyon, 1997, p. 56). Continua a explanar que o relógio tornou-se um mecanismo de vigilância moderna na fábrica capitalista e, hoje, dá lugar ao computador, que organiza as atividades tanto produtivas quanto gerenciais (Lyon, 1997, p. 56). "O horário e o relógio, juntos com o acúmulo de informações codificadas, impõem uma ordem às relações no interior das organizações burocráticas, seja do estado-nação, seja no lugar de trabalho capitalista" (Lyon, 1997, p. 71).

Com o aparecimento do computador e das tecnologias de informação, o processo de recolher dados e sua difusão se tornam mais eficientes e os processos menos visíveis (Lyon, 1997, p. 65-66), pois são feitos de formas mais sutis e compartilhados e, aos poucos, desaparecem as antigas formas de armazenamento de dados, marcadas pelo arquivo fixo em que o controlador as tocava fisicamente. O antigo arquivo dá lugar aos bancos de dados que, com a ajuda das tecnologias de comunicação, podem ser compartilhados e confrontados. A própria era histórica atual exige que os dados sejam comunicados e cruzados e que se produzam novas tecnologias para responderem eficientemente à demanda social. Nesse sentido, toda a produção de conhecimento nesse campo está relacionada a mercado, à geração de riquezas, a estratégias empresariais e de governo (marketing, gerenciamento, Estado-nação etc.). Em um tempo em que se vive sob riscos e numa sociedade de riscos, segundo Beck (2000), as tecnologias de segurança em todas as esferas constituem uma forma para sobreviver no mercado econômico e com lucros, pois produzir armas e sistemas de defesas é muito lucrativo, constituindo um mercado de nicho.

O processo pós-11 de Setembro aumentou tal corrida em direção à segurança, especialmente nos EUA e na Europa. Embora o fenômeno se situe nessas duas esferas do globo, traz certas consequências para os demais países. No ano de 2003, a Comissão Europeia criou o *Group of Personalities for Security*, do qual participam oito multinacionais europeias da área de produção de armamentos e de sistemas de seguranças (Zuccarini, 2009, p. 86-87). Das indústrias americanas, apenas para exemplificar, encontram-se a UNISYS, que produz tecnologias para identificação de pessoas, biometria, segurança por vigilância e localização, segurança pública, virtual para proteger pessoas, bens físicos de organizações e nações; LOCKHEED MARTIN, que desenvolve tecnologias aéreas, de defesa, de informação e espacial. Por fim, a francesa SAFRAN Morpho, que opera na área de segurança com tecnologias de identificação, detecção de explosivos, documentos eletrônicos (tecnologias biométricas, cartões inteligentes, chips) e componentes eletrônicos para defesa.[3] Esses exemplos demonstram que a vigilância é produzida e vendida (Lyon, 2005, p. 65-68) e se constitui mercado promissor.

Essas multinacionais, ao mesmo instante que estendem seus tentáculos ao redor do mundo, como resultado do processo de globalização, também operam sobre uma das características da globalização: o fluxo de pessoas. A era atual proporciona, para quem tem condições financeiras, maior fluxo devido à facilidade de locomoção. Ao mesmo instante que o mundo se torna pequeno, há a necessidade de controles, por causa da migração das áreas pobres do planeta, da violência, do terrorismo e de outros conflitos sociais. O espaço de controle ocorre nas fronteiras, conforme já vimos anteriormente. Várias dessas multinacionais operam na segurança de fronteiras, tais como aeroportos e portos.

Diante da insegurança, parece que há uma tendência de militarização da segurança. Todas essas multinacionais, que produzem segurança civil, também produzem a militar. Geralmente a segurança civil acaba sendo consequência das tecnologias desenvolvidas no campo militar. O exemplo típico é o computador que nasce nesse contexto. Essa militarização não é necessariamente a presença de militares contribuindo com tecnologias e estratégias, é outrossim o clima que se cria na sociedade. Hodiernamente se fala de guerra: "guerra ao terror", "guerra às drogas", "guerra à violência". Ora, esses discursos representam, em linguagem semiótica, a tensão na qual a sociedade atual vive, em que, para combater situações sociais, é necessário invocar o discurso da guerra como motor propulsionador. Lyon constata que "a segurança procurada depois do 11 de Setembro é fundada sobre a noção de segurança elaborada

---

[3] Mais informações sobre a atividade dessas empresas: UNISYS. Disponível em: <http://www.unisys.com/unisys/>. Acesso em: 23 fev. 2012. LOCKHEED MARTIN. Disponível em: <http://www.lockheedmartin.com/>. Acesso em: 23 fev. 2012. SAFRAN Morpho. Disponível em: <http://www.morpho.com/>. Acesso em: 23 fev. 2012.

depois da Segunda Guerra Mundial, de tal modo que as garantias de inviolabilidade e proteção, enquanto objetivos políticos, são perseguidos com meios técnicos e militares" (Lyon, 2005, p. 3).

Por fim, a ameaça do terrorismo contribui para a introjeção de soluções tecnológicas como prevenção. Este provoca uma corrida invocando as tecnologias de vigilância e de segurança com a finalidade de prever atentados. "Em um contexto de incerteza e fluidez, a tecnologia é louvada para ser a ferramenta para avaliar perigos e ameaças, defender contra crime e terrorismo e monitorar o futuro" (Ceyhan, 2008, p. 107). Esse fenômeno sempre existiu, entretanto, ganha repercussão, pois atinge o coração do centro financeiro, mercadológico, tecnológico e militar americano que repercute mundialmente. Do ponto de vista da arquitetura do terror, há o aperfeiçoamento das tecnologias e das táticas, de modo que as mesmas tecnologias podem ser usadas para fazer o mal.

1.3. Classificação das tecnologias de vigilância e aplicações

Segundo a classificação da OTA (*Office Technology Assessment*), as tecnologias de vigilância são classificadas em tecnologias de escuta eletrônicas (*audio surveillance*): compostos por dispositivos de difusão e receptação, tais como transmissores em miniatura; dispositivos de não difusão, como sistemas de vigilância fixa que incluem escutas telefônicas e microfones ocultos e gravadores; tecnologias ópticas e de imagem (*visual surveillance*) constituídas por técnicas fotográficas e televisivas por circuito fechado e a cabo; dispositivos de visão noturna com finalidade de intensificar a percepção de imagens e objetos sob pouca luz e a observação por satélite; vigilância por computadores e tecnologias da informática (*data surveillance*) que incluem microcomputadores, descentralização de máquinas e processamento compartilhado por redes de *softwares* e sistema de reconhecimento óptico; tecnologias relativas a sensores: sensores magnéticos, sísmicos, infravermelhos, de tensão e eletromagnéticos; outros dispositivos e tecnologias: rádios BC (*citizens band radio*), localização de veículos, máquinas leitoras de fitas magnéticas, polígrafo, analisador de timbre de voz, reconhecimento de voz, interceptador a *laser* e rádio celular.[4]

Embora a classificação seja interessante, é, porém, antiga. Assim, é conveniente acrescentar alguns dos novos tipos de tecnologias de vigilância: aérea por meio de veículos aéreos não tripulados (VANT ou *drones*) e microveículos aéreos equipados com câmeras de altíssima resolução, podendo transportar armas, radares, satélites; as corporais como o *body scanner*, a biometria, a utilização de dados extraídos do corpo humano como impressões digitais, íris, traçados das veias, da face, timbre de voz, DNA; identidade com chips incorporados (*smart cards*), implantação de chips de RFID (*Radio Frequency Identification*), braceletes e tornozeleiras; televisão com circuito fechado e reconhecimento facial (Lyon, 2005, p. 68-82; Lyon, 2009a). Esses são alguns dos exemplos da enorme quantidade de dispositivos de vigilância que podemos encontrar na pós-modernidade para compor a segurança.

O relatório *Electronic Surveillance and Civil Liberties*, citando como fonte a OTA, correlaciona o uso das tecnologias a cinco categorias de comportamentos, as quais um indivíduo está sujeito à vigilância eletrônica. Movimentos: o local onde se encontra, de modo que pode ser rastreado eletronicamente por meio de *beepers* ou de monitoramento computadorizado transacional em tempo real; monitoramento das ações que o indivíduo realizou ou está realizando, incluindo dispositivos eletrônicos que efetuam o monitoramento pelas batidas de teclas em terminais de computadores, de números telefônicos chamados com canetas registradoras, por TV a cabo;

---

[4] Esta classificação originalmente foi feita em 1976 pela Subcomissão dos Direitos Constitucionais do Comitê do Senado sobre o Judiciário (*Subcommittee on Constitutional Rights of the Senate Committee on the Judiciary* e se repete no relatório: Federal Government Information Technology: *Electronic Surveillance and Civil Liberties* (1985, p. 13); Lyon, 1997, p. 149.

movimentos financeiros e comerciais por contabilidade informatizada e acesso à aplicação de lei ou por sistemas de investigação computadorizados; as comunicações referentes ao que alguém está dizendo, escrevendo, ouvindo ou recebendo. As comunicações eletrônicas bidirecionais podem ser interceptadas se os meios de comunicação forem analógicos ou digitais, por meio de telefones com e sem fio, celular ou por correio eletrônico digital. A interceptação de comunicação bidirecional não eletrônica é efetuada por meio de uma série de dispositivos de microfones e transmissores; as ações e comunicações por meio da verificação dos detalhes do que o indivíduo está fazendo ou dizendo, acompanhada por vigilância de áudio, que pode monitorar as ações e comunicações em locais públicos e privados, à luz do dia ou na escuridão. Por fim, as emoções, pela observação das circunstâncias das reações psicológicas e fisiológicas, usando teste de polígrafo, analisadores de timbre de voz, de respiração e de ondas cerebrais para tentar determinar as reações individuais de cada indivíduo (FEDERAL GOVERNMENT INFORMATION TECHNOLOGY, 1985, p. 13).

Do que foi exposto, notam-se as diferentes linhas de aplicabilidade dessas tecnologias, bem como os comportamentos que podem levar a pessoa, seja suspeita ou não, a ser submetida a uma dessas abordagens e ser escrutinada em todos os sentidos. Tais tecnologias têm poder de capturar, filtrar ações, comunicações, emoções de uma maneira sutil, sem serem percebidas, com enorme agressividade, caracterizando uma verdadeira "fortaleza digital", com a finalidade de classificar sujeitos em perigosos ou não ou prever intenções como transpor as fronteiras de modo ilegal. Além disso, são capazes de perscrutar anatômica e fisiologicamente todo o corpo humano. Pode-se concordar com Foucault quando este se referia ao exercício do poder do Panóptico de que "em cada uma de suas aplicações (podemos entender novas tecnologias aqui!), permite aperfeiçoar o exercício do poder. E isso de várias maneiras: porque pode reduzir o número dos que o exercem, ao mesmo tempo em que multiplica o número daqueles sobre os quais é exercido" (FOUCAULT, 2009, p. 195).

Embora tais tecnologias sejam marcadas pelo alto poder de precisão, a eficácia provém da utilização de outras tecnologias da informação que possuem grande capacidade de receber, armazenar, compartilhar e cruzar dados. Isso faz os processos eficientes, precisos, flexíveis e abertos. Esses novos modelos de vigilância "tendem a incorporar o crescimento das tecnologias de informação e da comunicação, ao mesmo tempo em que elaboram os dados relativos às pessoas e às populações. E as estruturas interconectadas de organização social, com sua flexibilidade contextual e sua abertura aos vários organismos são sempre mais numerosas" (LYON, 2005, p. 25; LYON, 2007b, p. 139). Em linguagem deleuziana, é a ondulação dos nós da serpente, cujo movimento é capaz de formar a partir dos indivíduos "dividuais", um perfil telemático, resultante dos dados da telecomunicação e dos processos informáticos. Esconde por trás desse processo uma razão instrumental, fundada na vigilância e no controle, em que se traçam os movimentos, ações, emoções, modos de pensar do indivíduo, que, reduzido a um código de barras ou de computador pelo sistema, torna-se manipulável. Os "códigos normalmente processados por computadores, classificação ou transações, interações, visitas, telefonemas e outras atividades são as portas invisíveis que permitem acessar ou excluir da participação de uma multiplicidade de eventos, experiências e processos" (LYON, 2003, p. 13).

A aplicação das tecnologias de vigilância, portanto, estão relacionadas ao exercício de poder. Elas não se dão em um nível horizontal, mas vertical, seja pelos organismos de segurança governamentais e pelas indústrias sobre pessoas ou populações. Possuem poder classificador, de inclusão ou de exclusão por interesses ou pela moralidade ou periculosidade de pessoa ou de grupo. Um exemplo são os testes de DNA e os bancos de dados. Nelkin e Andrews afirmam que tais testes revelam muito mais que uma fonte de identificação, podem revelar informações sobre saúde, predisposições de doenças e expor pessoas à discriminação no trabalho, no direito à asseguração, criando categorias de pessoas "de riscos" ou para reforçar estereótipos de raça ou de etnia. Além disso, de acordo com as inquietações dos autores, como as organizações e sistemas políticos podem usar tal identificação, quais pessoas terão acessos aos dados e como aqueles que controlam esses dados podem equilibrar benefícios trazidos por essas tecnologias e proteger valores individuais da liberdade e da privacidade (Nelkin; Andrews, 2003, p. 95). Desse modo, surge novamente a interrogação posta por Dan Brown em *Fortaleza Digital*, explorada anteriormente: *quis custodiet ipsos custodes*? – Quem guardará os guardiões? Quem controlará os controladores? Ou quem observa os observadores? (Lyon, 2007a, p. 186).

1.4. Características operativas

As tecnologias de vigilância, no passado, eram centradas e vinculadas ao tempo e ao espaço e eram exercidas, de certo modo, presencialmente. Com o advento do computador e das tecnologias de comunicação, descentralizam-se e passam a formar a rede, de modo fluído, em forma de assemblagem, sendo ininterruptas, generalizadas, rotineiras, sistemáticas, impessoais e onipresentes (Lyon, 2005, p. 102). De acordo com Lyon (2005, p. XI-XII):

> No século XXI, todavia, é raro que a vigilância se configure como uma questão pessoal, um face a face, um evento relativo a um único caso. Essa é ininterrupta, generalizada, de rotina, sistemática, impessoal e onipresente. Assumem formas diferentes, de acordo com as diferentes regiões do mundo, mas lá onde a dependência tecnológica é profunda, a vigilância da vida cotidiana é inevitável.

Como características operativas, as tecnologias de vigilância e de segurança são globalizadas não só do ponto de vista da capacidade de interagirem entre si, mas porque envolvem todas as divisões do globo, desde o ponto de vista espacial, aérea (regional e universal), terrestre abrangendo fronteiras regionais e além-fronteiras, pelo mar por meio de fiscalizações de fronteiras portuárias, da proteção do ambiente, da ordenação de espaço e integração de sistemas de vigilância com os sistemas terrestres e aeroespaciais. Trata-se de um sistema que, cada vez mais, se descentraliza, o que é a garantia de que, no caso de um colapso, não sofrerá prejuízos em todo o seu processo informativo, uma vez que as informações estão espalhadas por todo o sistema. Essas são as tecnologias de (in)segurança que estão relacionados ao terror, aos espaços, às visibilidades, às virtualidades e aos direitos (Ass; Gundhus; Lomell, 2009).

Para Ceyhan, as tecnologias de segurança caracterizam-se por sua miniaturização, mobilidade e conectividade e resultam da combinação de três faixas de tecnologias: tecnologias relacionadas à vida que envolvem a genética, as biotecnologias e partes do corpo; as tecnologias ópticas e eletrônicas, tais como *laser*, redes de fibra de vidro, e as tecnologias da informação e comunicação [TIC] (Ceyhan, 2008, p. 108). De acordo com Lyon, as técnicas pós-modernas de vigilância são digitalmente mediadas, podem operar a partir de características comportamentais e traços biométricos, orientados a operarem a partir do micro (corpo) e macro (globo) e tendem a ser excludentes (Lyon, 2007a, p. 75). Ao interagirem desse modo, tais tecnologias possuem grande "capacidade de vigilância" – conceito criado por Rule – como forma de medir a eficácia dos sistemas de segurança. Ele estabelece quatro fatores: volume (*ingombro*) dos arquivos contidos nos sistemas, o grau ao qual estão centralizados, a velocidade de fluxo entre os pontos do sistema e o número de pontos de contato entre o sistema e o sujeito (Rule, 1973, p. 37-40. Apud: Lyon, 1997, p. 77). Lyon faz uma atualização desses termos, uma vez que aquele autor as enumera na década de setenta, do século passado, e, hodiernamente, as mudanças são notáveis. Ele afirma que esse conceito é útil para medir tal capacidade e o caracteriza da seguinte forma: dimensão dos arquivos, grau de acessibilidade, velocidade de fluxo e transparência do sujeito (LYON, 1997, p. 78-79).

Essas tecnologias são engenhos complexos, exigem conhecimentos sofisticados para a fabricação, manutenção e operação. Além disso, operam em rede com outras, formando um sistema com elementos diversos. Muitas delas, a partir da computação e sistemas de GPS, são inteligentes e possuem poder incrível de memorização de dados, formando bancos de dados que, interligados, possibilitam cruzar informações. Esse cruzamento é marcado pela fluidez e pela remoção das fronteiras físico-geográficas e temporais. Por exemplo, a Interpol pode acessar diferentes bancos de dados, cruzar informações com a finalidade de procurar determinado criminoso. Ao circularem, essas informações são codificadas, o que as tornam "invisíveis aos olhos" humanos, podendo ser depois transformadas em texto que, para ser lido, exige um intérprete dos códigos. De acordo com Bogard, as tecnologias de vigilância trabalham sobre o tempo de movimento, registrando fluxos de eventos, traduzindo atividades em informações de modo mais eficiente para serem controladas, com a finalidade de melhorá-las, acelerá-las, atrasá-las, repeti-las, tirá-las de curso, cancelá-las e provocar ruptura com a finalidade de redirecionar o fluxo (BOGARD, 2010, p. 43).

Várias dessas tecnologias são capazes de fazer o mapeamento geodemográfico, a partir de uma base com sistemas integrados, podendo traçar os crimes, não só em vista da detecção e da prevenção, indicando onde um delinquente pode atacar (LYON, 2003, p. 15). Isso é importante para a eficiência das operações policiais e de combate ao crime. Também podem contribuir para a individualização dos riscos, implicando categorizações automáticas e com frequência cada vez maior (LYON, 2003, p. 21). Esse procedimento faz parte da realidade atual e engloba técnicas de racionalização enquanto articulação dos processos, classificação, categorização, verifica quem realmente são determinados indivíduos que apresentam riscos à sociedade, capacidade de previsão e a urgência no agir como forma de proteção social.

Esses engenhos são marcados pela precisão, embora isso não signifique que todos sejam infalíveis. Vários deles são "invasivos", embora aparentemente demonstrem inócuos. É o caso daqueles relacionados a escâneres, a DNA e a leituras do comportamento (ex. polígrafos). De certo modo, decodificam o que se encontra na intimidade humana, lendo variáveis fisiológicas, traços corporais e genéticos. Ser submetido ao *body scanner*, dependendo de seu poderio imagético, no mínimo provoca o constrangimento da própria nudez. O teste de DNA pode ser feito de várias maneiras, de modo que a invasão não é necessariamente física, pode revelar algo mais profundo do ser humano, como determinada doença. Ao mesmo tempo, esse grau de invasividade constitui um elemento de segurança, uma vez que pode extrair características individuais irrepetíveis. Percebe-se, assim, certa ambiguidade decorrente dessas técnicas.

Embora essas tecnologias apresentem sua eficiência, possuem seu lado ineficiente. Lyon faz uma crítica ao processo de vigilância automatizada e afirma que esta não resolve magicamente todos os problemas. Segundo ele, há quatro razões para isso: as questões referentes à estratégia do terrorismo com suas novas formas de organização globalizadas, assimétricas, móveis e reticulares; a eficácia técnica sustentada pelos idealizadores dessas tecnologias não foi capaz de prever os atentados de 11 de Setembro, uma vez que várias dessas técnicas já existiam; os efeitos colaterais como a discriminação social e formas de monitoração acentuada e, por fim, os caminhos escolhidos focam somente as altas tecnologias. Pouco se conhece de outras formas de vigilâncias não tecnológicas ou de baixas tecnologias e recursos para compreender e eliminar as causas originárias do terrorismo do século XXI (LYON, 2005, p. 63-64)·

2. A contribuição social das tecnologias de segurança

As tecnologias, como resultado da elaboração cultural humana, estão eticamente destinadas a prestarem serviço à sociedade. Assim, a contribuição positiva da vigilância pode ser pensada dentro dos limites que promovem o bem-estar e a segurança das pessoas e no âmbito das responsabilidades dos governos e empresas prestadoras de serviço que garantem o bom serviço, a credibilidade e a satisfação dos usuários. Essa vigilância é feita dentro de regras previstas socialmente.

"Em algumas situações, a vigilância pode garantir que determinados grupos ou indivíduos *não* sofram discriminações. [...] Em outros contextos, todavia, a intensificação da vigilância pode gerar consequências socialmente negativas, o que significa que a proscrição assume (subentra) a proteção ou que o controle social assume a ajuda recíproca" (Lyon, 2005, p. 5). Desse modo, a exposição que se segue trata da aplicação das tecnologias de vigilância em áreas fundamentais da vida humana como o combate ao crime organizado, a mobilidade humana e o gerenciamento das cidades.

2.1. Identificação de criminosos e crime organizado

As tecnologias de vigilância são importantes, embora não sejam a palavra cabal, no combate ao crime organizado, tais como as máfias, o tráfico de drogas, o tráfico de seres humanos, as redes de prostituição, a corrupção pública e privada e o terrorismo. Elas podem ser aplicadas para a localização geodemográfica do crime, identificação, prisão e até mesmo a eliminação dessas redes. Da mesma forma que ocorre a globalização da vigilância e da segurança, igualmente acontecem as diferentes formas de mimetismo social do crime organizado e sua racionalização, por meio de seus quartéis generais com pessoal especializado e tecnologias. Nesse sentido, "a tarefa de controlar os fluxos globais parece ser cada vez mais complexa e essencialmente global. As fronteiras, no sentido tradicional da palavra, tornaram-se incapazes de capturar as emergentes transnacionais e extraterritoriais redes de possíveis ameaças, como a imigração clandestina, o tráfico de drogas e de pessoas e, claro, o terrorismo" (Aas, 2011, p. 201).

Em relação ao crime organizado, o que se convencionou chamar de terrorismo, representa a face mais evidente das formas de violência, talvez não a mais crítica, diante das outras que se escondem em formas muito sutis, corrompendo instituições governamentais, públicas e privadas. O terrorismo ganha evidência e o decreto de guerra após o 11 de Setembro, cujo episódio é noticiado exaustivamente pela mídia internacional. O termo "terrorismo" é ambíguo e deve ser visto com olhar crítico.[5] Por terrorismo entendemos toda ação violenta feita com meios coercitivos, sejam ideológicos, psicofísicos, tecnológicos por inteligência, transparente ou não, com a finalidade de demonstrar força pelo meio da violência, do medo, da insegurança a afetar vidas humanas, visando auferir objetivos, tais como o ataque do inimigo ou submissão de um povo a determinado poder tirânico, podendo este ser democrático ou não. O terrorismo possui não somente formas de violência física ou contra a vida humana, vai ulterior. Para Deriu, "o princípio do terrorismo é aquele de influenciar a maior devastação humana, material e psicológica, sem se revelar e se colocar em risco de um choque frontal e transparente" (DERIU, 2005, p. 410). Assim, o terrorismo como forma que ameaça vidas humanas e a segurança dos cidadãos legitima o combate, não somente como elucubração midiática e de interesses políticos e econômicos. É fundamental precisar os atos terroristas de outros crimes e dar-lhes a atenção merecida com a ajuda das tecnologias de vigilância. O grande problema, ressaltam Marks e Clapham, que, nas estratégias antiterroristas, "às vezes as medidas adotadas ameaçam muito profundamente este equilíbrio em favor da segurança nacional; às vezes a liberdade é afetada em modo excessivo" (MARKS; CLAPHAM, 2009, p. 460).

---

[5] Cf. DERIU, 2005, p. 406-424. Neste artigo, o autor discute uma série de problemáticas em relação ao termo, esclarece-o criticamente, desmistificando algumas concepções, e afirma que há uma linha tênue que define os confins do termo. O autor demonstra que os mesmos países que hoje combatem o terrorismo foram sustentadores, financiadores e adestradores, quando lhes convinham os interesses, e que muitas vezes a "etiqueta terrorista" é imposta pelos governos ocidentais por meio dos meios de comunicação aos adversários, enquanto eles mesmos negam seus próprios comportamentos criminais (p. 406-408).

Outra face do terrorismo é o bioterrismo. Precisamente, conforme KELLMAN (2010), em seu livro sobre Direito Internacional, a bioviolência envolve a disseminação do terror por meio de agentes patógenos de modo cada vez mais sofisticado por causa do desenvolvimento das indústrias e das biotecnologias. Muitas vezes, esses patógenos são obtidos por meio de compra, roubos de indústrias, laboratórios, universidades e de unidades militares ou pelo domínio tecnológico da fabricação. O autor considera que a humanidade se encontra vulnerável, pois existe falta de consciência e compreensão da ameaça, de treinamentos e de recursos especializados para o combate, além de estruturas institucionais para elaborar, implantar e criar políticas de prevenção e respostas mais eficientes, tanto local, regional e internacional, à ação dos bioterroristas, por meio da cooperação das diferentes agências governamentais, de vigilância e de prevenção; de legislações mais rígidas para a criminalização dos agressores e para dificultar a obtenção de patógenos e da saúde pública para a criação de vacinas e medicamentos contra tais práticas. A obra de Kellman, na abordagem da vigilância e da segurança preventiva, é importante, pois, define o que é bioviolência, seus métodos e seus atores; insiste na vulnerabilidade que se encontra a humanidade, demonstra a audácia dos bioterroristas e propõe uma série de mecanismos para o combate, compreendendo a vigilância realizada tanto pelos governos, legislações, fronteiras, ciências, tecnologias e saúde pública.

Diante de redes complexas da criminalidade, exigem-se vontade política, inteligência, tecnologia e justiça competente. Esses fatores interagem conjuntamente. Não adiantam inteligência e tecnologia se as outras instâncias estão corrompidas e mascaram estratégias operativas. O crime organizado também opera com seu tipo de inteligência. Por isso, as tecnologias contribuem como forma de classificação e previsão dos riscos. "Hoje, a preocupação principal da polícia não é aquela de prender o criminoso, mas de antecipar os comportamentos delituosos, classificá-los sobre a base do cálculo de risco, de contê-los ou de preveni-los" (LYON,

2001a, p. 207). Entretanto, Monahan, após fazer uma leitura crítica sobre a eficácia da vigilância e da segurança, alerta que há poucos estudos para avaliar a eficácia dos sistemas de vigilância na previsão de crime ou do terrorismo. Os poucos que existem não são conclusivos, e existem evidências para asseverar que os sistemas de vigilância podem impedir crimes veiculares e de trânsito, e não são capazes de deter os crimes violentos. No que diz respeito à segurança nacional, não há nenhuma evidência para sugerir eficácia, apesar dos altos custos financeiros, trabalho institucional e inconvenientes públicos. Segundo o autor, sistemas de vigilância e biometria podem ainda contribuir com uma falsa sensação de segurança através de informações (MONAHAN, 2006, p. 21; MONAHAN, 2010, p. 10-11). Lyon constata que "a vigilância automatizada cria precisamente a sensação de que as pessoas são menos envolvidas no processo" (LYON, 2005, p. 92). Esse não envolvimento pode ser resultante, como já vimos, do bombardeamento da própria insegurança, na qual as pessoas, diante de uma realidade aterrorizante, fecham-se como forma de autoproteção, imunizando-se.

Em termos estratégicos, as tecnologias de escuta eletrônicas, ópticas e de imagem, como as CCTV, as da informática com as bases de dados e aquelas feitas com pequenos aviões não tripulados, aliadas à estratégia policial são salutares no combate à criminalidade, embora ainda seus custos sejam altos. Entretanto, essas tecnologias não devem suplantar a resolução dos problemas do ponto de vista social. Young apresenta dois fatores correlacionados à taxa de criminalidade: os estruturais e os contingentes. Os aspectos estruturais são aqueles ligados à estrutura global da sociedade que operam por longos períodos, cuja remoção é quase impossível por intervenções diretas pelas forças do governo e jamais desaparecem pela própria dinâmica autônoma. São eles as estruturas e estratificações das classes sociais, desenvolvimento de formas de anomia, de crise institucional e de desorganização social; intenso conflito cultural relacionado à migração interna e externa; fenômeno de rápida urbanização; formação de guetos urbanos, suburbanos de marginalização sociocultural e marginalidade; ineficácia ou corrupção das forças policiais e ineficiência do poder judiciário e fatores ideológicos de justificação do crime. Quanto aos fatores contingentes, são crise econômica e suas consequências; período rápido de desenvolvimento econômico; guerras e período de mudanças sociais. Segundo o autor, esses fatores também são ambíguos, podem aumentar ou reduzir a taxa de criminalidade (YOUNG, 2006, p. 183). Portanto, no bojo da criminalidade há uma série de ranhuras e fraturas sociais; o crime organizado, muitas vezes, instaura-se como poder paralelo e autoritário do Estado com suas leis, sua justiça, especialmente onde há a negligência dos governos locais.

O crime organizado, tantas vezes, trabalha silenciosamente com estruturas complexas, descentralizadas em forma de rizoma. São necessárias tecnologias eficientes e saberes competentes para individualizarem as ações das organizações criminosas. Se para a criminalidade das ruas os CCTVs apresentam determinada eficiência na identificação das pessoas responsáveis, no caso do crime organizado e do terrorismo, requerem-se tecnologias de interceptação, transmissão e armazenamento de dados. Isso evidencia que a solução tecnológica sempre requererá outra complementar, gerando um aparato, cuja eficiência para o combate ao crime não é aquela propagada pelos governos e, sobretudo, pelas organizações industriais que vendem tais dispositivos. Portanto, se as tecnologias apresentam sua positividade, é importante a leitura crítica da eficiência que repercute à sociedade. Em outros termos, pode ser que o custo seja maior que o benefício social, embora não se pode desprezá-las completamente.

2.2. Segurança para mobilidades

Os tempos atuais são marcados pelos fluxos de capital, de pessoas e de mercadorias. Para que isso ocorra, é necessária mobilidade, desde a virtual por meio das redes àquelas por meios dos transportes que o indivíduo usa para transportar cargas ou para se locomover. Esses meios estão dispostos às populações tanto para a movimentação interna quanto para a internacional. A rede que se criou em torno de tais meios é tal que hoje é (quase) impossível o homem pós-moderno viver sem eles. Deles dependem comunicação, transporte (mercadorias, pessoas, abastecimentos, viagens) e a transposição de distâncias, além da eficiência, embora tal fluxo traga consigo também problemas. Nem todos possuem boas intenções e há indivíduos que podem prejudicar a comunidade a partir de suas ações. Nesse sentido, as tecnologias de vigilância podem contribuir para que a mobilidade humana seja mais segura. Nenhuma tecnologia é totalmente eficiente, porém, pode trazer algum benefício, especialmente nos deslocamentos humanos. A tecnologia em si não protege. Ela pode intimidar e ajudar no processo de desvelar determinada infração.

Quando um indivíduo pega seu carro, pode ser vigiado por duas formas. A primeira por uma série de CCTV, de controladores de velocidade eletrônica e de radares. Estas têm a finalidade de identificar e punir os maus condutores, até mesmo tirando-os de circulação, pois representam certo perigo à sociedade. Se ocorre determinado acidente e naquela região há um sistema de captação de imagens, a resolução do sinistro pode ser mais eficiente, pois as câmeras demonstram como ocorreu tal evento. Além disso, esse motorista poderá ser submetido a uma série de exames, desde o teste do bafômetro para averiguar o teor alcoólico a exames laboratoriais para identificar outras substâncias. Os fluídos do corpo, juntamente com as imagens, podem fazê-lo réu ou inocente. A segunda forma é aquela por GPS, no qual o veículo pode ser rastreado por meio de uma central que acompanha seu deslocamento e, ao se detectar qualquer anormalidade, aciona-se a polícia ou sistema de ajuda mecânica. Esse tipo de vigilância é usado para o transporte de pessoas públicas que primam pela segurança, embora, hoje, a indústria automobilística já disponha de veículos com determinados sistemas de identificação e também para rastrear ônibus e passageiros (CAMERON, 2006, p. 225-241).

Outra aplicação das tecnologias de vigilância está relacionada ao transporte de cargas. A rapina de mercadorias não é uma novidade dos tempos modernos, existe desde o momento em que o ser humano começou a trocar seus produtos. De acordo com a sofisticação dos transportes de cargas, muda também o sistema de inteligência dos rapinadores. Assim, as tecnologias de vigilância prestam um serviço para que as empresas possam certificar-se de que os produtos estão sendo transportados de modo seguro e chegam ao destinatário final.[6] Trata-se de uma forma inteligente de reduzir prejuízos com as cargas roubadas. O sistema em si não protege totalmente, embora existam sistemas inteligentes que podem ser operados a distância, acionando sistema de travas, de bloqueio do combustível, de envio de alarmes por meio de sinais. O mesmo se aplica ao transporte de valores e de cargas perigosas.

No terreno da mobilidade humana, certamente a área que mais emprega segurança é aquela dos transportes aeroportuários, que vai desde a compra do bilhete, do *check-in* ao *check-out*, ao sistema de monitoração aérea, desde a decolagem à aterrissagem. Ao chegar a um aeroporto, pode-se entrar – ou pelo menos pretende ser – em uma fortaleza digital da segurança. Ao iniciar o *check-in,* os dados de identificação por meio da identidade ou passaporte são checados, as bagagens etiquetadas e submetidas à leitura óptica e ao raio-X ou escaneamento. O indivíduo apresenta-se aos agentes

---

[6] Além do controle que a própria empresa faz, o usuário pode rastrear sua mercadoria. Sistema desse tipo é utilizado pela DHL e Amazon. Além de possibilidade de acompanhar processos, isso é uma forma implícita de marketing, no qual o cidadão, ao ver todo o processo e a eficiência, ganha a confiabilidade de tais prestadoras de serviços.

que lhe pedem novamente documentos, em seguida, submete-se ao processo de leitura do corpo pelo raio-X ou *body scanner*. Em aeroportos em que a segurança é mais rígida, o indivíduo passa por um verdadeiro processo de desnudamento. Enquanto este espera o voo, não escapa das câmeras de CCTV espalhadas pelo salão de espera. Ao entrar na aeronave, aquela passa a ser monitorada pelos controladores de voo, pelos sistemas de bordo e de navegação que emitem dados às torres de controle, alguns aos próprios passageiros, que, de alguma forma, acompanham seu itinerário pelos monitores internos da aeronave. Ao chegar ao destino final e realizar seu *check-out,* a pessoa é interpelada a identificar-se novamente.

Embora o indivíduo deva conviver com a desconfortável rotina e com os tratamentos indelicados de muitos agentes, a segurança apresenta-se para todos como um valor, de modo que tais inconvenientes são facilmente desconsiderados. De fato, não se pode negar que os serviços prestados nos aeroportos visem à segurança, à eficiência e ao bem-estar dos passageiros. As empresas, como prestadoras de serviço à população, devem fazê-lo, seguindo protocolos governamentais ou internacionais de segurança. Esses procedimentos, além de estarem relacionados à segurança, também são importantes para a logística das empresas que prestam esse tipo de serviço à sociedade. Além de gerenciarem seus trabalhos, adquirem a confiabilidade daqueles que deles dependem. Na era globalizada, somente prevalece quem oferece eficiência e segurança e faça o usuário sentir em seu corpo os benefícios que deseja.

2.3. Monitoramento das cidades

Das formas de organização moderna, a cidade é, por excelência, um lugar que abriga pessoas com os mais diferentes modos de vida e de pensamento. Se isso pode significar pluralidade cultural, igualmente maior complexidade de problemas. Por isso, as leis da convivência citadina, quando burladas, provocam certos conflitos e incomodam a ordem social. "A experiência urbana traz consigo a regulamentação da vida cotidiana. Uma miríade de controles é colocada em ação para assegurar que estamos no lugar certo, no momento certo, viajando a justa velocidade e transportando artigos oportunos" (Lyon, 2001a, p. 69). Esse controle se dá, sobretudo, pela monitoração da vida social, através de câmeras espalhadas na cidade e por centrais de polícia. Embora esses recursos não evitem os incidentes, podem auxiliar na identificação dos autores. Ou quando se suspeita de determinado indivíduo, os sistemas podem individualizá-lo até que se tenham todas as evidências de que aquela pessoa representa determinado perigo social e deve ser tirada de circulação ou ressarcir os prejuízos que causou à comunidade, como é o caso do vandalismo público.

O processo de vigilância passou a ser mais eficiente, pois não se fundamenta somente em aspectos arquitetônicos e de iluminação com o objetivo de facilitar o controle. Com as novas tecnologias, é capaz de abranger maior número de pessoas e obviamente ampliar a área de controle. "Enquanto em um tempo a vigilância da cidade consistia na iluminação das estradas e em escolhas arquitetônicas concretas que consentiam manter sob controle e conter desvios, agora esta consiste em ter um olho em forma eletrônica, fazendo uso de imagens recolhidas das telecâmeras, a população em seu conjunto" (Lyon, 2001a, p. 78). Ainda que a arquitetura represente uma forma facilitadora, esta é marcada pelo fixismo e imobilidade, enquanto que as novas formas de vigilância podem ser interconectadas nos diferentes tipos de arquitetura da cidade, formando uma verdadeira e própria arquitetura da vigilância.

Lyon destaca que "muitas práticas e muitos dispositivos de vigilância são preparados para melhorar a vida citadina e, como tais, são bem-vindos. A questão é, portanto: quais outros efeitos acompanham os aspectos positivos da vigilância, em particular como resultado de seu automatizar-se e informar-se? Além disso, tais efeitos positivos são para todos ou somente para alguns?" (Lyon, 2001a, p. 72). Esses meios têm seu valor, favorecem o fluir da vida social, eliminando certo caos. O sistema de vigilância de trânsito em grandes cidades pode oferecer um serviço de alerta e notificação de quais zonas da cidade estão congestionadas, possíveis acidentes e quais rotas não devem ser percorridas. São colaboradores na gestão do tráfego.

Três áreas podem beneficiar-se da vigilância de modo positivo no contexto da cidade: a administração, a segurança e o ambiente. Partindo das origens, podemos dizer que a cidade (*polis*) é composta por várias comunidades (*oikoi*) regidas por leis internas (*nomoi*) que regulamentam a funcionabilidade e a conviviabilidade. Uma cidade é um corpo vivo e precisa de recursos para sobreviver que provêm dos impostos sobre cada cidadão. Estes garantem a administração pública, a distribuição de recursos e manutenção dos serviços públicos, como educação, saúde, lazer, transportes e segurança. Assim, o uso das tecnologias de informação, comunicação e segurança pode colher e fornecer dados sobre o próprio processo administrativo e também acompanhar como ocorre o gerenciamento desses serviços. Com base de dados eficientes e serviços competentes, é um meio de descobrir redes de corrupção e o desvio de dinheiro e de serviços que deveriam ser prestados às comunidades.

Outro campo de exploração diz respeito à segurança pública. Conforme Deriu, é na cidade que ocorrem massacres de simples cidadãos, a violência criminal e das gangues urbanas, a criminalidade organizada e a máfia, os atentados terroristas, as guerras civis e os bombardeamentos (Deriu, 2005, p. 94). Embora esses fatores não se deem conjuntamente, o que representaria um estado de violência absoluta, a cidade pode abrigar quaisquer dessas ocorrências que podem estar relacionados à própria administração pública na distribuição dos recursos e na prática da justiça social, que provoca desigualdade também social (Gallino, 2006, p. 236-237). Desse modo, a administração pública, juntamente com a área de inteligência policial e com o auxílio tecnológico, pode traçar um mapa das áreas da violência com a finalidade de combatê-la e melhorar a qualidade de vida das pessoas.[7] Ainda que se trate de um tipo de classificação e isso possa gerar determinados preconceitos, o foco em si não está sobre as pessoas da comunidade, mas sobre as situações ou pessoas que lhes representam ameaça. Portanto, a vigilância, neste caso, produz um bem maior em detrimento do inconveniente que pode gerar, embora não possamos descartar que haja abusos por partes das próprias autoridades em relação à população, especialmente quando esta é mais vulnerável do ponto de vista de recursos financeiros, instrução e classe social.

Além da segurança pública, no contexto da vida urbana, não podemos desprezar o ambiente, parte da ecologia da cidade e seu processo de urbanização (GALLINO, 2006, p. 712-715), de maneira equilibrada, para que possa incidir na qualidade de vida dos cidadãos. Em outros termos, é considerar os processos evolutivos da cidade e o gerenciamento de ambiente saudável. Trata-se no fundo dos controles para potencializar melhorias no ambiente natural, como "conjunto dos fatores físicos, químicos e biológicos dos quais depende a existência do homem enquanto organismo terrestre" (GALLINO, 2006, p. 20), proporcionando-lhe o ambiente vital que deve ser desenvolvido em termos de saneamento básico, do índice de poluição, provocado pela circulação de grande número de veículos e acúmulo de indústrias poluentes, mantendo tal equilíbrio fundamental. Desse modo, a vigilância que se exerce está relacionada ao cuidado tanto da preservação do meio ambiente, quanto da saúde da população, e ao monitoramento dos níveis de poluição no ar, nas

---

[7] Um exemplo disso tem sido as Unidades de Polícia Pacificadora (UPPs), no Rio de Janeiro, ainda que haja suas controvérsias, é um projeto de combate ao crime não só do ponto de vista da inteligência, das tecnologias, mas da presença de unidades de polícia e de projetos governamentais, tais como creches, escolas técnicas, espaços de lazer para a população etc., chamada de UPP Social, tem a finalidade de trazer melhorias à vida da população e maior segurança. Cf UPP Social. Disponível em: <http://www.uppsocial.org/programa/>. Acesso em: 18 maio 2012.

águas, no controle de índices de produtos químicos toleráveis no corpo humano. Em termos de políticas públicas, as tecnologias de mapeamento da região prestam serviço aos administradores, bem como à população que pode, a partir das informações e de conscientização, contribuir para melhorias do próprio ambiente vital.

A vigilância, no contexto urbano, é um dos aspectos auxiliares de governança. Porém, o que vemos atualmente é a apresentação das tecnologias de informação, de comunicação e, sobretudo, de vigilância, como panaceia para resolução de problemas sociais, como a violência e a marginalidade. Estes possuem raízes mais profundas que vão desde questões econômicas, culturais, distribuição de recursos e de justiça em geral. O panopticismo não resolve os problemas sociais se a vida citadina não se pauta a partir de um *nomos* da distribuição de recursos, de possibilidades de desenvolvimento humano e de relações fundadas senão em termos éticos, pelo menos, regimentadas por contratos sociais que possibilitem a utilização desses recursos de modo racional. Como recorda Lyon (2005, p. 178-179): "Deve ser lembrado que a ação da tecnologia não é um erro ou uma loucura. Por quanto eu a entendo, a tecnologia representa um aspecto da vocação humana destinada a usar os recursos de modo correto e racional. As mesmas tecnologias da vigilância enquadram-se nessa rubrica, pelo menos até que o equilíbrio entre proteção e controle permaneça justo e adequado".

3. Ambivalências: os impactos das tecnologias de segurança social hoje

No que diz respeito às tecnologias de segurança, mesmo quando se enfocam os elementos benéficos dos processos de vigilância, como o fizemos anteriormente, estes não são isentos de ambivalências, pois é inerente às tecnologias seu múltiplo uso conduzido sob influxo de fatores humanos com seus interesses econômicos, políticos e ideológicos para acentuar ainda mais esse aspecto. Argumentaremos que algumas ambivalências são mais evidentes, como as que operam a transformação da corporeidade do corpo físico como fonte de dados e seu desaparecimento, a classificação e a exclusão social, a invasão da privacidade e os conflitos da autonomia. Nesses casos, o grau de ação dessas tecnologias é bastante invasivo, de acordo com os diferentes modos de proceder empregados.

3.1. A transformação da corporeidade: personalidade telemática ou pessoa digital

As tecnologias de vigilância, aliadas às tecnologias da informação e da comunicação, fazem pensar um novo conceito de corpo.[8] O corpo materializado transforma-se em digitalizado ou na personalidade telemática, com os recursos da telecomunicação e da informática. Ele perde sua fisicidade e se converte em *bit* e sua "punição", diferentemente daquela recebida por Promcteu, por causa de sua filantropia, e dos corpos punidos para serem dóceis, na visão foucaultiana, não é física, mas a de ser transformado em código. Nesse processo de assemblagem, a vigilância opera:

> os corpos [que] vêm subdivididos em *bit* de dados que podem ser recolhidos, armazenados, analisados e recombinados. Antes de tudo, o corpo não é punido nem mantido sob controle. Os *bit* constituídos dos dados podem ser literalmente retirados do corpo [...]. Ou podem ser extraídos dos comportamentos e das transações nas quais é envolvido, como em forma secundária e indireta (Lyon, 2005, p. 114).

---

[8] Esta hipótese abre a perspectiva para estudos posteriores, colocando em diálogo autores como Husserl, Marleau-Ponty, Paul Ricouer, tendo em vista um enfoque telemático.

A punição indolor é ser reduzida na menor unidade informática. Nessa dinâmica, pode-se criar novo adágio "eu sou as informações de meu corpo", ou seja, o corpo visto como fonte de dados. Dessa forma, "os seres humanos, dotados de corporeidade, vêm, assim, transformados em um fluxo de dados para serem construídos da forma de *imagem de dados* nos sistemas de vigilância" (LYON, 2005, p. 18).

Zureik argumenta que no centro da vigilância estão as tentativas de capturar o corpo humano e as tecnologias podem traçar seus movimentos em diversos espaços e em diferentes ritmos temporais. Essa reconfiguração do corpo em dígitos binários de informação e de seu híbrido com máquinas, o *cyborg*, torna o corpo humano acessível. Contrastando com a visão foucaultiana da panóptica do corpo, aqui ele não é capturado em sua totalidade como entidade unitária, mas como recolha de peças discretas de informação. Ele é reconstituído em função da natureza de montagem, conforme a finalidade para a qual é alvo [consumidor, trabalhador, cidadão, paciente] (ZUREIK, 2003, p. 40). Em outros termos, podemos dizer que o corpo é modulado, manipulado de acordo com os interesses daqueles que o controlam. Observa-se, então, um novo exercício de poder sobre o corpo fragmentado e reconstituído. Nas antigas formas, como as contidas no mito de *Argos Panopticon*, Bentham, Foucault e Orwell, o poder centra-se sobre o corpo como unidade sobre a qual se pode extrair, usando métodos adequados (torturas, interrogatórios, programa formativo), segredos, confissões e exercer, por meio de uma instituição específica, disciplina, moldando-o. Toda ação tem a finalidade de formar o corpo integral para responder àquilo que a instituição que o controla deseja. O corpo não é fragmentado, é moldado por meio do programa institucional (hospital, exército, seminário) para responder e representar a própria instituição ou, quando punido, ser o local onde se aplica a pena, a punição. No novo exercício de poder sobre o corpo, não é necessário tê-lo integralmente. Suas partes podem fornecer dados que elucidam a veracidade dos fatos ou projeções futuras (ex.: caso de doenças genéticas). A realidade que melhor exprime a fragmentação, a reconstituição e a vigilância sobre os corpos e sobre ele o exercício de poder é o DNA. Se a vigilância no passado era um exercício sobre o corpo físico, hoje, o mapeamento genético e derivantes é uma forma de reconstrução do indivíduo e de vigiar sobre ele e, ao mesmo instante, exercer poder sobre ele. Os pequenos fragmentos buscam reconstituir cartesianamente o todo.

Nesse processo de extração dos dados corporais, existem duas áreas em que a digitação é muito intensa: na medicina e na aplicação da lei.[9] Van der Ploeg afirma que, nos últimos anos, a informatização dos registros médicos tornou-se uma área na qual o registro digital da informação sobre indivíduos, existência física tem criado e crescido abundantemente; esses dados podem conter a história clínica, os testes resultantes de uma variedade de diagnósticos, as técnicas e as terapias pertencentes a uma pessoa e à biografia do médico. Tais dados são relevantes para objetivos administrativos e de faturamento, reembolso de seguro e para administração hospitalar. Além disso, a pesquisa científica pode servir-se desses registros, mantendo a confidencialidade dos dados do paciente e sua privacidade.

Outro nível da digitalização é o conjunto de tecnologias derivantes da genética previsto para o futuro e aplicado no âmbito forense. Nos níveis de identificação biométrica forense e da informação médica, juntam-se a impressão digital genética ou a tipagem de DNA que podem igualar e superar até mesmo a impressão digital tradicional no fornecimento da "certeza absoluta" sobre a identidade em contexto legal. Para Van der Ploeg, a transformação de vários aspectos da existência física em código digital, campos de valor, imagens, gráficos e escores, implica intermináveis possibilidades de categorização. Ela evidencia a noção de "ontologia do corpo", que nos permite descrever o modo de como este está

---

[9] Foucault também considerava a medicina e o sistema judiciário como formas de exercício de poder sobre o corpo humano.

envolvido no processo de coevolução com a tecnologia – tecnologias de informação, mas também químicas, cirúrgicas, de técnicas genéticas, de visualização e suas combinações. Segundo a autora, ao longo do século passado, vários desenvolvimentos, principalmente da ciência médica, resultaram em um conjunto de ontologias do corpo que não são baseadas na familiar ontologia anatomo-fisiológica do corpo moderno e, muito explicitamente, constrói o corpo em termos de fluxo de informação e padrões de comunicação (VAN DER PLOEG, 2003, p. 64).

O corpo é a forma com que o sujeito se apresenta ao mundo de maneira visível, física e expressiva. É uma ação ativa, porque este se impõe, ocupando seu espaço vital e de relações. Em termos da pessoa telemática ou digital, o sujeito é submetido à ação que fará a leitura de sua visibilidade e fisicidade, transformando-o em código alfanumérico. Nesse caso, o sujeito é passivo, pois mesmo que não deseje ser submetido a tais procedimentos, não há possibilidade de refutá-los. A evidência desse processo é maior nas tecnologias que envolvem recolha de dados biométricos para documentações, tais como as ID *cards* para procedimentos governamentais, como controle de imigração, asilo político e outros (LYON, 2009a, p. 45).

Se considerarmos o relatório *Electronic Surveillance and Civil Liberties*, citado anteriormente, verificamos que, na atual era, a rastreabilidade do corpo pode ser feita abrangendo todas as suas ações. Rastreiamos onde ele se encontra, o que faz, as comunicações e as emoções. Staples assevera que, na pós-modernidade, há uma proliferação de tecnologias disciplinares que se baseiam nos conhecimentos decorrentes do corpo humano. Novos conhecimentos científicos, tecnológicos e médicos o fazem infinitamente mais acessível para escrutiná-lo e avaliá-lo. O autor elenca uma série de intrusões que ocorrem no corpo, no trabalho das escolas, nos locais de trabalhos, por meio dos testes de drogas, AIDS, de DNA, da medição de teor alcoólico no sangue, dos testes para identificação de criminosos sexuais, de modo que, mesmo se o suspeito não diga a verdade, o corpo pode dizê-lo (STAPLES, 2000, p. 93-125). O autor conclui afirmando:

Parece-me que as tecnologias ou práticas que permitem nossos corpos falarem a verdade, quer queiramos que a voz seja ouvida ou não, ou alternativamente, que controla e restringe nossos corpos de serem o que são, gera estes muitos estados emocionais como se nos separassem de nós mesmos. Semelhante à pessoa, cuja mente capaz é presa em um quadro degenerativo, nós somos traídos e abandonados pela expressão física de quem somos (STAPLES, 2000, p. 125).

Desse modo, com todas as tecnologias da vigilância que temos disponíveis, associadas às tecnologias de informação e à comunicação, é impossível o corpo escondido. Somos traídos por nossas ações e por nossa visibilidade, como relembra Foucault. A partir dos diferentes fragmentos e traços deixados, resultante das atividades cotidianas desde as chamadas telefônicas às incursões nas redes sociais, nas transações bancárias, nas viagens, podemos perfilar alguém e usar essas informações de acordo com os interesses que temos.

3.2. O corpo telemático como *a priori* da fisicidade

A pessoa digital que aparece nos sistemas com o seu corpo alfanumérico não é capaz de relação. Assim, aos poucos, o ser humano torna-se cada vez mais recluso, de modo que as suas relações se virtualizam. Conforme Lyon, uma série de atividades que fazíamos mantendo um contato físico-verbal, uma palavra encarnada, agora se torna palavra digital com os novos fluxos de mobilidade. A ampliação das relações sociais é possibilitada pelas novas tecnologias de viagem e de comunicação com menos transações baseadas face a face, por meio da leitura óptica, telefones, correio eletrônico etc. (LYON, 2005, p. 18; LYON, 2007b, p. 137). Entretanto, ainda que as relações aconteçam virtualmente, há algo que os humanos necessitam: a imagem do outro. Quando ouvimos a voz de uma pessoa, tentamos formular, a partir dos detalhes físicos como modo de falar, timbre e altura, um perfil, mesmo se este não corresponderá à pessoa concreta. Nenhum ser humano é capaz de se comunicar com outro sem que faça uma "imagem prévia dele". Ora, embora hoje tantos encontros se deem em nível virtual, geralmente estão ligados à imagem da pessoa, seja por foto ou por vídeo. No fundo, é a antiga necessidade antropológica do outro.

Se o corpo desaparece, devido ao fato de que, aos poucos, o ser humano adere a novas formas de comunicação e de representação da imagem do outro, o mesmo fenômeno ocorre nas sociedades da vigilância, pois os corpos podem ser operados a distância pelo auxílio das tecnologias de informação e de comunicação (Lyon, 2001a, p. 19). Lyon insiste que é importante reconhecer a problemática do desaparecimento dos corpos na sociedade contemporânea para compreender as práticas de vigilância atual. Esse procedimento é importante, pois, nas sociedades antigas, o corpo vigiado era visível; e, hoje, este é processado por formas sutis, quase invisíveis, percebidos apenas por uma consciência crítica. Pontua:

> O problema dos corpos que desaparecem é, portanto, crucial para compreender as sociedades vigiadas. Mostra como os sistemas de vigilância surgiram na tentativa de compensar ou desencarnar-se de muitas relações sociais. Recorda-nos, também, que as práticas de vigilância contemporâneas tendem irresistivelmente a fundarem-se sobre abstrações, em vez de pessoas concretas. A *"imagem de dados"* obtida de uma assemblagem de comportamentos registrados é aquilo que conta. Em um mundo móvel, que se move rapidamente, os nossos modos de interagir socialmente são sempre mais abstratos e as práticas de vigilância buscam acompanhar nossos movimentos. Elas nos localizam, nos focalizam, tentam coordenar as nossas atividades (Lyon, 2001a, p. 35).

O desaparecimento dos corpos se dá pelo fato de que quando estes são submetidos a determinados procedimentos, sobretudo aqueles relacionados à digitalização associada com os dados biométricos, não se pode mais saber realmente que coisa seja o corpo, porque este se liquefaz dentro dos diferentes sistemas. Assim, podemos pensar em um simulacro *a priori* de fisicidade, isto é, ser antecedido pelo corpo telemático antes da manifestação física *in loco* por meio do sistema. Como define Stalder:

> Nossos corpos físicos estão sendo seguidos de perto, sem serem vistos, por um "corpo de dados" cada vez mais abrangente. Entretanto, este corpo seguido, mais do que nos seguir, também nos precede. Antes de chegarmos a algum lugar, já foi medido e classificado. Assim, na chegada, somos tratados de acordo com qualquer critério que tenha sido conectado ao perfil que nos representa (STALDER, 2002, p. 120).

Esse simulacro *a priori* da fisicidade constitui um fator importante pois, a partir dele, devem estabelecer-se a acolhida e a previsibilidade. Em uma estratégia de *marketing*, por exemplo, individualizar o cliente, nominá-lo, perfilá-lo, antecipar-se nas escolhas por ele, apresentar-lhe o produto de acordo com seu perfil, de modo que sinta valorizado (*very important person*) e, sub-repticiamente, fazê-lo comprar o melhor produto. E, se ele não o faz, será punido pelo complexo de culpa por ter ignorado tal tratamento especial. No campo da vigilância e da segurança, permite elaborar estratégias à segurança preventiva, isto é, antecipar a chegada de um indivíduo, preparar ações que possam isolar determinado comportamento perigoso. Isso possibilita, no caso das fronteiras, aceitar indivíduos de certos países ou não ou, a partir do monitoramento e rastreamento, precisar quando e como uma ação ocorrerá e como neutralizá-la. Embora seja uma operação complexa, é possível, por meio do corpo de dados contidos no sistema, monitorar pessoas ou situações suspeitas sem ser visto. O simulacro, *a priori* da fisicidade, pode definir o *a posteriori* da ação sobre o corpo físico.

O corpo desaparece por sua invisibilidade. Se a visibilidade nos denuncia, pelo menos se pode lidar com corpos concretos e decodificá-los a partir dos órgãos dos sentidos. Na invisibilidade, não se pode decodificá-lo através de capacidades físicas, mas por órgãos do sistema de informação, por meio de linguagem própria e especializada. Portanto, a invisibilidade é perigosa, porque tira o sujeito do controle de tais dados espalhados pelo sistema.

Lyon fala do desaparecimento dos corpos à medida que realiza uma série de atividades que não exigem a presença física. Somos de acordo, porém, em nossa percepção, isso vai mais além do que a mera mudança de atividade. Se pensamos na categoria de simulacro *a priori* de fisicidade, há uma instrumentalização virtual do corpo que se traduz em um esvaziamento da corporeidade. Não se trata apenas de mudanças de hábitos em relação à forma de fisicidade, mas no modo de compreender a própria corporeidade e a do outro que se nos apresenta. E, a partir da leitura do corpo, pode-se classificar, discriminar ou excluir uma corporeidade que se manifesta em um corpo físico.

3.3. A classificação, discriminação e exclusão

Além do desaparecimento dos corpos, as tecnologias de vigilância dão a sua contribuição no processo de seleção, inclusão e classificação de pessoas (grupos, trabalhadores, prisioneiros, clientes) de acordo com a gestão do risco, a fim de que possam ser tratadas de modo diferenciado (Lyon, 2007a, p. 26-27). "As tecnologias de vigilância são projetadas e implementadas para distinguir entre grupos sociais, para coletar, categorizar e avaliar" (Lewis, 2011, p. 102). Esse é um ponto convergente dos vários autores ao considerarem os efeitos da aplicação tecnológica que pode classificar social, comercial e geograficamente os riscos; contribuir com a inclusão ou exclusão nos aeroportos e nos pontos de inspeção; no policiamento de fronteiras; por meio de ID *cards*, ou de práticas de identificação discriminatórias de pessoas e povos, por meio de perfil racial, gerando grupos marginalizados. Esse fenômeno, que, de certo modo faz parte da administração da vida atual, pode carregar profundas sequelas sociais como a exclusão (Lyon, 2007a, p. 99-108; Lyon, 2009a, p. 41.44-55.105.146-147.142-148; Ass; Gundhus; Lomell, 2009, p. 9-11; Jones, 2009, p. 82-83; Lyon, 2011, p. 73-75; Lyon, 2009b, p. 44-49.56-57; Gandy Junior, 2006, p. 325-326; Genosko; Thompson, 2006, p. 126-127).

No processo de organização social, a classificação pode ser uma forma de responder com mais acuidade aos próprios desafios sociais ou do próprio mercado. Entretanto, quando se referem ao processo de vigilância, no qual a sociedade contemporânea está submetida, esse modo de proceder torna-se discriminante, uma vez que categoriza realidades, sejam estas sociedades, grupos ou pessoas a partir de perfis de risco tais como classe social, etnia e poderes financeiros. "Mecanismos discriminantes sempre mais automatizados de *perfil* do risco e de classificação social representam um instrumento fundamental para reproduzirem e reforçarem as divisões sociais, econômicas e culturais presentes nas sociedades informatizadas" (Lyon, 2005, p. 27-28).

Monahan, a partir de uma leitura durkheimiana de que a sociedade moderna depende da diferenciação entre pessoas, sobretudo no que diz respeito a seus fins e especializações, afirma que as tecnologias de vigilância contemporânea são ferramentas de diferenciação social. Além das clássicas por raça, classe, gênero, orientação sexual e idade, na era capitalista, os tratamentos são dados de acordo com os afluentes de consumo de comodidades. Para ele, a marginalização social se dá quando as pessoas são diferenciadas pelo mesmo sistema de vigilância desproporcionalmente aplicado a populações marginalizadas para controlar as aquisições de beneficiários de previdência social; testes de rotina de drogas para trabalhadores em empregos com baixos salários; triagem intrusiva de alunos em escolas públicas; monitoramento remoto de empregados pelos gestores por meio de GPS, de programas de rastreamento ou de etiquetas de identificação por rádio frequência. Trata-se de um tipo de vigilância que marginaliza. Essa vigilância pode ser feita por meio de endereço social, por classe ou por etnia para individuar sujeitos de uma determinada região e filtrar determinadas situações (MONAHAN, 2010, p. 9-10). Esse poder discriminatório da vigilância é exercido muitas vezes por organizações que têm enormes interesses em preciosos dados pessoais (LYON, 2007b, p. 143).

Quando se diz que as tecnologias da vigilância podem incluir e excluir, quer dizer que algumas pessoas poderão gozar das benesses produzidas pelo sistema atual, enquanto outras serão marginalizadas a partir de sua condição financeira, papel social, influências etc. Isso se torna profundamente ambíguo, por exemplo, quando determinadas áreas são circunscritas como de alta criminalidade e de violência. A realidade em si é correta, demonstrável pelas estatísticas e representa uma forma de prestação de serviços à sociedade. Todavia, os habitantes da região classificada sempre serão vistos como "suspeitos categoriais" e serão sempre mais requisitados nas abordagens sociais. A outra face da moeda é classificar uma região como segura, o que não significa que ali não haja outros tipos de violência tão sutis e não menos graves, tais como corrupção, lavagem de dinheiro, mas, por receber tal etiqueta, os indivíduos que ali moram são "cidadãos de bem". Outro lugar em que a classificação e os filtros sociais são visíveis são os aeroportos, pelas condições financeiras (primeira e segunda classe), pelos serviços prestados, pelos tipos de tratamento dados a partir da etnia (LYON, 2007a, p. 123).

O discurso sobre o qual é embasada a classificação social é o risco, sobretudo no que diz respeito à segurança. Equipar-se representa maior segurança. Ora, essas tecnologias não causam a segurança, estão envolvidas no processo. Elas podem oferecer uma contribuição ao operarem com base nos processos de individualização. As tecnologias de vigilância classificam a partir das corporeidades física e telemática. Os fluídos do corpo, os tipos de movimento e as emoções são modos de delinear alguns traços sobre determinada pessoa que começa a fazer parte do sistema telemático. À medida que o sujeito disponibiliza seus dados, de acordo com suas atividades, estes passam a ser usados para perfilá-lo sobre o que consome, onde anda. Ora, esse tipo de operação é feito de acordo com interesses e tecnologia nenhuma pode fazê-lo sozinha, mesmo no caso de automação. A palavra final ainda é humana, necessitando da leitura dos resultados auferidos.

Fazendo uma leitura foucaultiana desse processo, evidenciam-se relações de poder de duas formas: o primeiro em relação a quem detém tal poder tecnológico; o segundo, submeter outros à classificação. O desenvolvimento tecnológico significa no mundo capitalista poder, eficiência e concorrência. Em termos da vigilância para a segurança, significa ser capaz de oferecer um produto precioso ao mercado consumidor. Não é somente a gente simples que almeja segurança, a diferença é que esta tem o desejo desprovido de interesses, quer a segurança por si mesma, enquanto governos, empresas do setor a veem como mercadoria e se impõem a partir da aspiração das bases e pela apresentação do melhor produto, que será consumido por outros setores. Ogura, ao discorrer sobre o crescimento dos sistema de vigilância, apresenta as questões de ordem de infraestrutura econômica em que as tecnologias de informação e de comunicação encontram oportunidade de negócio nas estratégias de controle de criminalidade. A "vida segura" e a "segurança nacional" são os discursos utilizados para o emprego destas. Ele afirma que, a partir do momento em que a alta tecnologia de alta vigilância torna-se popular, incorpora na vida das pessoas a formação de uma cultura do consumo que favorece o uso dessas tecnologias. O autor também adverte que essa sensação de segurança implicitamente carrega preconceito racial, de gênero e está apta a legitimar a exclusão social de minorias (OGURA, 2006, p. 289).

Os consumidores de tecnologias exercerão seu poder diretamente sobre os corpos das pessoas, classificando-as como pobres ou ricas, como aptas ou não para determinadas funções, por seus hábitos rotineiros, o que consomem ou não, pelas transações financeiras e pela produtividade, como o operário que teve maior produção. Esse tipo de classificação é útil para uma empresa gerenciar suas atividades, compensar quem merece, adquirir confiabilidade nos empregados e excluir aqueles com baixa produtividade ou que não se adequam à filosofia da empresa. Na área do trabalho, a vigilância é exercida por meio de cartões digitais ou de etiquetas de RFID, por testes de urina, por câmeras que vigiam o setor e não pelo simples relógio como em *Tempos Modernos* de Chaplin.

> Agora as técnicas de código de barra permitem empregadores de subdividir as jornadas dos dependentes em horas divisíveis minuto por minuto, seja para medir a eficiência seja por escopos de faturamento. As fechaduras de segurança codificadas são também utilizadas para limitar o acesso a setores específicos da aparelhagem ou dos escritórios. Estes instrumentos contribuem a seguir e a manipular o tempo e o espaço do trabalho, e a permitir ao gerenciamento de individuar os operários em determinados momentos. [...] As novas formas de vigilância sobre o trabalho são frequentemente menos invasivas e mais penetrantes (LYON, 1997, p. 184).

3.4. A intrusão na privacidade

No contexto das novas tecnologias de comunicação e de vigilância, a temática da privacidade tem sido discutida sob vários prismas. Busca-se compreendê-la de modo abrangente: seus limites (ETZIONI, 1999), seus valores (RÖSSLER, 2005) ou seu fim (WHITAKER, 1999), embora se reconheça que "não existe nenhuma concepção abrangente de privacidade" (SOLOVE, 2009, p. IX).

> Desde a antiguidade, as pessoas em quase todas as sociedades debateram sobre a privacidade que varia desde a fofoca a escutas para vigilância. O desenvolvimento das novas tecnologias manteve a preocupação sobre a privacidade latente por séculos, mas a proliferação profunda de novas tecnologias de informação durante o século XX – especialmente a ascensão do computador – fez a privacidade entrar em erupção em questão de primeira linha em todo o mundo (SOLOVE, 2009, p. 4).

Certamente uma das preocupações sobre a privacidade é o caráter muitas vezes discreto e invasivo das tecnologias atuais. "Parece que não há nenhum lugar para se esconder, tudo se tornou público, transparente, visível a estranhos invisíveis. Os muros protetores da privacidade foram dissolvidos pela tecnologia digital" (LYON, 1997, p. 254-255). Allhof *et al.*, ao discorrerem sobre as nanotecnologias, discutem o impacto sobre a privacidade. Eles tomam como exemplo a Identificação por Rádio Frequência, uma das tecnologias de vigilância, em três aplicações: marcação em nível de item (*RFID item-level tagging*), implantes humanos, identificação por rádio frequência com *chip* de identificação [*RFID-chiped identification*] (ALLHOFF; LIN; MOORE, 2010, p. 185-213). A preocupação em relação à privacidade por parte dos autores é que as tecnologias de marcação em nível de item podem revelar os artigos que alguém comprou, rastrear a pessoa e informações sobre sua localização e hábitos. Quanto aos implantes humanos, o número de identificação dentro dos *chips* poderia ser utilizado para rastreamento e, conectado à base de dados médicos, fornecer informações sobre a saúde da pessoa em risco; a identificação por rádio frequência com *chip* de identificação, no caso de passaportes, revelar números de identificação que poderiam ser usados para rastreamento (ALLHOFF; LIN; MOORE, 2010, p. 211). Embora a preocupação dos autores, em princípio, pareça estar ligada à ficção científica, não se pode esquecer do "imperativo da técnica: '*deve-se* fazer tudo aquilo que se *pode* fazer' [que] encontra aqui o seu complemento: 'deve-se consumir tudo aquilo que é produzido, tudo aquilo que foi feito'" (GALIMBERTI, 2007, p. 611; SALVINI, 1994, p. 157; HOTTOIS, 1990, p. 138; VON ZUBEN, 2006, p. 202), uma vez que, do ponto de vista mercadológico, é um bem a ser consumido.

Solove elenca seis concepções de privacidade e elas são importantes para se ter uma visão mais ampla do tema não sedimentando em posições herméticas: a formulação originária de Warren e Brandeis como direito de ser deixado em paz; o acesso limitado a si como capacidade de se proteger do acesso indesejado dos outros; o sigilo pela ocultação de determinados conteúdos de outros; controle sobre as informações pessoais, exercendo o controle sobre as informações de si mesmo; a pessoalidade, a proteção da individualidade pessoal, dignidade e intimidade: controle sobre ou acesso limitado aos próprios relacionamentos íntimos ou aspectos da vida. O autor afirma que todas elas possuem significantes limitações e as expõe ao longo do capítulo (SOLOVE, 2009, p. 13ss.). Para ele, existem quatro dimensões para compreender a privacidade de modo abrangente e pluralista. São elas: método, onde o autor se baseia na concepção de analogia de Wittigenstein de semelhança familiar em que o conceito é compreendido de modo pluralístico, reconhecendo similaridades e diferenças; generalidade: como toda teoria, existem seus graus de generalidade, e o adequado depende dos fins que a teoria visa servir; variabilidade: se não se tem uma concepção *a priori* de privacidade, é necessário determinar o que é privado, verificando as práticas sociais. E por fim, o foco, concentrar-se sobre os problemas de *privacy*, considerando que isso também depende da sociedade e da cultura (SOLOVE, 2009, p. 40-77).

Do ponto de vista das tecnologias da vigilância e com o auxílio das tecnologias da comunicação e da informação, torna-se muito difícil sustentar a privacidade de uma forma absoluta. Todas as classificações acima, de qualquer modo são violadas, pois "vivemos em uma sociedade de vigilância. A criação, coleta e processamento dos dados pessoais é quase um fenômeno ubíquo" (STALDER, 2002, p. 120). Além disso, esta acaba se relativizando em detrimento de algum direito maior em relação ao indivíduo-sociedade. O valor da privacidade não é absoluto e uniforme e o valor de se proteger contra um problema depende de sua natureza e emerge das atividades que estão implicadas (SOLOVE, 2009, p. 100). Entretanto, deve-se observar o que Solove chama de "taxonomia" da privacidade que consiste em quatro grupos de atividades: coleta, processamento, disseminação da informação e invasão. Cada grupo pode ter problemas referentes à privacidade. A coleta de informação: vigilância e interrogação; processamento da informação: agregação, identificação, insegurança, uso secundário, exclusão; disseminação da informação: quebra de sigilo, divulgação, exposição, aumento de acessibilidade, chantagem, apropriação, distorção; invasão: intromissão e interferência decisional (SOLOVE, 2009, p. 10-11.101-170). A partir desses critérios, fica mais fácil para o sujeito identificar quando sua privacidade foi violada, uma vez que, nesse caso, não está separado de seu contexto e pode buscar os mecanismos necessários de aplicação da justiça, uma vez que a violação de privacidade provém geralmente de uma instituição ou indivíduo que exercem maior poder sobre outros. No entanto, essa visão crítica não deve ser individualista ou de um determinado grupo. A sociedade tem que se impor, enquanto instituição democrática, para que indivíduos ou pessoas não façam dos dados pessoais uso indevido para auferir poder para si, prejudicando outros.

> Em nossas democracias, amplos mecanismos institucionais foram colocados para criar e manter a responsabilidade e punir aqueles que abusam de seu poder. Precisamos desenvolver e integrar mecanismos similares para lidar com as informações pessoais [...] a fim de limitar a concentração de poder inerente em situações que envolvem vigilância não controlada. A noção atual de privacidade, que enquadra a questão como pessoal não vai ajudar a realizar isso (STALDER, 2002, p. 120).

A privacidade, desse modo, deve ser compreendida para além de um "direito egoístico" de não ser incomodado. No campo da vigilância atual, o problema da privacidade aparece quando se viola a autonomia da pessoa de bem, submetendo-a a procedimentos invasivos, com ou sem o seu consentimento, para produzir informações que possam provocar-lhe constrangimento, discriminação ou comprometê-la em sua reputação social,[10] algo que realmente viola sua dignidade.

---

[10] Por esse termo entendo todas as dimensões envolvendo trabalho, relações pessoais, sociedade etc.

3.5. A autonomia e conflito de interesses entre indivíduo-sociedade

Além da privacidade, outro interrogativo sobre o uso das tecnologias de vigilância está no campo da autonomia do indivíduo. Podemos considerar dois aspectos: de um lado quando o indivíduo tem autonomia e contribui relativamente, fornecendo seus próprios dados; do outro, quando é obrigado a determinado procedimento. O contexto social pós-moderno solicita sempre dados pessoais. Desde o nascimento, fixação em determinado endereço até a morte, tudo depende de dados que são usados com a finalidade de confrontar a pessoa física e seus ônus diante da sociedade. É o exercício da autonomia do cidadão, pois enquanto alguém, consciente de seus direitos e deveres sociais, sabe que essa exigência está correlacionada com seus direitos, e da parte dos órgãos governamentais vem a garantia de que tais informações não serão reveladas, a não ser por uma petição judicial, com finalidade justificada para elucidar determinada suspeita sobre o indivíduo, a fim de comprovação de sua culpabilidade ou inocência. Portanto, a autonomia do indivíduo é relativa, pois, uma vez que se nega a conceder seus dados, não receberá certos serviços e, numa situação em que ele apresente perigo, a sociedade, por meio das instituições competentes, tem o direito de que esses dados sejam usados em benefício dela, relativando os direitos do indivíduo. Parece um estado de não liberdade, pelo fato de estar sempre submetido a outros.

Bauman demonstra que a não liberdade torna-se opressão quando se é forçado a agir contra a própria vontade, não podendo comportar segundo os próprios desejos e fazer o que não se faria de vontade espontânea. Mas nem toda a não liberdade é concebida como totalmente opressiva, pois, frequentemente, o respeito a regras e imposições que os atores não escolheram não é percebido como angustiante e nem como aceitável. Cada forma de conduta rotineira carrega consigo forte elemento de coerção, a não liberdade. A condição de não liberdade é endemicamente ambivalente, porque pode tornar mais fácil a tarefa de cada poder: obter disciplina e obediência a seus comandos (Bauman, 2000, p. 84). Essa não liberdade concebida como não opressiva ocorre quando o sujeito encontra um sentido para a ação que executa, mesmo que esta pareça arbitrária. No que diz respeito à vigilância, quando alguém é submetido aos procedimentos de segurança em um aeroporto e às normas para ingressar em determinado país, esse sujeito não tem escolha de procedimentos. Se opta por não fazê-los, automaticamente, não atingirá a meta de viajar ou entrar no país desejado; mas aquela não liberdade de não poder submeter a outro procedimento pode ser vista como não opressiva à medida que este considera que aquela ação é em vista da segurança de todos, inclusive a sua. Obviamente, que se trata de confronto tenso de interesses entre indivíduo, as leis e a sociedade. "Uma das questões problemáticas que deve enfrentar uma defesa da autonomia é a suposta oposição entre a autonomia (individual) e interesses coletivos, isto é, não se trata somente da autonomia dos sujeitos, mas também das condições de sua autorrealização em conjunto" (Donda, 2008, p. 21). Essa autorrealização em conjunto ocorre quando o indivíduo sacrifica a sua comodidade em favor da sociedade e, ao fazê-lo, também é contemplado naquele bem social e, por ser autônomo, interage socialmente dentro de suas possibilidades de ação.

A possibilidade de ação provém de sua capacidade de agir como sujeito, isto é, ser autônomo. Vidal compreende a autonomia como "a estrutura da realidade humana enquanto é capaz de ser e de agir como *sujeito*. Proclamar a autonomia é proclamar o 'resgate do sujeito humano'. Em termos éticos, diremos que se trata de vencer a perene batalha da responsabilidade humana: a responsabilidade genitiva, isto é, *do* sujeito, e a responsabilidade dativa, isto *para* o sujeito" (Vidal, v. 1, 1994, p. 218).

A autonomia da pessoa é colocada à prova quando as opções em relação à vigilância passam a ser meramente técnicas, e o indivíduo a viver em uma constante situação de medo, muitas vezes intensificado pelas mídias, governos e empresas para atingirem seus interesses. Como pensar a autonomia no contexto de uma sociedade que deseja cada vez mais segurança à custa de tecnologias e pode estar esquecendo os problemas fundacionais como a desigualdade social, de direitos, de etnia? Primeiro, como recorda Vidal, a necessidade de recordar o resgate do sujeito humano, a partir da reflexão ética que deverá compreender o ser humano em sua integralidade, contrapondo-se à lógica do desaparecimento do corpo ou do corpo apenas como fonte de dados. Pode ser que a pessoa submetida à lógica da vigilância viva em seu corpo os processos da vigilância e, como indivíduo autônomo, não aceite aqueles meios que ele julga violá-lo. Portanto, ele se impõe como indivíduo autônomo à medida que, ao sentir-se violado, faça com que o dano seja reparado, exercendo a contravigilância por meio das leis da privacidade, por mobilizações, pela militância e movimentos sociais que buscam respostas adequadas ao problema (LYON, 1997, p. 227). Em tese, as sociedades democráticas apresentam certa possibilidade para isso. Assim, como também em nível de sociedade, o indivíduo terá seus direitos suspensos, embora não deixe de ser autônomo, se for considerado perigoso no convívio social ou suas ações prejudiquem a sociedade. Nesse sentido, a autonomia da sociedade, por meio de aparatos legais, se impõe sobre o indivíduo.

Na relação vigilância e autonomia, haverá sempre conflitividade, pois se trata de relações de poder. Até certo ponto, a pessoa controlava seus dados, atualmente isso é praticamente inviável, porque qualquer ação que se refere às tecnologias de informação e de comunicação fornece as impressões digitais nas redes. Nas cidades vigiadas por telecâmeras, o indivíduo pode ser fotografado tantas vezes ao dia ou ser observado por agentes. Até esse ponto, todas essas ações entram na rotina do ser humano pós-moderno da sociedade globalizada. O problema não diz respeito às informações em si, mas à finalidade para que são usadas. Quando são utilizadas considerando o bem social, isso é discutível e tem as suas razões, entretanto, quando auferidas pelo poder opressor que controla e provoca violência seja física ou psicológica, tolhendo autonomia da pessoa, a sociedade democrática não pode tolerá-las. Fuchs faz uma distinção entre informação e vigilância e apresenta a segunda em um contexto bastante negativo. Afirma:

> Minha visão pessoal é de que a informação é um conceito mais geral do que a vigilância e que a vigilância é um tipo específico de recuperação de informação, armazenamento e processamento, avaliação e uso que envolve dano potencial ou real, coerção, violência, relações de poder assimétricas, controle, manipulação, dominação, poder disciplinar. É um instrumental e um meio de tentar extrair e acumular benefícios para certos grupos de indivíduos às custas de outros grupos ou indivíduos. A vigilância está baseada numa lógica de competição. Ela tenta fazer florescer ou evitar certos comportamentos de grupos ou indivíduos reunindo, armazenando, processando, difundindo, avaliando e usando informação sobre seres humanos de forma que a violência física, ideológica ou estrutural, potencial ou real, pode ser direcionada aos humanos de forma a influenciar seu comportamento (FUCHS, 2011, p. 129).

A grande dificuldade e a tensão entre indivíduo e sociedade estão em afrontar esse poder que, muitas vezes, tem olhos e não é visto. Certamente, o modelo panóptico de Bentham contribui para demonstrar a tensão do indivíduo que é visto pelo controlador e não pode vê-lo ou o de Foucault, de um poder que modela corpos. Nesses casos, o indivíduo não tinha nenhuma autonomia, o poder era exercido verticalmente. No atual contexto, o indivíduo é seduzido pelas ondas da serpente, no dizer de Deleuze, que o leva por meio dos cliques e da rede até o ponto em que se perde e se pode manipulá-lo com maior facilidade. Portanto, a relação entre sujeito autônomo e vigilância é bastante tensa e complexa. Isso não quer dizer que as pessoas não tenham autonomia, mesmo que esta seja relativa.

4. Conclusão

As tecnologias de vigilância já estão incorporadas na vida cotidiana das pessoas, prestando o seu serviço facilitador na vida e organização social e não é mais possível desconsiderá-las. Essa solução tecnológica é viável e concorde eticamente, quando favorece o bem comum da sociedade, como forma de individualizar sujeitos que provocam o mal, deturpam as relações sociais, são violentos e colocam em risco vidas inocentes. Nesses casos, não bastam somente as tecnologias, são necessários outros recursos investigativos a fim de obter certeza jurídica e aplicar-lhe as devidas sanções.

Porém, é bastante difícil de ter clareza de que os usos desses recursos não tragam algum tipo de constrangimento social por mais simples que sejam. Não existe tecnologia neutra, há sempre qualquer impacto ou ambivalência. Entretanto, quando as tecnologias de vigilância servem para submeter pessoas a processos invasivos com a finalidade de classificá-las, excluí-las ou impor-lhes prejuízos, são questionáveis e quiçá ilícitas. A responsabilidade recai sobre quem as detem e opera. Por isso, torna-se fundamental perceber até que ponto esses engenhos são usados para o bem comum ou são formas de obter dos indivíduos ou da sociedade dados que posteriormente serão utilizados para interesses alheios à verdadeira necessidade social.

Capítulo 4

DESENHANDO CRITÉRIOS ÉTICOS PARA A VIGILÂNCIA TECNOLÓGICA

Em relação a uma ética da vigilância, as relações de poder que criamos concernentes à vigilância, o conhecimento que formamos no que diz respeito a essas relações, e as regras de direito que criamos para moldar nossas ações, todas refletem como subjugamos nossas individualidades ao escrutínio público em sua organização. Nós (mais ou menos) voluntariamente nos submetemos à vigilância organizacional, pois é o que sabemos fazer e porque estamos habituados a sermos observados. Reconhecendo este ponto abre o terreno ético no qual a vigilância opera (SEWELL; JAMES, 2007, p. 361-362).

Os capítulos anteriores ofereceram substrato à compreensão do que é a vigilância, sua contextualização, a necessidade humana da segurança e os aspectos ambivalentes do emprego das tecnologias de vigilância e de segurança. Neste capítulo demonstrar-se-ão os aportes teóricos advindos da teologia moral que podem auxiliar na avaliação ética das tecnologias de vigilância. Não serão feitas incursões em nível jurídico, uma vez que cada contexto específico, onde se constatam violações aos interesses individuais e sociais, solicitará essa intervenção. Argumentar-se-á que a ética da vigilância deve considerar a condição humana vulnerável, contextualizada na sociedade complexa auspiciosa de segurança e utilitária de tecnologias, e as formas de *empowerment* social da contravigilância. Para isso, são necessários critérios arqueológicos, arquitetônicos e de contravigilância social, embora a ética em seu conjunto, ao indagar *quis custodiet ipsos custodes?*, fornece certa criteriologia para melhor funcionabilidade social. A teologia moral, considerando o agir humano e as relações sociais, reconhece esse quadro e pode oferecer elementos analíticos para que o ser humano possa conviver melhor com seus pares, em comunidade, e utilize os recursos que é capaz de construir e operar, frutos de sua inteligência. Dessa exigência, decorrem algumas perguntas: quais os cuidados com as tecnologias de vigilância? Por quais princípios devem seus operadores se pautar para aplicá-las, de modo que cumpram sua teleologia de proteger a pessoa e a população? E quando se trata de pessoas, que critérios seguir? Quem é o outro com o qual se está lidando? As análises subsequentes serão focalizadas nos três critérios relevantes supracitados, por serem apropriados para englobar a pessoa, sociedade vigiada e segura e tecnologias de vigilância.

Dessas realidades, emergirão algumas linhas de pensamento que nos ajudam na reflexão teológico-moral, e não são a palavra final. Trata-se de um campo novo, complexo e bastante volúvel. Apresentar-se-ão os fundamentos que julgamos essenciais ao considerar a análise ética da sociedade de vigilância e os mesmos serão submetidos à crítica para averiguar sua resiliência e se respondem aos desafios atuais.

1. O fenômeno vigilância, desafios e pilares arqueológicos

Quando se analisa tal realidade, não há uma fórmula universalizante, pois cada tecnologia e ação devem ser examinadas dentro de seu contexto específico. Podem se fazer opções que sirvam de *background* para contribuir teórica e teologicamente para a avaliação ética das tecnologias de segurança. É salutar preliminarmente considerar alguns pressupostos teóricos em relação à complexidade e não impossibilidade da aplicação da ética para alicerçar as discussões posteriores. Em seguida, a vulnerabilidade humana como base antropológico-teológica da segurança, a *imago Dei*, a ética do cuidado e o bem comum constituem categorias arqueológicas importantes como suporte teórico do conteúdo ético-teológico.

1.1. Complexidade e não impossibilidade da aplicação da ética: os anéis da serpente

Albrechtslund propõe o estudo da nova vigilância em uma perspectiva deontológica, cuja fundamentação teórica é extraída da filosofia moral de Kant e Jonas. Ele denomina sua contribuição de "metateórica" ao aproximar a vigilância da ética, uma vez que a investigação nesse campo é escassa, e a perspectiva deontológica enceta a uma teoria ética em relação à vigilância. Ao concentrar-se na ética deontológica, à luz da tecnologia moderna – negligenciada como perspectiva teórica e a mais referida pelos opositores da vigilância –, possibilita a elaboração de uma teoria ética relativa à vigilância permitindo analisar cuidadosamente a complexidade e a variedade das ações morais, ao considerar as tecnologias e práticas de vigilância desenvolvidas. O autor leva em conta a importância da filosofia moral e a tomada de consciência dos pesquisadores da área da nova vigilância para garantirem nova abordagem ética que não separe vigilância da ética. Para ele, algumas questões morais estão indissociavelmente ligadas à vigilância e aspectos como privacidade não aparecem como problema moral isolado. A ação moral deve ser concretamente situada no contexto evolutivo das novas tecnologias e práticas de vigilância e se deve lançar luz sobre a complexidade e abrangência das ações morais. Os dilemas éticos e problemas morais tendem a vir em grupos complexos e com questões interligadas e a revolução tecnológica provoca-os, e a tarefa moral de mapear novos temas morais é contínua.[1]

A contribuição de Albrechtslund é importante ao propor uma alternativa de fundamentação diferente de uma ética cartesiana. No entanto, além da filosofia moral de Immanuel Kant e de Hans Jonas, há que se

---

[1] Cf. ALBRECHTSLUND, Anders. Ethical theory and new surveillance. Disponível em: <http://130.203.133.150/viewdoc/similar;jsessionid=213AB03F22B327F952425232B398D119?doi=10.1.1.132.1689&type=sc>. Acesso em: 4 dez. 2012.

pensar outras dimensões fundacionais que garantam uma hermenêutica efetiva. Ambos necessitam de complementação no contexto teológico vigente. Optaremos por certame diferente, que a nosso entender, abrange também questões deontológicas. "Deveria ficar claro agora que uma nova abordagem ética é chamada, porque estamos apenas começando a entender como a vigilância hoje funciona" (LYON, 2001c, p. 174). Nas palavras de Lyon, denota vislumbrar a nova compreensão, uma vez que as tecnologias de vigilância deram saltos qualitativos e requerem novas bases teóricas que vão além das metáforas de Orwell, de Bentham, de Foucault, dos discursos sobre a *privacy* e outros (LYON, 2001c, p. 174-177). Se Deleuze oferece um quadro teórico da passagem das sociedades disciplinares às de controle, Gary Marx procura demonstrar a passagem da tradicional à nova vigilância (MARX, 2002, p. 28-29),[2]

---

[2] Reproduzimos o quadro em formato discursivo, pois julgamos importante para a análise deste capítulo. São apresentadas as dimensões e as características da tradicional e da nova vigilância. *Sentidos*: sentidos não auxiliados x sentidos ampliados; *visibilidade* (da coleta, quem a faz, onde, em nome de quem): visível x menos visível ou invisível; *consentimento*: menos involuntário x altamente involuntário; *custo* (por unidade de dados): caro x barato; *posição dos coletores/analistas*: in loco x remoto; *ethos:* mais coercivo x menos coercivo; *integração*: coleta de dados como uma atividade separada x coleta de dados incluída nas atividades rotineiras; *coletor de dados*: humano x máquina (total ou parcialmente automatizado); *dados armazenados*: com o coletor, ficam no local x com terceiros, frequentemente migram; *tempo*: pontual ou intermitente x contínuo (onipresente); *período de tempo*: presente x passado, presente e futuro; *disponibilidade de dados*: frequentes defasagens temporais x disponibilidade em tempo real; *disponibilidade de tecnologia*: desproporcionalmente disponível às elites x mais democratizada, algumas formas amplamente disponíveis; *objeto da coleta de dados*: indivíduo x indivíduo, categorias de interesse; *abrangência*: única medida x múltiplas medidas; *contexto*: contextual x acontextual; *profundidade* (*depth*): menos intensiva x mais intensiva; *amplitude:* menos extensiva x mais extensiva; *relação entre conhecimento do vigilante e do vigiado*: mais alta (o que o vigilante conhece, o sujeito provavelmente também conhece) x mais baixa (o vigilante conhece coisas que o sujeito não); *identificabilidade do objeto de vigilância*: ênfase em indivíduos conhecidos x indivíduos quase anônimos, massas; ênfase em: indivíduos x em indivíduos e redes de sistemas; *realismo*: representação direta x direta e simulação; *forma*: mídia única (normalmente narrativa ou numérica) x múltiplas mídias (incluindo vídeo e/ou áudio); *quem coleta os dados*: especialistas x especialistas, papéis dispersos, automonitoração; *análise dos dados*: mais difícil de organizar, armazenar, recuperar e analisar x mais fácil de organizar, armazenar, recuperar e analisar; *combinação de dados*: dados discretos não combináveis (seja por causa de diferentes formatos ou localização) x fácil combinar dados visuais, auditivos, texto ou numéricos; *comunicação de dados*: mais difícil de enviar, receber x mais fácil de enviar, receber.

contribuindo à percepção dos mecanismos de controle. Se as sociedades de controle nascem da crise das disciplinares, no que tange à nova vigilância, não é uma ruptura, mas continuidade com mecanismos mais eficientes do que as precedentes. O que parece ser elemento comum é o homem do controle que é ondulatório, com as diferentes tecnologias de inteligência artificial, com seus sistemas de captação e de transmissão de informação de altíssima precisão e a dificuldade de localizar os anéis da serpente e as ondas do surfe que o digitalizam nos meandros do sistema. Vale lembrar que, no primeiro capítulo, quando se busca conceituar o fenômeno da vigilância, nota-se ali já essa amplitude e fluidez.

Ao demonstrar as diferentes dimensões da vigilância, Gary Marx tipifica as diferentes inter-relações existentes no campo da vigilância e os diferentes fatores que a envolvem. Já se evidencia a dificuldade de estabelecer a reflexão ética universalizante como parâmetro às novas tendências da vigilância, das técnicas e tecnologias que a envolvem, pois não se pode esquecer de considerar contextos inclusive dos países, regimes políticos, situações econômicas e as formas de intrusões. Nesses termos, "a ética experimenta cada vez mais a própria impotência para prevenir os êxitos negativos das aplicações científicas e é tentada a abdicar da própria tarefa, assumindo os contornos de um regulamento procedimental dos comportamentos, funcionais às exigências mesmas da técnica" (DEL MISSIER, 2009, p. 376). Poder-se-ia então, cair no entreguismo e permanecer somente com a reflexão sociológica sobre a influência das tecnologias nos indivíduos e na sociedade e suas ambivalências, o que seria desconsiderar outras novas possibilidades, como é o caso da reflexão teológico-moral. Marx sustenta: "Identificar as principais dimensões da vigilância poderia proporcionar meios para contrastar as diferentes ferramentas e realmente medir onde, e em que medida, as mudanças foram (ou podem estar) ocorrendo na organização social e comportamentos para ver mais claramente as implicações à liberdade, à privacidade e às oportunidades de vida" (MARX, 2012,

p. xxiv).³ Mesmo que haja dificuldades em estabelecer critérios éticos para o fenômeno da vigilância, não quer dizer que não existam alguns conceitos-chaves sobre os quais se fundam tal ética, e daí estabelecer a reflexão teológico-moral.

Para buscar estabelecer uma ética da vigilância, Gary Marx observa a necessidade de conceituá-la com base nas estruturas sociais e situar suas diferentes facetas em relação à recolha dos dados, tais como meios e suas características (público, pessoal, privado, sensível, intimista ou como texto, áudio ou visual); a finalidade (gestão, proteção, documentação, planejamento estratégico, ritual, entretenimento); condições da coleta, segurança dos dados, acesso e utilização, aspectos significativos definidos por expectativas normativas e de regras, se envolvem ética, leis, políticas e costumes e as consequências daí resultantes. Todos esses elementos devem ser situados no âmbito cultural, de onde emerge a experiência de vigiar e ser vigiado (MARX, 2012, p. xxiv). Esse agrupamento é importante para pensar a ética, é restritivo; não considerá-lo corre-se o risco de "lutar contra moinhos de ventos" e não se chegar a uma proposta capaz de elucidar esse campo teórico que auspicia luzes.

Outra contribuição teórica, numa perspectiva cristã, embora não enfoque as tecnologias de vigilância propriamente ditas, mas as tecnologias e os sistemas de informação, podendo extrair daí contribuições, uma vez que o campo da vigilância envolve tais tecnologias e sistemas, é a encontrada em Basden. Esse autor afirma que as tecnologias de informação concentram-se sobre as tecnologias propriamente ditas e o uso cotidiano, e os sistemas de informação no desenvolvimento para usos, tais como programação, gerenciamento de projetos, participação de usuários e outros. Ele enfoca os aspectos éticos concernentes à segurança, usos benéficos ou prejudiciais, responsabilidade, erros de progra-

---

³ A origem dessa reflexão se encontra no artigo de Gary Marx, no qual ele propõe vinte nove questões sobre as quais ele examina os diferentes aspectos da vigilância (cf. MARX, 1998, p. 171).

mação, linguagem de programação e recursos, ciência da informação, inteligência artificial e tratamento de seres humanos e computadores e infraestrutura. Ressalta que não se pode refletir eticamente sob um prisma pietista ou meramente escriturístico, o que traria dificuldade de reconhecimento científico, além de depender de contextos e interpretações; implica não ser reativo às transformações e apresentar contribuições. Em seu entender, é preciso considerar o projeto divino da criação que funciona bem, em Cristo, e no mandato que a humanidade tem para se abrir ao potencial da criação e enriquecê-lo. O desenvolvimento da ciência, da tecnologia, da democracia e da arte é visto como abertura da humanidade aos vários aspectos da criação, e as tecnologias e sistemas de informação fazem parte desse processo. Da mesma forma, é necessário perceber os aspectos que a humanidade não abriu a esse potencial criacional como Deus planejou. E que essa abertura à criação não deve ser simplesmente para o bem pessoal, mas que possa ecoar da natureza da autodoação do ágape-amor. Além desses fundamentos, da contribuição cristã advém a crítica de como essas tecnologias são usadas na vida, e nos aspectos dos sistemas de informação e na natureza da informática (BASDEN, 2009, p. 1-4).

No que diz respeito à Doutrina Social da Igreja, conforme já se vislumbrou, existe a preocupação de que o progresso tecnológico ocorra dentro de parâmentros que considerem a dignidade, a liberdade e a autonomia da pessoa e prestem serviço humanizador, especialmente aos mais frágeis. O ser humano é chamado a refletir conscientemente sobre seu papel enquanto criatura e cocriador, ao ser capaz de transformar a realidade que o cerca, por meio de sua inteligência. O progresso não deriva somente da inteligência humana, mas é concebido considerando a interioridade e a contemplação humanas como suportes para o agir moral.

A partir da fundamentação teórica dos autores supracitados e da Doutrina Social da Igreja, nota-se a importância do discurso teológico-moral para contribuir robustamente nesse campo. Conforme já se constatou, a vigilância apresenta a face de Janus. Assim, do ponto de vista da teologia, cabe a viabilidade de ressaltar as possibilidades humanizantes e depurar os aspectos que fragilizam o ser humano, a sua convivibialidade ou as estruturas de pecados que emergem impossibilitando os aspectos benéficos que se pode extrair dessa criação humana. "Estudos sobre a vigilância não estão livres das dimensões éticas, legais e políticas, e, de fato, aqui essas questões são frequentemente mais perceptíveis, pressionando mais do que em outros campos de estudo" (LYON; HAGGERTY; BALL, 2012, p. 5).

1.2. Desafios de sentido para a fragilidade humana

Clarificados os pontos sobre a complexidade da reflexão ética no vasto certame da vigilância, é importante construir a base sob a qual seguirão as considerações posteriores. A vulnerabilidade constitui um critério arqueológico importante a ser considerado ao exarar a discussão sobre as implicações éticas no uso das tecnologias de vigilância e de segurança, porque traduz a "condição de insuficiência em que estamos cons-tituídos como indivíduos" (DOS ANJOS, 2006, p. 183) e apresenta-se como contraposição à onipotência e ao desejo de não finitude, ao desejo humano de continuação histórica e de controlar todas as possibilidades de ameaça à própria existência, naquelas situações que podem fazê-lo não ser. "A vulnerabilidade não é para o ser humano um estado, mas a condição mesma de sua humanidade, finita, mortal. Ela encarna a ameaça letal, pois faz com que o homem esteja num estado de abandono, de angústia, tendo perdido as amarras e balizas, subjugadas pelas deficiências do viver" (VON ZUBEN, 2007, p. 67). Em outros termos, é "ser ferido", exprimindo a própria condição de incompletude humana, marcada pela angústia existencial de nunca poder encontrar a trama do mistério do ser. A vulnerabilidade como realidade existencial humana apresenta outras interfaces. Por ser "condição universal do existente, a ação ética não incide apenas sobre o homem, não se restringe às relações interpessoais, e estende-se a todos os viventes e seus *habitats*, num irrecusável alargamento de reflexão ética ao plano animal, vegetal e ambiental" (NEVES, 2006, p. 164), nas diferentes áreas de atuação do ser humano.

Dos Anjos elenca três aspectos da vulnerabilidade: a *vulnerabilidade moral-ética ou operacional*, "quando se refere à falta não deliberada de condições pessoais ou ambientais para o viver como sujeitos humanos" (DOS ANJOS, 2006, p. 181). Como *suspeita metódica da própria autonomia* ao tratar-se de um conceito fundamental como função metodológica para que o conceito de autonomia possa ser interrogado criticamente, de maneira que o sujeito possa elaborar suas decisões, considerando os limites e condicionamentos de sua própria liberdade. Por fim, a vulnerabilidade como *clamor antropológico*, a condição de insuficiência na qual o ser humano é constituído como indivíduo e, por essa condição, social e isoladamente não subsiste (DOS ANJOS, 2006, p. 183). Obviamente que essa tríade constitui um conjunto pertinente à reflexão teológico-moral no proscênio da vigilância. Sem desconsiderarmos as demais, elegemos para o momento, a vulnerabilidade como suspeita metódica da autonomia. Ela está mais centrada no agir humano ou na tomada de decisões e se evidencia como interrogação aos sujeitos que controlam ou lidam na área da vigilância e segurança de que não podem agir sem parâmetros éticos ou criarem uma ética funcional que responda aos interesses de quem vigia ou detém o controle. Eles devem contemplar nas decisões os sujeitos: pessoa e sociedade como realidades interativas, complexas, possuidoras e, em alguns casos, causadoras de riscos que devem ser gerenciados, considerando a autonomia e a liberdade social como primeiro plano e não como realidades a serem controladas, e sobre as quais se crê exercer a autonomia absoluta pelo uso maciço de tecnologias. A suspeita metódica oferece a possibilidade de contrastar a autonomia individual, delimitá-la e estabelecer o raio de liberdade responsável. Relembra aos controladores que eles não possuem autonomia e nem liberdade absolutas, e o horizonte das ações deve ser circunscrito e, ao violarem tais fronteiras, a condição de vulnerabilidade interpela a justiça como equilíbrio das forças sociais.

Em termos teológicos, a antropologia cristã sempre recorda ao ser humano a sua condição de fugacidade em vários textos escriturísticos: "Pois tu és pó e ao pó tornarás" (Gn 3,19), "vê: um palmo são os dias que me deste, minha duração é um nada frente a ti; todo homem que se levanta é apenas um sopro" (Sl 39,6), "tudo caminha para um mesmo lugar: tudo vem do pó e volta ao pó" (Ecl 3,20). A Escritura contrapõe à condição vulnerável, mostrando que Deus é parceiro do ser humano por meio de sua criação, tirando-o da solidão e, como ápice do amor à humanidade, assume a própria carne humana (Jo 1,14), esvazia-se de si e experimenta a morte (Fl 2,6-11) e deixa a promessa da superação para sempre da vulnerabilidade por meio da ressurreição (Jo 11,25s.). "Deus não se revela por meio do poder e da força, mas na alteridade- -vulnerável-por-amor, suscitando a responsabilidade da fé que convida a reproduzir o mesmo agir do Filho de Deus e a identificar-se com aqueles que na concretude da história sofrem o mal" (DEL MISSIER, 2011, p. 102). A narrativa bíblica reafirma a proximidade de Deus ao ser humano, especialmente daqueles que são vítimas do sistema social e da maldade humana.

Ao mesmo tempo, que a vulnerabilidade se apresenta como terreno à reflexão de antropologia teológica e como critério confrontador da autonomia dos vigilantes, constitui um alerta de que as próprias decisões éticas podem ser comprometidas devido a esse fato da condição humana. Em âmbito da vigilância e das tecnologias usadas para segurança social não basta compreender a lógica da vulneração. Se assim o fizermos, a argumentação se torna claudicante. Por isso, é conveniente inserir outros três conceitos: o ser humano como *imago Dei,* a ética do cuidado como contribuição à vigilância e à contravigilância e o bem comum como *oikos* vital da segurança. Essa tríade fornece substrato para fundamentar a crítica teológico-moral sobre qual a melhor fundamentação ética acerca do agir humano na conjuntura da vigilância e da sociedade de segurança e os impactos desse agir e da aplicação tecnológica tanto na vida do indivíduo quanto da sociedade.

1.3. Fragilidade com dignidade

Se anteriormente consideramos a condição de fragilidade do ser humano, para aprofundarmos a reflexão é salutar uma abordagem que realce sua condição ambivalente, uma vez que essa toca no problema da autonomia do sujeito ético e suas escolhas. Isso fica mais claro, quando enfocamos o agir humano. Esse sujeito agente, no horizonte cristão, apresenta-se como *imago Dei*. No entanto, o humano não é só isso, possui interfaces que contradizem em si essa imagem. Esse conceito de "imagem" é importante para uma aproximação com a pós-modernidade, caracterizada por ser uma cultura da exposição imagética, tanto a pessoal quanto a do corpo como produto estético, àquela captada pelos diferentes circuitos internos e formas de captação de imagem, das tecnologias de informação e das mídias. Não é diferente nas tecnologias de vigilância e segurança. Desse modo, pensando em termos das contribuições advindas da teologia, a concepção do homem como *imago Dei* parece ser apropriada para esse raciocínio. Esse conceito é primordial, denso e situa o ser humano na cosmovisão antropológica bíblico-cristã. Esse ser vulnerável possui características diferentes de todos os outros seres. No livro do Gênesis, em ambos os relatos, o ser humano possui algo de divino. O primeiro afirma: "Deus disse: 'Façamos o homem à nossa imagem, como nossa semelhança'" (Gn 1,26) e ordena-lhe o domínio sobre a criação. Em seguida, o texto reafirma novamente a ideia de que o homem foi criado a sua imagem e na condição de homem e mulher, isto é, humanidade relacional. "Deus criou o homem à sua imagem, à imagem de Deus ele os criou, homem e mulher ele os criou" (Gn 1,27). Prevalece o verbo "criar", nomeado três vezes no versículo, para reafirmar a ação de Deus, aquele que faz homem e mulher à imagem da própria divindade, e seres criados para a relação. Na narrativa de Gn 2,7, Deus "modelou o homem com a argila do solo, insuflou em suas narinas um hálito de vida e o homem se tornou um ser vivente". O salmista pergunta: "Que é um mortal, para dele te lembrares, e um filho de Adão, que venhas visitá-lo? E o fizeste pouco menos do que um deus, coroando-o de glória e beleza" (Sl 8,5-6). Nas três menções, o ser humano possui magnitude diferente dos demais seres. Daí, deriva sua beleza, seu mistério, sua complexidade e, por ser livre, também a possibilidade de não corresponder à imagem do Criador. A *Gaudium et spes* 13 relembra que "constituído por Deus em estado de justiça, o homem contudo, instigado pelo Maligno, desde o início da história, abusou da própria liberdade. Levantou-se contra Deus, desejando atingir seu fim fora dele".

Desse modo, a Escritura, ao apresentar a beleza da Criação e do ser humano como *imago Dei*, não se esquece de abordar o desvirtuamento das relações ao inserir a temática do pecado e do fratricídio (Gn 1-4). Evidencia a grandeza contida na humanidade a tal ponto de constituir imagem e semelhança divinas e, ao mesmo tempo, constata que a condição humana é frágil e, por isso, os seres humanos podem constituir ameaça uns para os outros. Adão e Eva revelam a capacidade humana de transformar o mundo criado e a fragilidade diante da sedução do mal. Para além dessa óptica, o texto escriturístico expõe o problema das opções fundamentais que o ser humano pode fazer e o lado obscuro e temeroso dessa ambiguidade capaz da destruição. Caim e Abel representam a humanidade pertencente à mesma espécie conflitante, suscetível, capaz de danificar a relação entre pares do modo mais trágico e usar a mentira, assim como fizeram seus pais, para encobrir delitos (WESTERMANN, 1989, p. 46). Concebe a condição humana composta pela mistura fina de bondade, maldade, instintos, paixões, desejo de poder, deixando-se guiar pelo ódio manifestado em rancor, desprezo, desinteresse, antipatia, incapacidade de proteger o semelhante, especialmente o mais frágil e provocando-lhe sofrimento e morte (ALONSO SCHÖKEL, 1987, p. 46-47). Assim, o Gênesis abre as páginas sagradas reafirmando que na beleza da *imago Dei* coexistem o engano e a possibilidade de ferir o semelhante. Ao seu modo, adverte sobre a necessidade de proteção em relação ao mais forte e vulnerador que em algumas formas legais daquele tempo se apresenta em forma de justiça retributiva: "Quem derrama o sangue do homem pelo homem terá seu sangue derramado. Pois à imagem de Deus o homem foi feito" (Gn 9,6). Porém, o foco não se coloca no âmbito da punição, mas do homem criado como *imago Dei* e da proibição do assassinato.

O mito bíblico de Gn 3 lido na óptica da fragilidade das opções fundamentais e das relações de vigilância apresenta vários implicativos pertinentes. No relato, a serpente[4] é o mais astuto dos animais e é quem vai provocar todo o processo de fragilidade das relações, tanto do ser humano consigo mesmo, quanto em relação a Deus, ao ponto de ocorrer a expulsão do paraíso (Gn 3,1-24). Embora seja criada pelo Criador, apresenta-se como detentora de dados. Ela os rastreia, recolhe-os e se inteira muito bem da onipotência, da imagem e da intencionalidade di-

---

[4] A metáfora da serpente é plurisemântica e compreende polaridades até contrastantes, dependendo da cultura. Pode significar o pecado, o diabo, o tentador, a força do mal que provoca a morte, mas também símbolo do renascimento e da cura, como no bastão de Asclépio; a dialética da vida e da morte; a libido e a fertilidade; a sabedoria e o engano; a força da natureza; o símbolo da alma; o obscuro, o misterioso, a repulsão, a insídia, a prudência; a deusa protetora, cuja imagem defende a coroa do faraó; aquilo que coloca em dúvida a verdade sobre Deus; as pretensões políticas da época salomônica e representa o tipo de mal que seduz a humanidade (IMPELLUSO, 2003, p. 270; GHEERBRANT, 1989, p. 358-372; MONLOUBOU; DU BUIT, 1987, p. 920-921).

vinas. A sua pergunta o demonstra: "Então Deus disse: Vós não podeis comer de todas as árvores do jardim?" (Gn 3,1). Ao mesmo instante, adquire dados sobre o ser humano, por meio da mulher. Passa a conhecer a vulnerabilidade humana: os desejos de ser onipotente, de ser como o Criador ou pelo menos de ser como os deuses. Com os dados que tem sobre o Criador, introjeta-os na mente da mulher, afirmando que é exatamente o contrário, pois, se comerem da árvore, possuirão a mesma capacidade do Criador, serão potencializados. "Não, não morrereis! Mas Deus sabe que no dia em que dele comerdes, vossos olhos se abrirão e vós sereis como deuses, versados no bem e no mal" (Gn 3,5).

O réptil "insinua um caminho de onipotência avesso ao reconhecimento e à reciprocidade" (Dos Anjos, 2010, p. 140) e usa o conhecimento que possui exatamente para confundir e ferir a condição humana e tornar as relações conflituosas. Não usa os dados que possui de modo preventivo para advertir o ser humano de que tal escolha e ação poderiam trazer o mal a si mesmo e em relação às coisas ao redor. Age dolosamente na tentativa de obscurecer a *imago Dei* presente no homem e na mulher. Nesse capítulo, a serpente constitui um tipo de vigilância que não protege e se apresenta para criar a desconfiança, fragilizar relações, manipular por meio da mentira e da não transparência, excluir, e não está preocupada com as consequências sociais. Ao caírem na fraude sub-reptícia de modo culposo, homem e mulher percebem-se nus e a relação de transparência torna-se traumática e plena de culpabilizações. Ouvem os passos e a voz de Deus – agora lhes é opaca – que pergunta pelo ocorrido. Deus também exerce a vigilância e apresenta-lhes as consequências da opção que fizeram por não conseguirem descobrir os anéis da serpente e se fundamentarem em dados imprecisos. O Criador recorda-lhes a vulnerabilidade (dor, sofrimento, trabalho, finitude) e dá-lhes condições para que sobrevivam, mesmo ao serem expulsos do paraíso. "Iahweh Deus fez para o homem e a sua mulher túnicas de pele, e os vestiu" (Gn 3,21), e devem sobreviver do solo de onde foram tirados (Gn 3,23). A vigilância exercida por Deus é a de proteger o ser ferido por causa da fragilidade interior, que não permite discernir entre os diferentes dados oferecidos e não confiáveis, induzindo-os a optarem pela operação aparentemente mais fácil, trazendo, no entanto, sérias consequências tanto individuais quanto sociais. Conforme se demonstrou, o cuidado divino salvaguarda a *imago Dei* presente no ser humano e, por isso, consideramos um conceito arqueológico importante à reflexão teológico-moral no campo da vigilância.

Além da contribuição bíblica sobre a *imago Dei*, a Comissão Teológica Internacional, no documento *Comunhão e serviço* (COMMISSIONE TEOLOGICA INTERNAZIONALE, 2005),[5] resgata esse tema e recorda sua importância à reflexão teológico-cristã. Evidencia a importância do ser humano tanto quanto indivíduo quanto ser comunitário: "é o homem em sua totalidade a ser criado à imagem de Deus. [...] A Bíblia afirma que o homem existe em relação com outras pessoas, com Deus, com o mundo e consigo mesmo. Segundo este conceito, o homem não é um indivíduo isolado, é pessoa: um ser essencialmente relacional" (COMMISSIONE TEOLOGICA INTERNAZIONALE, 2005, n. 9-10, p. 10-11). Esse ser que convive com os outros é um administrador do criado de modo que "pode utilizar o seu talento para aprovcitar os recursos da criação visível, e exerce este senhorio participado sobre a criação visível através da ciência, da tecnologia e da arte" (COMMISSIONE TEOLOGICA INTERNAZIONALE, 2005, n. 59, p. 49) e é responsável em relação ao criado e a sua própria identidade biológica (COMMISSIONE TEOLOGICA INTERNAZIONALE, 2005, n. 61, p. 50-51). A introdução do documento explicita bem o caráter avassalador ocasionado pelas transformações científicas e técnicas e as ambiguidades que provocam em relação à própria natureza e ao ser humano.

---

[5] O documento é dividido em três partes. Além de fazer uma síntese de como esse conceito é tratado nas Escrituras, na Teologia Patrística, Medieval e retomado pelo Vaticano II, expõe também a crítica que sofreu por parte dos reformadores e da crítica moderna alavancada pela ciência moderna, pelo empirismo, racionalismo, pela nova antropologia, por pensadores como Feuerbach, Marx, Freud e por correntes teológicas: teologias dialética, existencial, da secularização, negativa e política. Embora reconheçam tais críticas, a Comissão propõe a resgatar a riqueza dessa temática (n. 6-24, p. 9-22).

> O explosivo aumento dos conhecimentos científicos e das capacidades tecnológicas na época moderna tem trazido notáveis vantagens à humanidade, mas também apresenta sérios desafios. [...] O progresso tecnológico aumentou consideravelmente a nossa capacidade de controlar e dirigir as forças da natureza, mas também acabou tendo um impacto inesperado e talvez incontrolável sobre nosso ambiente e até mesmo sobre o gênero humano. A Comissão Teológica Internacional oferece a seguinte meditação teológica sobre a doutrina da *imago Dei*, para orientar a reflexão sobre o sentido da existência humana em face de tais desafios. (COMMISSIONE TEOLOGICA INTERNAZIONALE, 2005, n. 1-2, p. 5).

Na terceira parte do texto, a Comissão trata da responsabilidade do ser humano em administrar a criação visível, respeitá-la e não provocar ações que firam o próprio ser humano, especialmente por meio de tecnologias que interfiram em sua integridade biológica (COMMISSIONE TEOLOGICA INTERNAZIONALE, 2005, n. 56-94, p. 47-77). Embora no que diz respeito à vigilância, as tecnologias nem sempre afetem a integridade biológica da pessoa, mas o âmbito moral, pode-se deduzir o respeito que se deve ter ao ser humano e considerar que ciência e tecnologia estão a serviço do ser humano e não podem ser instrumentais de vulneração dos mais frágeis. Ao contrário, devem ser instituições que promovam a humanidade e, para isso, devem ser fundadas em critérios éticos. "Nem a ciência nem a tecnologia são fins em si mesmas; o que é tecnicamente possível não é necessariamente também razoável ou ético. A ciência e a tecnologia devem ser colocadas a serviço do plano divino para o conjunto do mundo criado e para todas as criaturas" (COMMISSIONE TEOLOGICA INTERNAZIONALE, 2005, n. 61, p. 50-51).

Todos os recursos tecnológicos empregados no campo da vigilância devem ser considerados na perspectiva de possibilitar que a vida humana em sociedade seja mais organizada, eficiente, segura, igualitária e não imposição de um poder sobre os corpos, cuja finalidade é domesticá-los para auferir deles benefícios seja para o consumo, para manutenção de ideologias ou de governabilidade. Em termos individuais e sociais, não há uma resistência quando esses recursos são utilizados de modo transparente para o bem comum e se veem os resultados como a eficiência na resolução de crimes, no combate ao terrorismo, às fraudes, ao risco, a tudo aquilo que mina as relações do poder democrático e suas formas de gestão pública, provocando empobrecimento, exclusão e insatisfação social.

Recordar, então, que o ser humano é *imago Dei* no âmbito da vigilância e da segurança é importante, pois está em jogo a não instrumentalização da pessoa que mesmo com suas ambivalências, constitui fim em si mesma e não deve ser objeto tanto de interesses que trabalham com intenção espúria de recolher seus dados para obter vantagens pessoais ou institucionais sobre eles, especialmente quando se trata da ausência de um consentimento prévio da realidade sob a qual está sendo exercida a vigilância. Há casos em que a vigilância pode ser exercida sem que haja consentimento do vigiado, pois obtê-lo significa alterar comportamento para despistar determinado projeto de ação ou anular determinada prova. Nesse caso, tal ação funda-se no bem comum da sociedade, nas garantias protetivas da lei que garantirão procedimento équo no que diz respeito à violação da privacidade do indivíduo. Do ponto de vista cristão, mesmo se o indivíduo erra, não perde a sua *imago Dei* e lhe é dada a possibilidade de conversão, no entanto, deve responder civilmente por seus atos.

A consideração de que o ser humano é imagem e semelhança de Deus constitui-se como fundamento à inter-relação de outros derivantes como a dignidade humana. Faz pensar sobre o respeito a homens e mulheres como totalidade e não como fragmentação. Como *imago Dei*, o humano não pode ser considerado ou reduzido em um código alfanumérico, àquilo que consome, às suas atividades telemáticas cotidianas, a uma sequência de DNA. Quando a ação de vigiar reduz-se meramente a esses aspectos, pode ocorrer, de antemão, um reducionismo antropológico. O ser humano como totalidade e mistério vai além dessa visão. Não quer dizer que, do ponto de vista das tecnologias de vigilância e de segurança, as operações não serão feitas utilizando-se de códigos, senhas, fluídos humanos e imagens. Uma coisa são as operações técnicas; outra é a concepção reducionista e instrumental que se pode forjar derivante desse processo. É importante o discernimento e a prudência nesses casos para que não ocorra a tragédia do Éden. A leitura dos anéis da serpente requer ir além da astúcia que ela possui, para que a vigilância cumpra o papel de proteção e de segurança dos indivíduos, da sociedade e da funcionabilidade social e não de poder sobre os corpos.

1.4. A ética do cuidado como contribuição à vigilância e à contravigilância

A compreensão da vulnerabilidade humana tem recorrido às diferentes formas de explicação sejam as míticas, religiosas e até as tecnológicas, decorrentes da inteligência humana. Em dimensões arcanas, está contido o desejo de autocompreender a própria condição, culminando no profundo desejo de se manter protegido. Escrituristicamente, o primeiro cuidador foi Deus, que ordena ao ser humano ampliar e cuidar do cosmo (Gn 1,26-29). Isso compreende também o cuidado em relação ao outro e a criação é o lar onde se manifesta a primeira metáfora do cuidado vigilante, não como ameaça, e sim como proteção ao vulnerado. A primeira vulnerabilidade humana era estar sozinho. O olhar vigilante e cuidador de Deus percebe a necessidade da companhia da mesma espécie e, para isso, o Criador vulnera Adão ao tirar-lhe a costela completando a criatura humana (Gn 2,21s.).

Assim, o dado que emerge é o de que vulnerabilidade e cuidado fazem parte da condição humana. "A vulnerabilidade se apresenta, finalmente, como uma janela aberta ou como uma ponte na direção da ética do Cuidado" (DEL MISSIER, 2011, p. 105). A partir daí, é possível pensar a ética da vigilância, sobretudo quando esta deixa de cuidar e passa a vulnerar. O que está em jogo é a proteção e o cuidado em relação às pessoas e à sociedade em seus níveis de vulnerabilidade e riscos. Em algumas situações, os indivíduos, quando suspeitos ou apresentam perigos, serão submetidos à vigilância para garantias de segurança à sociedade. Podem ter suas privacidades invadidas, no entanto, ainda que representem o fator "risco", deve-se preservar-lhes a dignidade. Do ponto de vista do cuidado, as tecnologias de vigilância não podem ser usadas para obtenção de dados com a finalidade de execração pública de pessoas, mesmo se forem suspeitas ou culpadas. Para isso existem as leis que protegem a sociedade dos transgressores e os transgressores da justiça sumária da sociedade. Como dissemos outrora, Caim, apesar do mal que fez, ao tirar a vida do irmão Abel e lamentar-se do que fez, Deus coloca sobre ele um sinal para preservar-lhe a vida (Gn 4,15).[6]

Se Deus se apresenta como o primeiro cuidador e o ser humano supera suas vulnerabilidades, graças ao cuidado, então este é fundamental. Todo processo que envolve observação, monitoração requer cuidado. Numa abordagem elementar está implícita a ideia de atenção ao que se observa e também às formas de se esconder de quem observa e/ou é observado para não ser percebido e identificado, e as consequências dessa observação para que os dados recolhidos sejam mantidos em segurança, sob cuidado. Pode ainda exprimir uma estratégia de tutela em relação ao próprio ser humano que constitui ameaça ao seu semelhante e, nesse caso, equivale a uma forma de defesa. Para além dessas noções primárias que se encontram no processo de vigilância, há que se considerar uma

---

[6] Sobre isso, a Encíclica *Evangelium vitae* afirma: "Deus, todavia, sempre misericordioso, mesmo quando castiga, *'coloca um sinal sobre Caim,* a fim de não ser morto por quem o viesse a encontrar' (*Gn* 4,15): põe-lhe um sinal, cujo objetivo não é condená-lo à exacração dos outros homens, mas protegê-lo e defendê-lo daqueles que o quiserem matar, ainda que seja para vingar a morte de Abel. *Nem sequer o homicida perde a sua dignidade pessoal* e o próprio Deus Se constitui seu garante" (IOANNES PAULUS II, 1995, n. 9, p. 411).

noção mais ampla e profunda concernente à de cuidar que encontra eco na mitologia, na religião, na filosofia, na psicologia, nas ciências médicas, está em sintonia com proteção e ganha estatuto de ética.

A ética do cuidado tem como principal expoente Carol Gilligan (GILLIGAN, 1982), embora a noção de cuidado seja antecessora da formulação ética,[7] envolve o ser humano em sua totalidade: interior e racionalidade. Está ligada à solidariedade, compaixão pelo outro e também traz, em seu contexto filológico, a perspectiva da racionalidade. O processo de cuidado não requer apenas uma aproximação filantrópica, pois, se assim o for, não se estabelece a fronteira necessária entre sujeito cuidador e sujeito ao cuidado. Esse *cogitans/cogitatus*, que envolve o cuidado, permite a demarcação de uma fronteira hermenêutica, cuja finalidade é compreender a realidade a ser cuidada e pautá-la numa organicidade consistente, de modo que possa responder, de fato, à finalidade que se busca. É daí que se pode pensar em cuidado efetivo que não se vincula somente por laços de afinidade seja ele qual for, mas como dever de acolher o diferente e, sobretudo, os vulneráveis. Assim, cuidar ganha amplitude maior e abrange tanto relação entre indivíduo e indivíduo como indivíduo e sociedade. De acordo com Arias Campos, o cuidado representa a condição natural do ser humano de proteção

---

[7] Elma Zoboli busca refazer o caminho da ética do cuidado, considerando a análise filológica derivante do latim *cura* (cura), cuja forma antiga é *coera* denotando atitude de cuidado, desvelo, preocupação, inquietação pela pessoa amada ou por um objeto de estimação e de *cogitare/cogitatus*: cogitar, pensar, colocar atenção, interessar-se, revelar atitude de desvelo e de preocupação; o mito-fábula do Cuidado; as abordagens filosóficas de Kierkegaard com a noção de preocupação, interesse e cuidado, contrapondo à excessiva objetividade da filosofia e teologia do século XIX e de Heidegger, ao relembrar que o ser humano leva consigo a marca do cuidado; os enfoques psicológicos de Rollo May que considera o cuidado como raiz da ética; Eric Erikson ao retomar à base heideggeriana para sua teoria do cuidado; Milton Mayeroff que, numa visão personalista, aborda o cuidado como processo na experiência de cuidar e ser cuidado; a ética da simpatia, desenvolvida por diversos filósofos do final do século XVII e início do XVIII, como Joseph Butler, David Hume, Adam Smith, Artur Schopenhauer e Max Scheler que enfatizam o sentir com o outro, o sentimento de preocupação que inclui empatia e compaixão; Simone Weil na vertente da contemplação cuidadosa para resolução dos problemas de ordem filosófica e ética, chegando a Carol Gilligan, uma das principais expoentes da ética do cuidado, Nel Noddings e outras (ZOBOLI, 2004, p. 21-27).

afetiva das relações vitais que se configuram numa construção social, dinâmica e contextual, envolvendo raciocínios, sentimentos, tradições, imaginários, regulamentações valorativas, jurídicas e políticas (ARIAS CAMPOS, 2007, p. 26).

No que diz respeito à vigilância e às tecnologias que a compõe e suas diferentes aplicações, a ética do cuidado lhe é cônsona desde os aspectos filológicos à preocupação do zelo pela coisa pública que se sintetiza no bem comum.

> As tarefas do cuidado são necessárias para viver, conviver, satisfazer necessidades, construir projetos de bem-estar individual e projetos cidadãos em torno ao bem comum, a igualdade e a solidariedade. Seu campo de aplicação situa-se no mundo do íntimo, o privado e o público, configurando indicadores que permitem avaliar a forma como uma sociedade aborda o reconhecimento da dignidade humana, a garantia dos direitos e a inversão social, em termos de custo-efetividade, para promover a convivência pacífica, prevenir enfermidades e problemas relevantes, entre outros, ocasionando benefícios tanto para quem confere cuidado como para quem o recebe (ARIAS CAMPOS, 2007, p. 27).[8]

Arias Campos, a partir de seus estudos sobre Carol Gilligan e outros, classifica três grupos de direitos e relaciona-os com o cuidado: os direitos civis e políticos que envolvem as liberdades individuais, segurança, integridade, proteção dos bens individuais. O cuidado se manifesta em forma de autocuidado, autoafirmação, autorrealização, autorresponsabilidade e os deveres que outros concidadãos e Estado têm para favorecê-lo na esfera individual; os direitos sociais, culturais e econômicos que invocam o cuidado com os outros que envolvem o caráter social e de cooperação do direito. O cuidado é descentralizado da pessoa, deixando de ser autorreferencial e é materializado pelo Estado como res-

---

[8] Uma abordagem interessante sobre a contribuição da ética do cuidado na construção da paz pode ser encontrada em (COMINS MINGOL, 2003). A autora aborda a teoria de Gillingan e outras feministas e contrapõe a ética do cuidado à ética da justiça, faz sua análise crítica e demonstra as contribuições da ética do cuidado na construção social da paz.

ponsável e promotor do cuidado social; e os direitos coletivos tais como paz, meio ambiente, respeito pelas fronteiras, cuidado da vida, soberania dos povos que se manifestam em sua complexidade, nos conflitos de diferentes interesses, mas que se colocam pelo exercício racional de economia e política globais (ARIAS CAMPOS, 2007, p. 31-33).

Nesse sentido, cuidado torna-se uma categoria-chave importante na complexidade das relações sociais e num contexto de sociedade vigiada auspiciosa de segurança. É um conceito conectivo com virtudes e direitos e a tantos outros como o respeito e responsabilidade pelo outro, respeito aos direitos e assim sucessivamente.

> "O cuidado é uma virtude dependente de outras: justiça, responsabilidade, respeito, conhecimento, equidade, gratuidade, e uma das manifestações dos direitos em seu processo de realização encontra na ética do cuidado elementos para fortalecer seu fundamento e colocada em prática nos diversos campos da convivência" (ARIAS CAMPOS, 2007, p. 31).

Se cuidar significa, nesse conjunto, a busca tanto do bem individual quanto comunitário e se manifesta no emaranhado de relações econômicas, políticas, culturais, religiosas e sociais visando à felicidade humana, na qual indivíduos e instituições buscam dar suas contribuições e utilizam dos recursos da inteligência, especialmente da tecnologia para manter a sociedade funcional e segura, a mesma noção de cuidado se aplica naqueles contextos que pessoas e sociedades são vulneradas seja por indivíduos perigosos ou pelas instituições. Assim, o cuidado toma forma de *empowerment* do vulnerado.

O fenômeno da vulneração (*disempowerment*) pode ser verificado nos espectros da vigilância que transformam a corporeidade do indivíduo em código alfanumérico, fazendo-o apenas um simulacro, de modo que ele não é mais reconhecido como pessoa, assume forma de dados estatísticos ou de ser manipulável para além do aparato tecnológico que o reduz. O poder tecnológico de redução da matéria apresenta-se como recurso importante e poderoso, todavia não deve inaugurar uma leitura "nanoantropológica" e cartesiana do agir humano. Isso pode ocorrer pelo excesso de cuidado que se caracteriza como eficiência, previsão, objetividade e precisão. O cuidado desmesurado pode provocar o efeito contrário e danoso, fazendo o sujeito perder a sua autonomia e liberdade e incorrer em relação de submissão sob a falsa premissa da segurança. Assim, não se pode esquecer da outra interface do cuidado *cogitans/cogitatus* que, além de se colocar na atitude de cuidado, preocupação, busca colocar atenção, pensar e equacionar as relações de poder.

As diversas possibilidades oferecidas pelas tecnologias de vigilância como as de escuta, as ópticas e de imagens, de computação e afins, aéreas, corporais, de identificação tais como ID *cards*, biometria, reconhecimento facial e outras e a capacidade que tem de percepção dos comportamentos através de movimentos, da monitoração de ações, emoções etc, constituem ótimos recursos para um cuidado efetivo, no entanto, a outra ponta do cuidado cautelar deve se manifestar, pois essas podem classificar social, comercial e geograficamente pessoas, especialmente quando se trata de identificação discriminatória ou de povos por meio de perfis econômicos ou raciais. Não se pode incorrer em concepção imaculada de que nesse processo não haja nenhum tipo de classificação, discriminação e exclusão. Fuchs enumera uma série de exemplos de vigilância e conclui que "todos eles envolvem relações de poder assimétricas, alguns deles revelam formas de violências e o fato de que o processamento sistemático de informação inflige algum tipo de mau" [*sic*] (FUCHS, 2011, p. 130).[9] Há que se cuidar para que não se im-

---

[9] Alguns exemplos mencionados por Fuchs: o monitoramento das atividades particulares dos alunos por meio de câmeras por professores na Harriton High School, Pennsylvania; o escaneamento das digitais ao visitar os Estados Unidos; os braceletes de monitoramento usados por condenados em regime de prisão domiciliar; o escaneamento de dados de internet e telefone pelos serviços secretos, auxiliado pelo sistema *Echelon* e do software *Carnivore*; o escaneamento do corpo inteiro em aeroportos; a avaliação de candidatos a uma vaga de emprego por meio de imagens e vídeos do *Facebook* antes da entrevista; a reunião de dados de potenciais ou reais terroristas na base de dados da *Terrorist Identities Datamart Environment* (TIDE) e pelo *US National Counterterrorism Center*; a transferência de dados dos Registros de Nomes de Passageiros (PNR) da Europa para os Estados Unidos no setor de aviação e assim por diante.

ponha um poder que vulnerabilize pessoas e classes sociais ou beneficie alguns à custa de outros. Tais mecanismos envolvem violação, muitas vezes, às escondidas da privacidade das pessoas para obter tais dados que posteriormente são armazenados e cruzados, a fim de serem usados para dificultar acessos a serviços ou para sugerir determinados serviços inferiores como forma de camuflagem da própria exclusão ou para criar uma rede dos suspeitos em potência ou de "sujeitos categoriais". Diante disso, a ética do cuidado oferece sua contribuição importante, pois

> chama a atenção sobre as demandas do cuidado, os seus atores e as situações que deles necessitam e os direitos que se gestam a partir da luta protagonizada pelos atores sociais, dependendo da carência, do sofrimento, e como resultado de sua indignação moral, desenvolvem manifestações para transcender situações de opressão, desigualdade, falta de cuidado e exclusão (ARIAS CAMPOS, 2007, p. 30).

Assim sendo, a ética do cuidado, no âmbito da vigilância, faz uma leitura contextual dos problemas, desperta e interage com responsabilidade, direitos e insiste na pergunta: *quis custodiet ipsos custodes*? que revela a preocupação de quem cuidará dos guardiões? O guardião é alguém que cuida, protege pessoas, conserva o bem comum e é depositário de confiança. Nesses termos, questiona o papel dos cuidadores sociais: Estados, instituições, organizações e todos que lidam com segurança nas formas de proteção se, de fato, cuidam efetivamente ou se utilizam do poder de cuidar que lhes é outorgado para vulnerar pessoas e sociedade. A ética do cuidado, escrutinada nas diferentes acepções, pode ser entendida como forma de vigilância defensiva na qual indivíduo e sociedade mantêm a tensão positiva entre autonomia individual e segurança social e se imunizam da panóptica do poder que levaria ao controle social. Isso ocorre quando existe um desiquilíbrio de poder sobre os corpos, cujos mecanismos agem de forma subliminar. Se a ética do cuidado nasce da experiência do cuidar humano, é um meio de resgatar esse aspecto positivo e, ao mesmo tempo, oferecer elementos para despertar a consciência social em relação àquilo que constitui exagero, formas de manipulação e de controle, apresentando-se como contravigilância naqueles casos em que os direitos são violados exatamente por quem deveria cuidar.

Desse modo, a ética da vigilância deve ser pautada pelo cuidado, senão passa a ser controle sobre os corpos e mentes, conforme assinala Bentham, Foucault e Orwell, violando liberdades pessoais e da sociedade, de maneira que o parâmetro substancial a ser tomado deve ser sempre a pessoa enquanto indivíduo e na sociedade. Quando o indivíduo coloca em perigo o equilíbrio social, a sociedade tem o direito de usar mecanismos para conter esse desequilíbrio. Da mesma forma, fá-lo-á o indivíduo que, em sociedades democráticas, tem suas garantias e formas de proteção. Há que se observar muito atentamente a ingerência de poderes, sejam quais forem, sobre o indivíduo e a sociedade. O critério ético fundamental no campo da vigilância é a liberdade vulnerável do ser humano. Nessa linha, é importante a afirmação de Heimbach-Steins:

> O desejo de segurança das pessoas parece levá-las a acreditarem muito facilmente em uma promessa de segurança que poderia ser, ao menos em parte, uma ilusão populista. Há a necessidade urgente de reforçar a consciência da liberdade como valor bom e ético – não em sentido individualístico e puramente formal, mas como um meio que nos ajude a viver de forma responsável e a agir como cidadãos. A ética política cristã deve ser consciente destas tendências e observar criticamente aquilo que acontece no campo da lei e das decisões políticas (HEIMBACH-STEINS, 2009, p. 148).

Essa liberdade é um componente essencial que distingue o ser humano de todos os demais seres e confere significado a sua existência, distingue e especifica o agir humano fazendo-o agir moral (PIANA, 1990, p. 658) e, mesmo sendo vulnerável, ser capaz de responder ao apelo de sua consciência e a cuidar de si mesmo e dos outros.

1.5. O bem comum como *oikos vital* da segurança

Se a *imago Dei* diz respeito à constituição do ser humano e a sua relação com os demais, sua evidência se dá no modo em que este ser se relaciona e preserva o seu *oikos* vital, conservando-o, segundo as diferentes interfaces: sociais, políticas, econômicas, religiosas, culturais que favorecem o *modus vivendi* e a ética como forma de cuidar, especialmente dos vulneráveis e também da sociedade. Assim, o bem comum é outro critério a considerar, quando se trata das tecnologias de vigilância e do efeito que exercem socialmente. Conforme Vidal, "o conceito de *bem comum* é um ponto-chave na *Doutrina Social da Igreja*. Ocupa um lugar muito privilegiado tanto no magistério da Igreja como na reflexão teológico-moral sobre as realidades sociais" (VIDAL, 2000, p. 55). Por bem comum, a *Gaudium et spes*, n. 26, define "o conjunto daquelas condições da vida social que permitem aos grupos e a cada um de seus membros atingirem de maneira mais completa e desembaraçadamente a própria perfeição". De acordo com o Pontifício Conselho da Justiça e Paz "é oportuno recordar que o bem comum não é uma noção genérica indefinida: concretiza-se em conteúdos experimentais, entretanto reais quanto é à sociedade que o cerca; as suas exigências dependem das condições sociais de cada época e são intimamente conectadas aos direitos humanos" (PONTIFICIO CONSIGLIO DELLA GIUSTIZIA E DELLA PACE, 2005, p. 77).

Partindo da doutrina do bem comum, compreendido como o "conjunto das condições necessárias para que os homens, as famílias, as associações e os Países possam obter, plena e facilmente o próprio desenvolvimento" (PONTIFICIO CONSIGLIO DELLA GIUSTIZIA E DELLA PACE, 2005, p. 76), as tecnologias de vigilância e de segurança se encontram nesse conjunto por se enquadrarem no âmbito do progresso, fruto da capacidade da inteligência e do trabalho humano em desenvolvê-las e como instrumentos que podem auxiliar na promoção desse bem, ajudando a eliminar situações que possam ameaçá-lo, provocando insegurança à paz e à convivência humana. Conforme o *Catecismo da Igreja Católica* há três elementos essenciais na realização do bem comum: o *respeito da pessoa* considerando seus direitos fundamentais e inalienáveis, sua liberdade, o de agir de acordo com sua própria consciência e de salvaguardar sua vida privada; o *bem-estar social e o desenvolvimento* da própria sociedade proporcionando condições favoráveis para que o indivíduo se realize: alimento, vestuário, habitação, direito de escolher livremente o estado de vida, a boa fama, a informação conveniente; e a *paz*, a permanência e segurança de uma sociedade justa em que a segurança da sociedade e dos membros seja garantida podendo se aplicar a legítima defesa, a defesa pessoal e coletiva (CATECHISMUS CATHOLICAE ECCLESIAE, 1997, n. 1907-1909, p. 498; *Gaudium et spes*, n. 26). Nesses mesmos termos, Vidal (2000, p. 56) assevera que

> o conteúdo do bem comum está formado: por aquelas condições externas necessárias ao conjunto dos cidadãos para a implantação de suas qualidades e de suas funções, de sua vida material, intelectual e religiosa; pelo conjunto de condições que permitem aos cidadãos o desenvolvimento rápido e pleno de sua própria perfeição; pela defesa dos direitos e deveres da pessoa humana, sobretudo na época atual.

A *Pacem in terris*, n. 12, recorda que "todo o ser humano tem direito natural ao respeito de sua dignidade e à boa fama; direito à liberdade na pesquisa da verdade e, dentro dos limites da ordem moral e do bem comum, à liberdade na manifestação e difusão do pensamento, bem como no cultivo da arte. Tem direito também à informação verídica sobre os acontecimentos públicos". Observa-se que, dentro da ordem social e do bem comum, não estão garantidos somente aspectos materiais e sociais, mas também morais como a boa fama, o direito da liberdade de expressão e de pensamento, a informação confiável sobre os acontecimentos públicos. Essa consideração faz pensar tanto no aspecto da vigilância, enquanto potencial violação da dignidade humana, e no direito que o ser humano tem à informação e à segurança de seus dados.

De acordo com o entendimento da doutrina do bem comum, leva-se em conta que o emprego das tecnologias de vigilância fazem parte desse conjunto para questões de segurança pública, governança, economia, questões vitais do arranjo social e, por consequência, dos indivíduos. É uma forma de proporcionar a segurança social, quando exercida eticamente. Todo o emprego de tecnologias de vigilância deveria ser, em tese, para manter o equilíbrio institucional e social. No entanto, como no campo das relações isso se torna muito tênue e complexo, e não se lida com esses mesmos interesses, há que se fundamentar em algum pressuposto que seja norteador para as questões sociais, no que tange as consequências da vigilância. A doutrina do bem comum é referencial nesse sentido. Assim, se há pessoas que são excluídas de algum modo e a vigilância não exerce a função de segurança preventiva, há que se cuidar de seres humanos ou possibilitar-lhes melhores condições de interação social. Significa dizer que se está violando o bem comum, porque esse um faz parte do todo. O cuidado está no fato de que o indivíduo e sociedade não incorrem em uma relação esquizofrênica. Tanto o indivíduo tem suas atribuições à sociedade e vice-versa. Tanto da parte do indivíduo em relação à sociedade se pode exercer o princípio solidariedade. O inverso também é verdadeiro. "O bem comum compromete todos os que fazem parte da sociedade: ninguém, tendo em conta a sua situação, pode refutar a sua colaboração para alcançá-lo. Na verdade, uma vez que o bem comum é o fim da sociedade, todos os membros do corpo social – de acordo com as funções e possibilidade – são responsáveis de sua instauração e conservação" (PONTIFICIO CONSIGLIO DELLA GIUSTIZIA E DELLA PACE, 2005, p. 78). Não se deve agir por conveniências meramente egoístas e cada um tem a responsabilidade de promover a justiça e a caridade. "O dever de justiça e da caridade cumpre-se cada vez mais com a contribuição de cada um em favor do bem comum, segundo as próprias possibilidades e as necessidades dos outros, promovendo instituições públicas ou privadas e ajudando as que servem para melhorar as condições de vida dos homens" (*Gaudium et spes*, n. 30). No entanto, a responsabilidade do bem comum é primeiramente do Estado e de suas instituições, dos demais grupos e de cada cidadão e constitui uma função complexa. "Uma das funções mais delicadas do poder público é a correta conciliação dos bens particulares, dos grupos e dos indivíduos" (Pontificio Consiglio della Giustizia e della Pace, 2005, p. 79).

Desse modo, considerar esse enfoque na reflexão moral é importante para a contravigilância, quando indivíduo e sociedade se sentem ameaçados pelo próprio Estado ou por instituições que deveriam manter a harmonia social e não o fazem, ou porque querem obter resultados a partir da própria sociedade para beneficiarem a si próprios, sem contribuírem qualitativa e beneficamente com o bem social ou público.

2. Da base arqueológica aos critérios arquitetônicos para a fundação moral

Ao propormos as categorias que consideramos de base, é importante considerar agora aquelas que são operantes ou se constituem como arquitetônicas, auxiliando na construção do edifício teológico-moral, juntamente com as estudadas anteriormente. Elas oferecem um suporte atualizado, auxiliando no discernimento ético frente às ambiguidades da vigilância que decorrem da própria condição humana vulnerável e vulnerante. São autoimplicativos que permitem aproximação crítica em relação à vigilância, suas tecnologias e a atual sociedade de segurança. Elas advêm do próprio humano que se reconhece possuidor e guardião de sua dignidade, misericordioso e responsável por proteger o outro, age prudentemente evitando riscos e é solidário com seus semelhantes, principalmente os mais frágeis. Demonstra, em outras palavras, que o próprio ser humano possui capacidade de transcender seus limites e fragilidades e é capaz de elaborar uma ética a partir de sua própria condição e historicidade.

2.1. Dignidade humana: referencial dialógico na escolha das estratégias de vigilância

O conceito "dignidade humana" é amplo, teve seu processo de evolução e também suas interpretações discordantes (COMMISSIONE TEOLOGICA INTERNAZIONALE, 1985, p. 461-462; BECCHI, 2009) e encontra respaldo na tradição cristã e nas legislações internacionais sobre os direitos humanos.[10] Aqui nos interessam os conteúdos desse conceito, contribuindo com a reflexão teológico-moral no campo da vigilância. Esse termo é oportuno e deve ser pensado tanto no aspecto comunitário

---

[10] Para citar algumas reflexões mais recentes do magistério dos Papas, que numa perspectiva social abordam as diversas questões para promover a dignidade da pessoa, podemos encontrá-las em: IOANNES XXIII. *Pacem in terris*; PAULUS VI. *Populorum Progressio*; IOANNES PAULUS II. *Dives in misericordia*; IOANNES PAULUS II. *Redemptor hominis*; IOANNES PAULUS II. *Sollicitudo rei socialis*; IOANNES PAULUS II. *Laborem exercens*. Além disso, destacamos as principais declarações, convenções e pactos que versam sobre a dignidade da pessoa: *Declaración universal de derechos humanos*, 1948; *Declaración de las Naciones Unidas sobre la eliminación de todas las formas de discriminación racial*, 1963; *Convención internacional sobre la eliminación de todas las formas de discriminación racial*, 1965; *Pacto internacional de derechos económicos, sociales y culturales*, 1966; *Pacto internacional de derechos civiles y políticos*, 1966; *Declaración sobre la eliminación de la discriminación contra la mujer*, 1967; *Declaración sobre la protección de todas las personas contra la tortura y otros tratos o penas crueles, inhumanos o degradantes*, 1975; *Declaración sobre la raza y los prejuicios raciales*, 1978; *Declaración del Parlamento Europeo sobre los derechos y libertades fundamentales*, 1989; *Convención de derechos humanos y de libertades fundamentales de la Comunidad de Estados Independientes*, 1995. (MANUEL ZUMAQUERO, 1998, p. 27-33; 125-130; 133-149; 154-166; 166-189; 189-193; 223-226; 234-242; 319-325; 372-385).

quanto individual, isto é, o ser humano que precisa ser protegido social e individualmente, e os excessos ou perigos da vigilância e das tecnologias devem ser contrastados a partir do que se entende por dignidade.

O conteúdo que promana da reflexão sobre a dignidade humana contribui na formulação de uma ética de vigilância. Ele se coaduna com aquela de *imago Dei*, do cuidado e do bem comum. "A dignidade humana, enquanto é ligada às qualidades e aos valores que o homem possui em si mesmo como alma, inteligência, virtude é, antes de tudo, algo relativo a Deus, que a confere ao homem, a cada homem, enquanto o elege a ser a sua manifestação e revelação em um papel que o rende superior a toda a criação visível" (PONTIFICIO CONSIGLIO DELLA GIUSTIZIA E DELLA PACE, 2005, p. 197; COMMISSIONE TEOLOGICA INTERNAZIONALE, 1985, p. 465). Esse valor é doado ao ser humano gratuitamente por parte de Deus, que é o cuidador por excelência. A dignidade humana diz respeito ao valor que cada ser humano possui em si mesmo, reconhece-se como possuidor dessa dignidade, e o expressa em relação ao seu semelhante em ambitude comunitária. Ao sustentar que a dignidade humana deriva do fato de o ser humano ser criado à imagem e semelhança de Deus, indica que é um dever humano *prima facie* ser cocriador da imagem e semelhança de Deus no outro, que compreende a capacidade que cada ser humano tem de se autopromover e de se responsabilizar pelo outro para que esse não tenha a sua dignidade ferida e, naqueles casos que ocorre vulneração, aproximar-se movido pela misericórdia. Afirma a Comissão Teológica Internacional:

> O homem, de fato, é dotado de alma espiritual, de razão, de consciência, de senso de responsabilidade e é chamado a participar ativamente na vida social. As relações entre os homens, portanto, devem ser tais que essa dignidade fundamental seja respeitada em cada pessoa, a justiça e a benevolência sejam universalmente observadas, e na medida do possível, se satisfaça a necessidade de todos (COMMISSIONE TEOLOGICA INTERNAZIONALE, 1985, p. 464).

De acordo com González Valenzuela, a dignidade coloca-se em correspondência com outros valores éticos tais como a autonomia, a condição de pessoa, igualdade e não instrumentalidade e respeito, forma uma constelação axiológica complementando e esclarecendo reciprocamente e revela aquilo que se constitui o núcleo inviolável da natureza humana e fundamento primordial de seus direitos (GONZÁLEZ VALENZUELA, 2008, p. 277-278). De Barchifontaine assevera que a dignidade humana é o reconhecimento de um valor e princípio moral baseado na finalidade do ser humano e não em sua utilização como meio. Nesse sentido, a dignidade se baseia na própria natureza da espécie humana que inclui as manifestações da racionalidade e liberdade, finalidade em si que o fazem em constante evolução e à procura da realização de si mesmo (DE BARCHIFONTAINE, 2011, p. 202).

No que diz respeito à vigilância Gary Marx, a partir de seus estudos, oferece um feixe de luz, assinalando que: "o respeito pela dignidade da pessoa é um fator central e a ênfase é colocada na prevenção do dano, validade, confiança, aviso prévio e permissão quando cruzamos fronteiras pessoais" (MARX, 1998, p. 171; STODDART, 2011, p. 29-30). Considerando esses fatores, é possível propor algo como baliza. E o marco principal sob o qual se funda o discurso teológico-moral é a defesa do ser humano nas situações em que ele se encontra vulnerável, o que encontra respaldo em González Valenzuela (2008, 278): "toda exploração ou reificação do ser humano atenta contra sua dignidade ou seja contra sua própria humanidade".

Gary Marx (1998, p. 183) evoca a noção kantiana de dignidade humana e afirma:

> Quando a pessoa pode ser tecnologicamente invadida sem permissão e até frequentemente sem o seu conhecimento, a dignidade e a liberdade são reduzidas. O respeito pelo indivíduo envolve não causar dano, tratar as pessoas com justiça através de medidas válidas aplicadas universalmente, oferecendo escolhas significativas, e evitando manipulação e

coerção. Esses, por sua vez, dependem de ser informados adequadamente. Visualizando as informações pessoais como algo que o indivíduo tem, um direito de propriedade (não muito diferente de direitos autorais) pode ser uma justificativa independente, mas a autonomia sobre o uso de uma informação também demonstra respeito pela pessoa. Outro valor importante é a confiança e suas implicações à comunidade. Quando a confiança é violada por meio do engano ou do fracasso em honrar acordos e contratos implícitos na coleta de dados, o valor da comunidade é minado.

A dignidade humana apresenta-se em sua forma arquitetônica para auxiliar na reflexão teológico-moral, ao considerar as estratégias de vigilância, pois compreende o ser humano em relação com os demais seres e possuidor de direitos e deveres não somente para consigo mesmo, mas também em relação aos seus pares. Desse modo, a primeira evidência de violação da dignidade ocorre quando se transgride a intimidade da pessoa.[11] Na intimidade estão contidas as questões mais profundas em nível existencial e do vivido, positiva e negativamente, além do centro das decisões humana, a consciência: "a consciência é o núcleo secretíssimo e o sacrário do homem onde ele está sozinho com Deus e onde ressoa a sua voz" (*Gaudium et spes*, n. 16). Assim, toda técnica de vigilância que emprega tecnologias invasivas ou métodos para auferir determinadas informações, como no caso da tortura tanto física quanto psicológica e moral, está profanando esse aspecto sagrado que cada ser humano possui (*Gaudium et spes*, n. 27).

---

[11] Por intimidade da pessoa as declarações, convenções e pactos compreendem a proteção legal contra ataques abusivos à honra, reputação, vida privada e familiar, a não submissão a torturas, a penas cruéis e degradantes, participar de experiências médicas e científicas sem consentimento prévio: *Declaración americana de los derechos y deberes del hombre*, art. 5; *Declaración universal de derechos humanos*, art. 12; *Pacto internacional de derechos económicos, sociales y culturales*, art. 7; *Pacto de San José de Costa Rica*, art. 11. *O convenio para la protección de los derechos humanos y de las libertades fundamentales*, art. 8, assinala, no entanto, a possibilidade de ingerência por parte da autoridade pública e aqui se compreende o poder do Estado e suas instituições somente quando for necessário à segurança nacional e pública, ao bem-estar econômico do país, à defesa da ordem, a proteção do delito, à proteção à saúde e à moral, proteção dos direitos e liberdades dos demais (Manuel Zumaquero, 1998, p. 18. 30. 38; 156-157. 200).

As sutilezas da vigilância talvez nem sempre são percebidas, são camufladas por meio dos discursos do prazer, do consumo, do comércio. Tal tenuidade faz pensar até que ponto a consciência humana realmente está livre desses influxos para fazer opções responsáveis. Na verdade, essas técnicas afetam a dimensão profunda da pessoa que, posteriormente, age inconscientemente crendo estar fazendo-o de maneira totalmente livre e autônoma, entretanto está imbuída de uma falsa percepção, uma vez que esses mecanismos afetam sub-repticiamente a liberdade de escolha e de autonomia. Obviamente não se trata de satanizar e ter a pretensão de suprimir esse tipo de vigilância. Ao contrário, é salutar à medida que oferece possibilidades à pessoa de escolher por si mesma. Quando passa a tomar decisões pela própria pessoa, há uma zona obscura, e isso afeta a possibilidade dada a cada um, seja individual ou socialmente, de ser autônomo e de agir conforme sua consciência. Se a vigilância assume formas de classificação e de burocratização, dificultando às pessoas o acesso a serviços essenciais à promoção da pessoa e ao bem comum, há que se refletir cônscia e criticamente sobre a função da vigilância, que não está promovendo o cuidado às pessoas, mas reificando-as.

Outra maneira de reificar pessoas pode ser reduzi-las somente aos fluídos de seu corpo. As descobertas do DNA trouxeram formas de vigilância sobre o corpo (LYON, 2007a, p. 111-113; LYON, 2009, p. 128; LEWIS, 2011, p. 100). O DNA pode dizer, e com muita precisão do ser humano, mas é apenas uma parte do que representa e não é uma verdade infalível (YTTRI DAHL, 2009, p. 219-237).[12] Não revela intencionalidade, contextos de vivências, o peso dos fatores sociais nas escolhas das

---

[12] A autora mostra, a partir da prática forense norueguesa e do sistema de justiça daquele País, os usos positivos de DNA como a possibilidade de individuar delinquentes, a confissão mediante a evidência das provas, a consonância de DNA e a cena do crime, ao confirmar ou excluir a ação, incriminando ou inocentando indivíduos, e as questões controvérsias como a interpretação, a visibilidade das evidências e a invisibilidade dos processos para garantir o sucesso etc. O texto arrola outras vozes que apresentam os aspectos vulneráveis do emprego do DNA na prática forense.

pessoas. "Evidências de DNA só podem mostrar uma relação entre uma pessoa e um objeto, mas não podem dizer nada sobre como ele chegou lá, ou quando" (Yttri Dahl, 2009, p. 229). A crítica não é no sentido de banir esse recurso fundamental que tem ajudado no cuidado tanto pessoal como social, tanto na vigilância no cuidado de saúde e na elucidação de crimes, mas na responsabilidade que se deve ter (Mieth, 2003) e conscientizar-se do perigo que podem oferecer essas formas de vigilância ao canonizá-las, quando revelam apenas uma pequena parte da amostra do ser: "evidências de DNA podem conduzir não só à maior justiça e segurança, mas também à injustiça e insegurança" (Yttri Dahl, 2009, p. 235). O que se deve considerar é até que ponto ocorre o abuso de poder sobre o corpo das pessoas e, sobretudo, quando se trata daquelas vítimas que o próprio sistema político, econômico e social já vulnerou.

Por essas elucidações, percebe-se a complexidade do fenômeno da vigilância e se torna muito difícil evidenciar as violações, pois não ocorrem claramente. Não se sabe quem age e o que ocorre por detrás dos sistemas. A percepção é maior em nível das consequências à pessoa ou à sociedade. Nessa tensão entre indivíduo e sociedade e recursos de vigilância, não se pode permanecer apenas com a imagem do "suspeito categorial" que é redutiva do ser humano e mina os níveis de confiabilidade social. Há que se resgatar o valor da pessoa. De acordo com Lyon "afirmar o valor de pessoas concretas ajuda a focalizar aquilo que está errado em algumas das hodiernas estratégias de vigilância" (Lyon, 2001a, p. 214). Nesses termos, pensar a ética que contraponha as formas de vigilância compreendendo a dignidade da pessoa é estar atento aos efeitos das estratégias da vigilância que podem vilipendiá-la e causar insegurança. Uma ética crítica é capaz de percebê-la e interagir com outras categorias derivantes como justiça, responsabilidade, prudência e zelo individual e comunitário. Não assume uma normatividade hermética e coercitiva da permissão ou negação, coloca-se como referencial dialógico na escolha do bem que realiza o ser humano e compreende sua dignidade.

2.2. Mística da compaixão na vigilância como cuidado

Uma categoria que se apresenta resultante da experiência de vulnerabilidade e em consonância com a *imago Dei*, com o cuidado e a dignidade humana é o *princípio misericórdia* proposto por Jon Sobrino (1994).[13] Como conteúdo teológico, é importante para compreender os vulnerados pelos sistemas de poder que podem gerar os diversos tipos de morte do ser humano. Embora a obra não esteja voltada à teologia moral, pode-se extrair dela conteúdo moral riquíssimo, considerando a necessidade da misericórdia diante dos povos crucificados. Ao ver os sofrimentos das vítimas deste mundo, produz-se a reação, para além de afetiva, efetiva. Sobrino discorre com autoridade sobre a sua experiência concreta no mundo dos pobres, na conjuntura de América Latina. Na introdução de sua obra, conta como mudou sua mentalidade formada acadêmica e eclesialmente no contexto de mundo desenvolvido europeu e estadunidense. Ele desperta do "sono da desumanidade" quando vai trabalhar em El Salvador e se depara com pobreza, injustiça, massacres, inocentes executados, exploração dos Países ricos em relação aos pobres, e um ser humano que não sabia nem o que era ser humano.

> No Terceiro Mundo, a mudança fundamental também consiste em um despertar, mas de outro tipo de sono, ou melhor, de um pesadelo – o sono da desumanidade. É o despertar para a realidade de um mundo oprimido e subjugado, um mundo cuja libertação é a tarefa básica de cada ser humano, para que deste modo os seres humanos possam finalmente vir a ser humanos (SOBRINO,1994, p. 1).

---

[13] Algumas questões técnicas sobre a obra original podem ser encontradas na recensão, em língua portuguesa, de Francisco Taborda (1996, p. 125-129).

Naquele contexto, suas categorias teológicas já não respondiam a essa realidade e percebe a necessidade de desmistificar a sua imagem de Deus, do Deus onipotente ao crucificado, distingui-lo dos ídolos e resgatar a dimensão da compaixão, não simplesmente como um sentimento, mas como algo fundamental (SOBRINO, 1994, p. 1-11).

Martins e dos Anjos, ao tratarem desse princípio e propô-lo à reflexão bioética, afirmam:

> Neste contexto, o *princípio misericórdia* formulado por Jon Sobrino, ao mesmo tempo em que se apresenta como *arché*, tem a vantagem de estabelecer referências a situações concretas da vida. Relaciona eticamente a experiência dos sofrimentos provocados com a categoria *princípio*, de onde derivam a crítica e as propostas de ação. A interrogação de Sobrino através do *princípio misericórdia* parte de experiências concretas de vida e leva para posturas e condutas concretas de vida".[...] De fato, a impostação do *princípio misericórdia* provoca um exame das raízes profundas do existir humano em seu sentido pessoal e em suas relações sociais (MARTINS; DOS ANJOS, 2008, p. 354).

Sobrino não trata a misericórdia na óptica das obras de misericórdia, e sim da atitude fundamental diante ao sofrimento em virtude de uma re-ação para eliminá-lo, de modo que nada se antecede a ela, nem a relativiza ou a substitui. É uma re-ação que se converte em princípio interno e originário (MARTINS; DOS ANJOS, 2008, p. 362). Assevera Sobrino:

> Por princípio de misericórdia, entendemos aqui um amor específico, que ao estar na origem de um processo, também permanece apresentado e o ativa do começo ao fim, dotando-o com uma direção particular e modelando os vários elementos que o compõem. Sustentamos que esse princípio de misericórdia é o princípio básico da atividade de Deus e de Jesus e, portanto, deve ser a da atividade da Igreja. Chamamos essa atividade de amor, assim estruturada, misericórdia. E achamos que devemos dizer dessa misericórdia que primeiro é uma *ação*, ou mais precisamente, uma *re-ação* a outra pessoa que está sofrendo; agora interiorizada dentro de si mesmo – uma reação a um sofrimento que

passou a penetrar nas entranhas e no coração (neste caso, o sofrimento de todo um povo, infligido injustamente e nos níveis básicos de sua existência). Em segundo lugar, esta ação é motivada *apenas* por esse sofrimento (Sobrino, 1994, p. 16).

O princípio misericórdia está em sintonia com a vulnerabilidade que se apresenta em relação às vítimas do poder da vigilância desmesurada que pode excluir, não percebendo o outro como imagem e semelhança de Deus. Nenhum ser humano deve ser submetido a um sistema que pode excluí-lo da possibilidade de manter bons vínculos societários e de convivialidade. Além disso, vincula a responsabilidade que temos em relação ao outro, pois a compaixão, na interpretação de Sobrino, é um ato que demanda ser responsável, de tal modo que não basta simplesmente cuidar do outro, mas ajudá-lo a sair da situação do sofrimento.

A misericórdia encontra interessante indicação nos termos hebraicos *rehamim* relacionado às vísceras e ao seio materno e denota um sentimento muito profundo que liga seres diferentes por meio do sangue ou pelo coração; e *hesed,* relação entre indivíduos que comportam direitos e deveres de um superior a um inferior e se manifesta em forma de bondade, piedade, compaixão e perdão (Sisti, 1988, p. 978). Dessa plataforma de significados, evidencia-se que a misericórdia relaciona-se intimamente com o cuidado, com a aproximação do outro, o diferente, e pode ser por vínculos sanguíneos de familiaridade ou pelo coração, estendendo para além desse vínculo, na preocupação com quem tem menos poder, exercendo uma relação de alteridade, de modo a equacionar as diferenças. A ação misericordiosa se manifesta nas formas de proteção e de condições para que o sujeito vulnerado possa ter suporte necessário para ser livre e autônomo. Não é apenas uma misericórdia material que se funda numa assistência a quem necessita, é provocativa à medida que reflete sobre as ações que poderão afetar pessoas ou privilegiar interesses que escravizem os mais fragilizados. Nesse aspecto, a misericórdia possui o lado prudencial e reparador, à medida que pessoas são vulneradas em sua intimidade, privacidade, autonomia, invoca a aproximação curativa, dando-lhes suportes jurídicos, financeiros, a possibilidade de corrigir informações e de seguirem a vida dignamente. Assim, o princípio misericórdia se apresenta como questionamento à autonomia das instâncias de poder, recordam-lhes que possuem o dever social de prestarem serviços à sociedade. Obviamente que se encontram inseridas as possibilidades de erros, e o mesmo princípio coloca-se como promotor da justiça naqueles casos em que ocorrem abusos de poder em relação a indivíduos ou à sociedade. Faz parte do princípio evocar quais são as melhores decisões a serem tomadas e, naqueles casos, de enorme complexidade em que se ferirão sujeitos, evitar ao máximo lesioná-los e se deem-lhes condições para que possam fazer valer os seus direitos.

2.3. A responsabilidade de *vigiar* o vulnerável

Conforme já se asseverou, o ser humano não basta a si mesmo, seja por demanda material ou afetiva, por convenção ou por capacidade de abertura, seu modo de realização é socialmente, o que implica condições para tal. Além disso, realizar-se individual e coletivamente requer capacidade e responsabilidade de convivência social. Assim, a primeira definição do que é ser responsável, é ser capaz de responder por alguém ou por alguma coisa. O responsável é alguém capaz de resposta. Uma resposta é dada, porque existe algo que a antecede, isto é, uma interrogação, um vocativo, o conhecimento de uma realidade, a consciência dessa e a liberdade em responder (KAUFMANN, 1994, p. 10). Responder eticamente não é, então, dar qualquer resposta. Envolve todo o ser humano do ponto de vista ontológico, pois se reconhece sua ação e seus efeitos na vida de outrem e, diante da própria consciência, responder pela ação causada. É a responsabilidade ética que se diferencia de uma responsabilidade jurídica que possui mecanismos externos para responsabilizar outrem (GATTI, p. 89). A responsabilidade ética é um imperativo interno do próprio ser humano que, sem a coação de uma lei externa, obriga-o a agir e a verificar se a sua ação pessoal ou grupal vulnerabilizou outros seres humanos, impedindo-os de serem agentes livres e também responsáveis diante da vida. Essa responsabilidade é plena de misericórdia e não constitui meramente um dever formal de atender ao outro que, em sua indigência, provoca-me a respondê-lo.

As relações humanas são possíveis porque o ser humano é vulnerável e não onipotente, abrindo espaço para deixar-se habitar pelo outro, seja afetiva ou espacialmente, o que implica estar sem máscaras e deixar-se tocar por ele, provocando e invocando-me a ir ao seu encontro. "A nudez do rosto é indigência. Reconhecer [o Outro] significa reconhecer uma fome. Reconhecer os outros significa doar" (LÉVINAS, 1994, p. 73; CANZI; RONCHI, 2004, p. 60). Segundo Emmanuel Lévinas há o Outro que se revela, vem ao encontro, abaixa-se até ao Outro. O Eu, interioridade e profundidade, acolhe, hospeda. Em um de seus textos diz:

> A sensibilidade é a exposição ao outro. De modo nenhum é passividade na inércia, persistência em um estado – descanso ou movimento – suscetibilidade de suportar a causa que o mudará. A exposição enquanto sensibilidade é mais passiva ainda: como uma inversão do conatus do *esse*, um ser-estado-doado-sem-retenção, não encontrando proteção em nenhuma consistência ou identidade de estado. Ser-estado--doado-sem-retenção e não absolutamente generosidade do doar-se que seria *ato* e que supõe já o padecer ilimitado da sensibilidade [...] – não iniciativa que, mais antiga de cada presente, não é uma passividade contemporânea e contrapartida de um ato, mas aquém do livre e do não livre que é a anarquia do Bem. Ser-estado-doado-sem retenção como se a sensibilidade fosse precisamente aquilo que cada proteção e cada ausência de proteção supõem já: a vulnerabilidade mesma (LÉVINAS, 1983, p. 93).

Não considerar o outro, socialmente, tanto no campo afetivo, quanto espacial, instrumentalizando-o, manipulando-o, objetificando-o, tornando o corpo sem face, fazendo o "Mesmo" pode ser uma forma de oprimi-lo. Nesse sentido, surge a responsabilidade em relação ao outro como forma de protegê-lo. Na moldura da vigilância, diz respeito a considerar as ações para que estas não sejam danosas e não vulnerabilizem pessoas ou sociedade ou, se necessárias, não sejam tomadas pelo modo mais cômodo por parte de quem as empreende, e sim pela acuidade que resulte na melhor ação, com o menor número de vulnerados, embora muitas vezes a intencionalidade pode não ser exatamente correspondida na prática. O Apóstolo Paulo define muito bem isso: "Com efeito, não faço o bem que eu quero, mas pratico o mal que não quero" (Rm 7,19).

O ser humano, por meio de sua liberdade, é capaz de deliberar, o que lhe faz responsável por seus atos, que, de acordo com a sua consciência, são bons ou maus. Tomás de Aquino, na *Suma Teológica*, trata-os exaustivamente (SAN TOMMASO D'AQUINO. *La Somma Teologica* I-II, qq. 6-21, 1959, p. 174-455).[14] Para discernir sobre a bondade ou a maldade de uma ação, considerando o ensinamento tomasiano, a Tradição elaborou um trinômio prático considerado as "fontes" da moralidade dos atos humanos compostos por: objeto escolhido, finalidade que se tem em vista ou intenção e as circunstâncias ou consequências da ação (CATECHISMUS CATHOLICAE ECCLESIAE, 1997, n. 1750-1756). Daí, pode-se imputar a responsabilidade ou não à ação de determinado sujeito. Desses elementos, depreende que essa forma de atribuí-la não fica muito clara quando lidamos com sociedade e tecnologias complexas como as da vigilância e com múltiplos agentes. Muitas vezes, ao contrário daquilo que ensina o *Catecismo da Igreja Católica*, "o fim não justifica os meios" (n. 1753), no campo da vigilância observa-se exatamente o contrário. A percepção da intencionalidade é tão sub-reptícia quanto os

---

[14] Precisamente sobre objeto escolhido, a finalidade ou intenção e as circunstâncias ou consequências da ação (qq. 8, 12 e 21).

anéis da serpente, no dizer de Deleuze, e os meios tantas vezes não são transparentes. Em sociedades simples, é fácil precisar objeto, intencionalidade e circunstância de uma ação. Nas complexas, muitas vezes, esses aspectos se liquefazem.

> Em uma sociedade complexa com elevados níveis de estruturação institucional, as decisões humanas nunca têm um caráter puramente individual; são, ao invés, de modo mais consistente o resultado decisivo dos fatores sociais e culturais que influenciam o sujeito e produzem, por sua vez, resultados que vão além dos sujeitos para assumirem valências sociais e culturais. Responsabilidades individual e coletiva acabam, portanto, por se cruzarem entre si e interagirem de forma cada vez mais complexa e articulada (PIANA, 1990, p. 673).

Em outros termos, a responsabilidade em relação à vigilância se concretiza por parte daqueles que a exercem, seja qual for o meio, especialmente os tecnológicos, e por parte da sociedade, quando se vê vulnerada a exercer a sua contravigilância. "A definição da responsabilidade moral deve ser sempre traçada na complexa interação entre o privado e o público, entre o pessoal e o político" (PIANA, 1990, p. 673).

Piana (1990, p. 672) declara que

> As ações humanas, incluindo aquelas das quais o homem se sente senhor, produzem frequentemente efeitos não previstos (e não previsíveis) que vão além das intenções do sujeito e para os quais não é possível ligar diretamente a responsabilidade individual. O bem e o mal tendem, por sua natureza, a hipostasiar-se, a adquirir uma própria densidade objetiva e parcialmente autônoma a respeito da vontade dos indivíduos; a tornar, em outros termos, entidade que vai além do controle pleno do homem. A responsabilidade moral é, no entanto, também neste caso, invocada. Ela não deve de fato ser pensada somente em termos negativos; como compromisso a evitar tudo o que pode ser de alienação para o homem e pela família humana – se pensamos às estruturas opressivas que incidem negativamente sobre a vida dos homens – mas, sobretudo, como compromisso positivo para o bem como luta contínua entendida a vencer o mal.

Quando se pensa em tecnologia, é importante considerar que é o resultado de um conjunto de operações humanas e resultam em um produto final, com determinada finalidade, e pode ser um autômato com capacidade de inteligência artificial ou não e, quando autômato, capaz de exercer funções programadas. Em outros termos, as máquinas inteligentes não possuem vontade própria, são programáveis para funcionarem de determinado modo e exercerem determinadas operações. A responsabilidade programática e decisional é humana e sobre ela recaem as exigências tanto da ética e da justiça, imputando-a por determinado ato e a sua consequência sobre a vida de outros.

> A ação humana, seja como operar técnico ou como ação moral (*praxis*), supõe a representação do fim. A intencionalidade faz que a ação desejada e eleita possa ser imputada ao agente. É a partir desta atribuição que surge o tema da *responsabilidade*. A ação humana tem dois aspectos: um interior, relacionado com o agente, e outro exterior, de tipo causal e que vincula a transformação de uma situação objetiva com a vontade do agente. Nessa dimensão objetiva se vincula a própria ação com a ação de outros agentes e é ali onde surge a questão de responder, ser responsável pelos próprios atos e suas consequências (ESTÉVEZ, 2008, p. 121).

A *Gaudium et spes* 34 relembra que quanto mais aumenta o poder dos seres humanos tanto mais se alarga a sua responsabilidade, tanto individual quanto coletiva. De acordo com Salvini (2002, p. 36):

> A tecnologia em si mesma não é um bem nem um mal. Tudo depende do uso que lhe é feito. Numerosas tecnologias podem se tornar instrumentos valiosos de desenvolvimento, possibilitando aumentar o próprio rédito, viver mais longamente e melhorar o próprio padrão de vida. A tecnologia é tal como a educação que possibilita as pessoas libertarem-se da pobreza, mas também de projetar ações perversas. A inovação tecnológica influencia a ação humana primeiramente aumentando as capacidades humanas.

As tecnologias, de modo geral, bem como as de vigilância devem ser compreendidas na vertente da inteligência humana cuja teleologia é trazer benefícios à humanidade, embora por mais que os seus usos sejam pautados na ética, sempre haverá um mínimo de ambiguidade e de transgressão. No âmbito da vigilância, as tecnologias envolvem monitoração aérea, terrestre, marítima com recursos audiovisuais, bancos de dados, corpo humano, suas características e seus fluídos e, nesse emaranhado de aplicações, é impossível descartar ambivalências. No entanto, os critérios devem estar pautados na responsabilidade, na prudência ou no princípio da precaução, na menor danosidade (não maleficência), na transparência e na conscientização em relação ao uso e ao abuso.

2.4. A prudência como virtude deliberativa da redução de riscos

Em um contexto de sociedade vigiada, sob a égide das tecnologias de vigilância, a virtude da prudência propalada pelos antigos tem o seu valor ao sugerir elementos à elaboração de um juízo crítico no que tange a tal uso. Aqui, evocar-se-ão os aspectos mais clássicos da prudência, seguindo Aristóteles e Tomás de Aquino, tendo consciência de que tal conceito foi esquadrinhado de diferentes modos ao longo da história (DINI, 1983; GULLO, 1974; MORA, tomo III, 2001, p. 2944-2945; HOSSNE, 2008, p. 190). Tratar-se-á aqui especificamente de sua contribuição temática à ética da vigilância.

Na Ética a Nicômaco, no livro VI, Aristóteles discorre sobre a prudência. Ele a define como modo de ser racional, verdadeiro e prático a respeito do que é bom ou mau para o homem. Segundo ele, o prudente, para alcançar o bem, raciocina adequadamente. Desse modo, prudência é uma virtude do intelecto prático e possibilita aperfeiçoar a ação e também o progresso da pessoa prudente (*bonum operantis*) e é própria da ação prudente deliberar corretamente. O filósofo afirma que

Péricles e outros são considerados prudentes porque viram o que é bom para eles e para os outros, e que essa deve ser uma qualidade própria nos administradores e nos políticos. A prudência não se localiza apenas no âmbito universal, mas também conhece o particular, uma vez que é prática. É normativa, e seu fim é o que se deve fazer (ARISTÓTELES. *Ética Nicomáquea. Ética Eudemia*, VI, 5-12, 1140[b]-1143[b], 1993, p. 273-284; CORTELLA, 2006, p. 9092). Aristóteles distingue a prudência da ciência (*epistéme*), conhecimento dos universais, que existem necessariamente e são demonstráveis da sabedoria (*sophia*) como conjunto de ciência e intelecto das coisas mais excelsas por natureza, enquanto a prudência (*phronésis*) é disposição prática acompanhada da razão, capaz de discernir entre o que é bom e mau para o homem, distinguindo-se da ciência (DINI, 1983, p. 16). Ela se constitui em três tipos: política, diz respeito ao Estado; econômica, referente à família; e moral, concernente à conduta pessoal (COCCO, 1981, p. 840; MONDIN, 2000, p. 560-561).

Tomás de Aquino retoma o pensamento aristotélico e esquadrinha a virtude da prudência sob vários prismas (NASCIMENTO, 1993, p. 365-385).[15] Segundo ele, a prudência tem sua sede na razão e pertence à razão prática. Cabc ao prudente conhecer os princípios universais e os casos particulares que dizem respeito às ações. Caracteriza-se por ser virtude moral e distinta de todas as outras virtudes, não competindo preestabelecer o fim às virtudes morais, mas somente dispor dos meios conducentes ao fim. É por meio dela que o homem sabe, ao agir, de que modo e por quais meios obterá o meio termo racional. Embora o fim de toda virtude moral seja atingir o justo meio, é pela reta disposição que esse fim é atingido. A prudência não deve ser ocupar-se apenas do bem particular de cada um, e sim do bem de todos. Por isso, considerando o bem próprio de cada um, a economia deve estar em consonância ao bem comum da casa e da família e ordenada ao bem comum da cidade e do reino. Todo ho-

---

[15] O autor apresenta uma abordagem esquemático-exegético das questões da Suma sobre a prudência.

mem, enquanto racional, participa, de certo modo, do governo por meio do arbítrio de sua razão na medida em que lhe convém a prudência. Na Suma Teológica II-II, questão 48, a.1, o Aquinate apresenta as oito partes da prudência, retomando as seis partes enumeradas por Macróbio: razão, intelecto, circunspecção, providência, docilidade e cautela; introduz, de Cícero, a memória, e de Aristóteles a *eustoquia* ou solércia. Depois classifica as virtudes referentes à prudência enquanto cognoscitiva: a memória, a razão, o intelecto, a docilidade e a solércia, e as três últimas: providência, circunspecção e a cautela enquanto comanda.

Para Tomás, a prudência versa sobre os meios e é, por meio dela, que eles se ordenam devidamente para os fins. A previdência é parte da prudência, pois implica relação com qualquer coisa distante que deve se ordenar às coisas que acontecem no presente. A circunspecção é necessária à prudência para que o homem compare os meios considerando as circunstâncias. A prudência deve armar-se da cautela para colher o bem e evitar o que é mal (San Tommaso D'aquino. *La somma Teologica* II-II, 1956, q. 47, a. 1-12; q. 48, a. 1; q. 49, a. 6-8). Para Tomás, a prudência política é importante porque é "ordenada ao bem comum da cidade ou do reino" (San Tommaso D'aquino. *La somma Teologica* II-II, 1956, q. 47, a. 11). Para Mondin é "essa prudência *política* que deve guiar cada governante, faz efetivamente participante cada cidadão à ação governativa da comunidade" (Mondin, 2000, p. 561).

Capone, considerando o pensamento de Agostinho e de Tomás, afirma: "Podemos, portanto, dizer com Agostinho e com Tomás que a prudência é a virtude intelectual-moral, pela qual determinamos a justa razão, humano-divina, que deve constituir a verdade moral de nosso ato singular, a escolher em situação, e assim afirmar, em nós e ao redor de nós, o valor sapiencial finalizante" (Capone, [s.d], p. 9).

Do que se observa da doutrina aristotélico-tomasiana é de grande valia a percepção da virtude da prudência. A primeira é de que ela não opera isolada das demais e se funda na racionalidade humana e não envolve apenas indivíduo, considera a comunidade. Sob esse ângulo, o indivíduo faz parte do corpo social e não é pensado fora do contexto, de modo que pensar a prudência do ponto de vista individual é claudicante e inconcebível, quanto à percepção teleológica da escolha entre bem e mal. Sendo assim, a prudência, no contexto da vigilância, coloca-se como interlocutora, com função maiêutica, do corpo social composto como indivíduo, comunidade, ações políticas e uso de tecnologias de vigilância. Indivíduos e sociedade – por ser agrupamento de pessoas – almejam segurança, porque é necessidade humana básica e tem por fim o bem-estar. Para que isso ocorra, tanto indivíduo como sociedade recorrem individual e comunitariamente a instituições políticas para lograrem tal finalidade, a sociedade segura, que, conforme se apregoa hodiernamente, obtém-se pelo grande aparato tecnológico disponível e pelas instituições governamentais e privadas que prestam tais serviços. A prudência considera esses fatores e faz tanto indivíduos como sociedade pensarem sobre a própria vigilância, não como fim em si mesma, e sim como bem humano, como capacidade de deliberar sobre o melhor cuidado para o bem comum e evitar a imprudência. Nesse sentido, é significativa a reflexão do Pontifício Conselho da Justiça e Paz (2005, p. 653), que afirma:

> Em definitiva, a realização em termos operativos do bem humano e cristão, também em âmbito social, requer que a pessoa esteja em grau de deliberar e julgar bem as circunstâncias, as pessoas, as coisas, os efeitos etc., para individuar as opções justas e depois escolher e empenhar-se para a sua realização. A prática efetiva do bem humano requer ensinamentos e regras gerais, mas ainda mais uma especial perfeição em ordem às escolhas concretas e circunstanciais. Esta função julgadora e imperativa para cumprir o bem conveniente "aqui e agora" é facilitada pela virtude da prudência.

Nesse conjunto, há alguns aspectos a serem considerados. Na relação do indivíduo à sociedade, a pergunta é qual o risco que a sociedade em que ele próprio vive lhe oferece e se depende somente dele a resolução do risco; enquanto sociedade a indivíduos, quais são os riscos inerentes oferecidos e, se apresentam potencial de risco, quais estratégias são necessárias para contê-lo? Se há riscos, quais instituições devem garantir a homeóstase social e a partir de que recursos e estratégias; e, ao usar tecnologias, quais são aquelas eficientes correlacionadas a custos-benefícios, e aqui benefícios se entendem não somente capacidade de vigilância, mas os efeitos em relação à dignidade das pessoas.

No que tange à vigilância e ao emprego das tecnologias de vigilância, a prudência é compreendida como consciência do agir bem, evitando o dano tanto a si como a outros. Penna, ao discorrer sobre as concepções do princípio da não maleficência e relacioná-lo à prudência, observa: "A orientação de não infligir mal ou dano a outros era um fundamento ético-moral já presente no espírito da sociedade da Grécia antiga, o que viria a influenciar todo o pensamento ocidental" (PENNA et al., 2012, p. 79). Considerar a prudência no campo da vigilância é salutar para o corpo social. Isso requer conhecimento da realidade, ou seja, a contextualização, que implica avaliar estratégias, considerando: a racionalização nos processos sociais, políticos e econômicos; as tecnologias e a ciência como reforços da racionalização; a cognoscibilidade e a pronta participação voluntária como cooperadores dos processos de vigilância; a urgência como aversão aos riscos e capacidade de prever para agir e, finalmente, a decisão pautada nos momentos anteriores que considere o justo equilíbrio.

Conforme Cocco (1981, p. 841),

> a pessoa prudente examina os meios à luz dos fins e, tendo em conta a situação concreta, julga dentre aqueles a serem preferidos ou omitidos; finalmente controla a realização do que foi estabelecido. Esses três atos: *conhecimento, avaliação, decisão* evidenciam a presença nos dois primeiros do *momento cognitivo*, no terceiro do *momento imperativo*. Contra o momento cognitivo há o agir irrefletido, precipitado, superficial; contra o momento imperativo, há a irresolução.

Considerando algumas reflexões de Aranguren sobre a prudência em Tomás e aplicando-as no contexto da vigilância, pode-se considerar que a prudência se refere às opções e decisões a serem tomadas e envolve a dimensão cognoscitiva tais como memória no sentido da experiência; intelecto no sentido de intelecção do singular, tendo visão clara da situação, docilidade para seguir o bom conselho; a solércia como prontidão na execução e capacidade de tratar as problemáticas de segurança com astúcia, fundamentada nas funções anteriores; a razão para ser judicioso ou razoável, considerando a previdência como capacidade de conjecturar ações, especialmente as consequências; a circunspecção como precaução no agir, considerando todas as circunstâncias (ARANGUREN, 1979, p. 244-245), no que diz respeito a estratégias e aplicação de tecnologias de vigilância; e a cautela como dimensão da não maleficência, de modo que toda a ação prudencial está em deliberar em favor dos vulneráveis e da minimização de riscos para que indivíduo e sociedade vivam em segurança.

2.5. A solidariedade como imunização da assimetria e do medo social do Outro

Considerando a vigilância em seu contexto social, juntamente com suas estratégias, envolvendo tecnologias, há que se considerar a solidariedade na abordagem ética, uma vez que esta se sintoniza com o princípio misericórdia, responsabilidade, dignidade humana, vulnerabilidade e bem comum. Esse conceito é relevante na doutrina social da Igreja e se aplica à moral social. Vidal resgata-o em seu significado antropológico e teológico. Segundo o autor, três condições são necessárias para compreender a solidariedade de forma genuína: a análise "histórica" e não abstrata, como algo pertencente à existência humana e histórica e não a uma noção abstrata de natureza humana, incorrendo em um ontologismo; análise "estrutural" e não somente "personalista" para não incorrer em reducionismos; e análise partindo das condições "assimétricas" da existência humana, transformando a assimetria em bem de todos os sujeitos humanos, especialmente os que sofrem as consequências dessa assimetria. Teologicamente, a solidariedade se apresenta como visão histórica, como conteúdo de promessa que se realiza no devir histórico e salvífico; na tensão entre pessoa e estrutura, entre ideal e mediações históricas nas pessoas que se solidarizam mediante as instituições que têm função cooperativa enquanto servidoras das pessoas; e o fundamento para assimetria da existência é o "outro" como vulnerável e que se revela como prioridade da realidade humana. Em termos de categoria de ética social, a solidariedade se apresenta enquanto virtude: dinamismo que transforma moralmente a pessoa e com princípio axiológico como critério que exige a transformação social e como plenitude da justiça, tanto como pressuposto e seu complemento e como mediação ética pela opção pelos pobres (IOANNES PAULUS II. *Sollicitudo rei socialis*, n. 38-39; VIDAL, 1997, p. 223-237).

Vergè entende que "a solidariedade é um valor social criado pela consciência de uma comunidade de interesses e, portanto, é humanitária em si mesmo. Consequentemente, implica a necessidade moral de ajudar, apoiar, assistir a outras pessoas, como parte da responsabilidade pessoal" (VERGÈS, 2008, p. 124). Nesses termos, a solidariedade não é ação de uma pessoa ou grupo que se une para fazer o bem. Não é uma instituição contratual, vai além, é um imperativo da consciência humana que provoca agir em favor do outro e em termos de simpatia, cooperação e justiça. É responsabilidade ética que evoca a capacidade de responder socialmente, escolhendo a melhor ação para equacionar as assimetrias para promoção do bem comum. Nesse sentido, "a solidariedade se converte assim no fim e no critério de organização social" (PONTIFICIO CONSIGLIO DELLA GIUSTIZIA E DELLA PACE, 2005, p. 723). Vidal (1997, p. 233) afirma que "a solidariedade supera a pura cooperação enquanto visa ao bem de todos (superação do corporativismo) e leva em conta as desigualdades e assimetrias dos mais frágeis".

Se a vigilância tantas vezes constitui um exercício de poder sobre os corpos como depreende da visão foucaultiana, do panopticismo benthaminiano e orwelliano, e da difícil localização dos anéis da serpente que se movimenta em meio às redes, como recorda Deleuze, a solidariedade evoca a aproximação cuidadora sobre os corpos vulneráveis.

Como as formas de vigilância que classificam pessoas, a solidariedade também o faz, não com o propósito de excluir, e contribuindo com o resgate daquelas dimensões que foram violadas. A solidariedade tem uma função especial que é imunizar as pessoas do medo do outro, fortalecer vínculos e pensar em uma segurança que não advém simplesmente do processo tecnológico de um povo e de suas políticas de vigilância e de segurança. Pode-se ter uma sociedade extremante preventiva de danos, com níveis deficitários de segurança relacional em que os sujeitos se relacionam por convenções ou por pragmatismos e não pelo valor que existe o outro ser humano enquanto pessoa. O primeiro princípio básico de solidariedade é perder o medo do outro. Em uma sociedade complexa, envolvendo os diferentes níveis de relações pessoais, políticas, culturais, religiosas, a virtude da solidariedade mostra sua urgência.

A contribuição da solidariedade à reflexão ética da vigilância na aproximação livre e responsável do outro e, juntamente com ele, discernir sobre o bem tanto físico quanto moral, respeitando-o. Nesse caso, é mais fácil perceber vínculos solidários enquanto amor ao mais fragilizado. Tal percepção faz-se mais abscôndita quando se trata de pessoas de alta periculosidade social, com consciência deliberada de praticar o mal, como é o caso do terrorismo e suas ramificações. Surge, então, uma zona cinzenta que impede de ver sua aplicação. Em primeiro lugar, é mais fácil evidenciar a solidariedade às vítimas decorrentes dessas ações. "O *pathos* da 'compaixão' dá origem ao *ethos* da 'misericórdia' e os dois se articulam no dinamismo ético da caridade" (VIDAL, 1997, p. 237). A compaixão pelo outro como re-ação e como cuidado afetivo (simpatia) e efetivo (cooperação) visa à autonomia da pessoa. A efetividade solidária manifesta-se ao impedir que tais práticas do mal ocorram por meio dos recursos disponíveis da inteligência humana para individualizar sujeitos e isolá-los do convívio social. A solidariedade deve ser aplicada também a esses indivíduos, caso contrário, age-se pela normatividade da vingança. Por serem pessoas, possuem dignidade como dimensão profundamente ontológica e não a perde, apesar do mal que possam ter cometido, e devem ter seus direitos tolhidos e cerceados e não serem submetidos a mecanismos de tortura física e moral. Tantas vezes esse é o caminho mais curto para se obter a confissão de tais indivíduos. Nesse âmbito, a solidariedade e justiça se conectam com a finalidade de salvaguardar o bem social, a sociedade segura, e equacionar as assimetrias, preservando o ser humano. O discurso de Jesus é paradigmático a esse respeito. "Ouvistes o que foi dito: *Amarás o teu próximo e odiarás o teu inimigo*. Eu, porém, vos digo: amai os vossos inimigos e orai pelos que vos perseguem; desse modo vos tornareis filhos do vosso Pai que está nos céus, porque Ele faz nascer o seu sol igualmente sobre maus e bons e cair a chuva sobre justos e injustos" (Mt 5,43-45).

A sociedade segura não se impõe apenas pela sofisticação tecnológica e por sua eficiência. Há uma mentalidade tecnicista que vê dessa forma. É apenas um recurso disponível a contribuir; segurança envolve também pessoas capazes de relação e de gerenciamento da coisa pública. Estão em jogo outros fatores tais como estabilidade governamental e democracia, trabalho, educação, saúde, liberdade de expressão e de ir e vir, condições necessárias e básicas de segurança social. Cabe ao Estado o dever de zelar pelo princípio geral do bem comum e o princípio da solidariedade, promovendo as intervenções necessárias, considerando especialmente os mais necessitados (VIDAL, 1997, p. 713-717). Essa constatação se pode encontrar no ensinamento social dos Papas, de Leão XIII a Bento XVI, recordando à sociedade, aos governos o dever solidário na promoção do bem comum (CATHOLICS COMMITED TO SUPPORT THE POPE, 1993).[16] Para

---

[16] Essa obra agrupa o ensinamento social desde a *Rerum novarum* (1891), de Leão XIII, à *Centesimus annus* (1991), de João Paulo II, apresentando os contextos históricos sob os quais originaram e se situaram tais encíclicas, além de uma síntese dos principais pontos de cada uma. Para completar o quadro, inserimos a encíclica social mais recente: BENEDICTUS XVI. *Caritas in veritate*, 2009, p. 641-709.

João Paulo II "a solidariedade que favorece o desenvolvimento integral é aquela que *protege e defende a legítima liberdade de cada pessoa e a justa segurança de cada nação*. Sem essa liberdade e segurança faltam as verdadeiras condições para o desenvolvimento" (GIOVANNI PAOLO II. *Sviluppo e solidarietà*, 1986, n. 1).

Essas condições apregoadas, tanto pelo ensinamento social da Igreja quanto pelas declarações, convenções e pactos internacionais, demonstram que a solidariedade constitui um desafio a ser implantado socialmente tanto pessoal quanto comunitariamente, pois existem tantas inseguranças, e, aqui, magistério eclesial e as instituições internacionais exercem a vigilância cuidadora em favor do bem comum. A segunda constatação é que a segurança tecnológica não é um elemento determinante e reduzi-las somente a esse nível, é afastar a dimensão social e assumir um reducionismo tecno-determinista que reifica a própria vigilância, conforme lembrava anteriormente Fuchs. A sociedade segura é aquela que se pauta pelos níveis mais profundos e densos de solidariedade que se fundam na eliminação das vulnerabilidades pessoais e sociais pela confiabilidade compassiva e não meramente contratual, pelo respeito à dignidade da pessoa como capacidade inclusiva do outro e age prudencialmente na prática da justiça e na seleção dos meios tecnológicos para gerir o melhor modo de vida social.

A solidariedade supera aquele princípio fatalista de que o homem é mau por natureza. Considera as ambiguidades humanas tanto nas relações pessoais, sociais e na promoção do bem comum e mantém alerta naquele grau de confiabilidade necessários para a conviviabilidade humana. O ser humano não se apresenta como aporia hermética ou mônada social, mas como mistério que se revela e que tem necessidade do outro, dele depende e se sente seguro, ao experimentar profundamente a solidariedade do outro, por meio do amor desinteressado, manifestado pelo princípio de misericórdia, capaz de curar as feridas da desconfiança e imunizá-lo da neurose do controle e suas formas panópticas de poder que adoecem a sociedade e não promovem a paz.

A *solidariedade é ética* por sua natureza, porque implica uma *afirmação de valor* acerca da humanidade. Por essa razão, as suas implicações à vida humana em nosso planeta e às relações internacionais são também éticas: os nossos vínculos comuns de humanidade exigem que se viva em harmonia e se promova o bem uns para os outros. Essas implicações éticas constituem a razão pela qual a *solidariedade é uma chave fundamental pela paz* (GIOVANNI PAOLO II. *Sviluppo e solidarietà*, 1986, n. 52).

3. A contravigilância: até que ponto é possível vigiar os vigilantes?

O quadro referencial apresentado anteriormente se completa ao reclamar mais alguns aspectos importantes na reflexão da ética. A contravigilância é importante, pois representa a possibilidade que a sociedade, por meio de entidades ou da justiça, tem de exercer o controle sobre a vigilância. Argumentaremos que o princípio de precaução suscita a dúvida metódica diante do impacto das tecnologias de vigilância e são importantes determinados critérios como a transparência, a justiça e a conscientização enquanto formas de empoderamento social. Assim, o quadro para a reflexão ética no campo da teologia moral social se completa como plataforma discursiva e nunca como discurso final.

3.1. O princípio da precaução como dúvida metódica e critério orientador

Além da prudência já tratada, é importante constar na reflexão ética da vigilância o princípio da precaução. A arrolagem desse princípio se coloca não apenas no estado atual da vigilância, bem como em relação ao futuro. Analisando as tendências da evolução técnico-científica se pode entrever, conforme nosso entendimento, a ampliação do uso de tecnologias em grau cada vez maior de precisão e de invasão. Não se trata em nenhum momento de percepção negativa do progresso, e sim do real caminho a traçar e do desejo de que assumam formas equilibradas considerando a ética. Esse princípio está correlacionado à prudência e à responsabilidade e exerce o seu papel de contravigilância. Ele tem suas origens históricas nascendo das interrogações sobre a evolução da ciência e da técnica, no contexto da Segunda Guerra Mundial. Especialmente nos anos 70, na Alemanha, tem sua ampliação à segurança alimentar e saúde pública; sucessivamente é incorporado nos Tratados de Maastricht sobre a União Europeia (1992) e de Amsterdam (1997), nas Declarações de Bergen sobre o desenvolvimento sustentável (2002), e do Rio de Janeiro (1992), na Convenção sobre as mudanças climáticas (1992), e no Protocolo de Cartagena sobre a biossegurança (2000)[17], e também recebe críticas. Uma delas bastante consistente, mas também questionável é a de Sustein. Depois de afirmar que o princípio levanta uma série de interrogantes teóricos na maneira de formular decisões em nível individual e coletivo nos contextos de risco e de incerteza, assevera:

> A minha primeira tese é que em sua forma mais rigorosa o princípio de precaução seja literalmente incoerente e por uma razão precisa: os riscos estão em todo lugar, seja qual for o contexto social considerado. Trata-se, portanto, de um princípio paralisante, já que proíbe implementar as mesmas medidas que aconselha a adotar. Uma vez que os riscos estão em toda parte, o princípio de precaução proíbe não só de agir prontamente ou de permanecer totalmente inerte, mas também qualquer posição intermediária que se pretende assumir em relação a essas duas atitudes extremas (SUSTEIN, 2010, p. 15).

---

[17] Cf. *The Maastricht Treaty*. 7 Feb. 1992. Disponível em: <http://www.eurotreaties.com/maastrichtec.pdf>. Acesso em: 14 nov. 2012; *Treaty of Amsterdam*. 2 Oct. 1997. Disponível em: <http://www.lexnet.dk/law/download/treaties/Ams-1997.pdf>. Acesso em: 14 nov. 2012; *Cartagena protocol on biosafety to the convention on biological diversity*. 29 jan. 2000. Disponível em: <bch.cbd.int/database/attachment/?id=10694>. Acesso em: 14 nov. 2012; *Bergen declaration*. 20-21 Mar. 2002. Disponível em: <http://www.ospar.org/html_documents/ospar/html/bergen_declaration_final.pdf>. Acesso em: 14 nov. 2012; *Declaração do Rio sobre meio ambiente e desenvolvimento*. 3-12 jun. 1992. Disponível em: <http://www.onu.org.br/rio20/img/2012/01/rio92.pdf>. Acesso em: 14 nov. 2012; ANDORNO, 2008, p. 346-347; SETZER, 2007, p. 69-140; MARTINS HARTMANN, 2012, p. 157-158; DARÍO BERGEL, 2011, p. 1297-1299; SUSTEIN, 2010, p. 28-42.

O princípio da precaução, desde a sua gênese e formulação, não está correlacionado diretamente a pessoas e sim aos riscos que determinada ação, especialmente se envolve técnicas, tem sobre o meio ambiente. Em outros termos, acaba por proteger as pessoas das consequências de um procedimento arriscado, mirando a ação em si. A abordagem que se fará se diferenciará do modo tradicional como é apresentado, tratando-o como dúvida metódica diante da tomada de decisão. Andorno e Darío Bergel elencam algumas condições para que esse princípio seja aplicado: o dano temido deve ser grave e irreversível. A incerteza de sua causa, suas consequências, se é irreparável envolvendo morte ou lesão permanente ou dano superior ao comum; a avaliação da incerteza que não pode ser dissipada por dados científicos insuficientes, imprecisos e não concludentes; ação antecipatória do dano que consiste em conhecer a dimensão do risco e atuar em seguida, sendo essa uma debilidade no princípio; proporcionalidade nas medidas, verificando qual sua carga excessiva à sociedade; transparência nas medidas de modo que sejam do conhecimento público e das entidades envolvidas para que possam diminuir ao mínimo o risco; e inversão do ônus da prova em que se destacam os elementos suspeitos e do risco e se refuta ao mínimo a suspeita do risco (Andorno, 2008, p. 346-347; Darío Bergel, 2011, tomo II, 1299-1301).

A precaução relaciona-se à estratégia responsável de atenuação de riscos, naquelas situações em que as evidências científicas ainda não são suficientes para comprovar causalidade e efeitos de determinada ação, visando ao bem social, seja esse ambiental ou social. Andorno define o princípio, dizendo que esse aspira a orientar medidas quando se suspeita que determinadas tecnologias trazem risco à saúde pública ou ao meio ambiente e ainda não se pode contar com a prova definitiva de tal risco (Andorno, 2008, p. 346). Depreende, então, considerar esses fatores ao se interrogar as tecnologias de vigilância e seu influxo social.

O princípio não se coloca, nesse caso, como elemento proibitivo, mas como dúvida metódica acerca dos procedimentos e suscita a necessidade de maiores aprofundamentos por parte da ciência em todos os âmbitos do saber e dos efeitos sobre a pessoa, a sociedade, da mesma maneira que se interpõe à gana das companhias que apresentam tais produtos como soteriológicos. Nesses termos, as condições de aplicação, antes de serem elementos que conformam o princípio, podem ser questionamentos que se levantam. Ao analisar o fenômeno da vigilância tanto social como tecnológica, possibilita arrolar as incertezas do risco que traz às pessoas, à sociedade, e se realmente é necessário aquele modo de sistema de vigilância para se ter segurança, bem como sua eficiência; indaga se existem outras estratégias que, com ações diversas, obtêm o mesmo efeito, ainda que seja em longo prazo. Na avaliação dos riscos, é salutar considerar a incerteza de eficiência e a violação de direitos que, pelas bases teóricas existentes, demonstram as ambivalências. "A prevenção do terrorismo, a segurança entendida como proteção da violência e da ilegalidade comportam, ao mesmo tempo, o recurso à retórica dos direitos e a sua violação" (PITCH, 2008, p. 172). Pitch (2008, p. 174) argumenta que "em nome da prevenção, da segurança do risco de criminalidade, ilegalidade e, sobretudo, hoje, do terrorismo, as fronteiras estão sendo blindadas e o direito comum suspenso". Há o risco de um panopticismo do ponto de vista tecnológico e se pode indagar até que ponto as fundamentações benthamianas, foucaultianas, orwellianas e deleuzianas têm razão. O mito de *Argos Panopticon*, como paradigma social, também faz pensar nos aspectos conflituosos. Na perspectiva de Fuchs, a de que a vigilância não é solidária, e nas formas como vêm sendo promulgadas, especialmente pela imposição do medo, da desconfiança, acarreta-se dano social, tais como a neurose da desconfiança e, pior, do cerceamento de liberdades ou do controle social sob a aparência do discurso da segurança. O controle social pode ser considerado dano grave. No que diz respeito às medidas tomadas, até que ponto a restrição da liberdade pode ser justificada em nome da segurança? A militarização da segurança ou transformá-la na metalinguagem da guerra: "guerra ao tráfico", "guerra ao terror" parece ser exagerada. As medidas de segurança desproporcionais afetam realmente os agentes causadores de insegurança (terrorismo, crime organizado) ou os efeitos mais evidentes são sobre a população?

Outro aspecto lábil é o da transparência, pois até que ponto os governos e suas instituições agem transparentemente, considerando o risco real, ou hiperbolizam discursos para usos políticos e afins, além do verdadeiro interesse de obterem dados da população por meio de ID *cards*, de biometria, de bancos de dados? Fica sempre a dúvida se é para a governança, cujo fim é exercer a solidariedade e a subsidiariedade. É necessário considerar como o governo e suas instituições e as companhias da área de segurança trabalham para oferecer o produto segurança e como agem para comprovar à sociedade de que riscos existem e que tal impacto é amortizado, pela imunização dos riscos sobre a população, sem cerceamento de liberdades ou controle social. "Os cidadãos exigem cada vez e com maior ênfase participar nas decisões que se relacionam com sua segurança. Desejam ser eles, com base no diálogo democrático e participativo, que determinem o nível de risco que desejam tolerar" (Darío Bergel, 2011, tomo II, p. 1297). E por fim, no que diz respeito às companhias que dominam essas tecnologias, a transparência ao apresentarem os feitos de suas tecnologias, tais como invasão, eficiência, custo-benefício ou até mesmo os riscos à saúde.

O princípio de precaução, como dúvida metódica e *"critério orientador* às autoridades públicas, que serão aquelas que, em última instância, determinam as medidas concretas a serem tomadas em cada caso, conforme a magnitude do risco potencial, a importância dos bens em jogo e as diversas soluções alternativas existentes" (Andorno, 2008, p. 346), faz alargar o enfoque da aplicação meramente tecnológica da vigilância e recorrer a outros mecanismos como a justa distribuição de bens, a melhor qualidade de vida da sociedade, a liberdade de expressão, a promoção do discurso da confiança como elemento antropológico, sem desconsiderar a complexidade social, as necessidades de segurança, os níveis de conflito social e de violência, mas consideram a humanidade como casa existencial e de relações ainda viável. Dario Bergel, após distinguir a diferença entre previsão e prevenção, afirma que "enquanto a prevenção é um assunto de expertos confiados a seus saberes, a precaução é um assunto que compete à sociedade em seu conjunto e deve ser gerenciado em seu seio para orientar a tomada de decisões políticas sobre assuntos de relevância fundamental" (Darío Bergel, 2011, tomo II, p. 1302). A precaução, enquanto princípio, não tolhe em nenhum modo o progresso tecnológico da humanidade. Faz refletir sobre o imperativo da técnica: "*deve-se* fazer tudo aquilo que se *pode* fazer". Ao contrário, "o princípio de precaução aspira a incentivar propostas de *modos alternativos de desenvolvimento*, compatíveis com a qualidade de vida da geração presente e das gerações futuras. Desse modo, pode-se afirmar que esse novo princípio constitui um chamado a um *maior esforço imaginativo em matéria de desenvolvimento tecnológico*" (Andorno, 2008, p. 346). Além disso, admite ser enfocado sob tríplice enfoque: jurídico, político e ético (Darío Bergel, 2011, tomo II, p. 1301), considerando outros fundamentos tais como a responsabilidade moral, a prudência, a solidariedade, a misericórdia, visando à dignidade humana e ao bem social, fazendo pensar no imperativo paulino: "'tudo me é permitido', mas nem tudo me convém. 'Tudo me é permitido', mas não me deixarei escravizar por coisa alguma" (1Cor 6,12).

3.2. A transparência como contraposição aos focos de opacidade da vigilância

Outro critério que se faz importante é o da transparência que tem sua aplicação sempre reivindicada na ética da comunicação e tem se tornado um bordão hodierno em diferentes setores da sociedade. Embora aqui o cenário se modifique, pois se trata de fenômeno de maior complexidade, envolvendo governos e suas instituições, companhias de segurança, relações sociais privado-públicas, tecnologias e regime governamental, como democracia, não se pode esquecer de que tudo isso depende de informação, comunicação e também de transparência, embora, em certos casos, a não transparência garanta determinadas ações. De acordo com Mucci, "o imperativo democrático da transparência não pode ser absoluto, por nenhuma outra razão, pois, mesmo nas democracias mais completas, age o mundo da diplomacia e dos negócios e nunca é descartado o fantasma da guerra: diplomacia, negócios, guerra, ou seja, atividades nas quais é inevitável o engano ou pelo menos a falta de verdade e de clareza" (Mucci, 2010, p. 130-131).

Outra dificuldade ocorre da parte dos cidadãos de terem acesso a informações. Não se trata de ter informações sobre os segredos de Estado, uma vez que isso é impossível e constitui garantia ao próprio Estado e à própria população. Não se pode desprezar o papel de instituições conhecidas como Pentágono, CIA, NSA, Interpol, dos serviços secretos e outros para identificação de crimes de alta complexidade e de interesse dos Estados, tanto para o bem da população, como também de ações suspeitas, envolvendo interesses econômicos espúrios e outros, embora se possam questionar os meios e alguns fins a que visam. Trata-se de uma questão controversa, entretanto, que está presente no fenômeno da vigilância.

> O cidadão comum entende bem que o Governo democrático tem a necessidade e o direito de tutelar-se das insídias dos inimigos internos e dos ataques daqueles externos. Entende bem que Estados e Governos não podem fazer sem espionagem e serviços secretos, sem os quais as instituições democráticas seriam inermes frente às facções, máfias, grupos subversivos, potências estrangeiras. Hoje, então, o terrorismo com escala planetária e o comércio das drogas comprometem aqueles serviços muito mais do que as tensões que sempre existem entre grandes e médias potências (Mucci, 2010, p. 127).

Se não é possível conhecer os mecanismos pelos quais agem tais instituições por pertencerem aos "segredos de Estados" e pela difícil acessibilidade e vigilância que exercem sobre seus membros, isso não quer dizer que, no âmbito da vigilância, a transparência não seja algo fundamental, e que algumas ações sejam importantes para não enfraquecer o próprio processo democrático. O cidadão precisa de informações sobre o porquê dos cuidados com a segurança e a informação dos lugares onde se tem monitoração de CCTV, o consentimento informado de manipulação de dados etc (BRIN, 1998). Essas são informações básicas que já existem e podem ser oferecidas e estimuladas ao cidadão para que ele se conscientize de seus direitos.

A *Privacy International* afirma que a proteção da privacidade requer a monitoração dos observadores e, nos últimos anos, as nações ao redor do mundo têm feito progressos importantes, oferecendo aos cidadãos acessos a registros de governo como forma de combater o abuso de poder e a corrupção e promovendo a liberdade de imprensa. Segundo esse organismo, ainda constitui grande desafio à privacidade as leis de registros públicos: podem ajudar indivíduos a assegurarem que os governos continuem a ser transparentes e responsáveis, entretanto, alerta que essa ferramenta de empoderamento pode se converter em outra que dá poder aos governos e às empresas de controlar os cidadãos. As leis de registros públicos são importantes à aplicação dos direitos de privacidade críticos como a proteção contra a criação de bancos de dados secretos, o direito de corrigir informações imprecisas e saber quando e como as informações sobre os cidadãos são usadas.[18] Muitas vezes parte-se do pressuposto que o desconhecimento das pessoas confere o seu consentimento e, consequentemente, facilita o processo de vigilância, uma vez que a população não interessa por tal atividade, delegada aos órgãos competentes, o que não significa que determinada ação realizada por eles seja eticamente aceitável.

---

[18] Cf. *Government transparency*. Disponível em: <https://www.privacyinternational.org/issues/government-transparency>. Acesso em: 15 nov. 2012.

A construção do discurso sobre o que é a verdade dentro de uma sociedade panóptica leva em consideração o privilégio pela opacidade e transparência como díades antagônicas e, ao mesmo tempo, únicas e fraternas. Aquilo que se porta fora do alcance da maioria das pessoas, é sublimado e alcançado enquanto norma consensual que se autoimpõe como verdade para a maioria de forma indiscutível e sem conflitos (ARRUDA PAULA, 2002, p. 128).

Em 2010, o gabinete do governo britânico incumbiu Kieron O'Hara de elaborar um estudo revisional sobre as questões de privacidade, intitulado *Transparent government, not transparent citizens: a report on privacy and transparency for the Cabinet Office*.[19] O documento chega a algumas conclusões: a privacidade é extremamente importante à transparência; a legitimidade política desta depende da capacidade da confiança pública; a proteção à privacidade deve ser incorporada em qualquer programa de transparência. A privacidade e transparência são compatíveis, desde que a primeira seja protegida em todas as fases; a discussão sobre o anonimato tem sido impulsionada por considerações jurídicas; deve-se continuar a manutenção de dados anônimos confidenciais e a cautela acerca da liberação deles, de acordo com a Carta de Governo Aberto (*Open Government Licence*) e a metatransparência necessárias para preservar a confiança. Em seguida, o relatório recomenda quatorze passos para implementar essas conclusões sem fazer fortes reivindicações de recurso:

> representar interesses de privacidade no Conselho de Transparência (*Transparency Board*); usar consulta de divulgação e controles de acesso de forma seletiva; incluir paradigma técnico; mover em direção ao regime de demanda; criar registro do patrimônio de dados; criar painéis de transparência do setor; procedimento para triagem de pré-lançamento de dados para assegurar o respeito pela vida privada; ampliar a base de pesquisa e manter um modelo de ameças precisas; criar um produto guia para disse-

---

[19] Cf. O'HARA, Kieron. *Transparent government, not transparent citizens:* a report on privacy and transparency for the Cabinet Office. Disponível em: <http://www.cabinetoffice.gov.uk/sites/default/files/resources/transparency-and-privacy-review-annex-b.pdf>. Acesso em: 15 nov. 2012.

minar as melhores práticas e pesquisas atuais em transparência; manter a eficácia do controle do novo paradigma em análise; manter procedimentos existentes para identificação de danos e remédios; usar o data.gov.uk para aumentar a sensibilização para a responsabilidade da proteção de dados; investigar a vulnerabilidade de dados dos bancos de dados anônimos; ser transparente sobre o uso das técnicas de anonimização.[20]

Aparentemente, o relatório demonstra a preocupação do governo britânico em questões de transparência relativas à exposição de dados dos cidadãos. Entretanto, esse mesmo governo não cumpre várias dessas decisões. O artigo de Smith, intitulado *Transparent citizens and opaque government* publicado pela *Privacy International*, critica a continuidade da liberação de dados sobre os cidadãos, acelerados com suas novas políticas.[21] Como se percebe, evidencia-se a tensão entre as políticas governamentais de transparência e o seu real cumprimento, e a sociedade que reivindica os direitos de saber o que os controladores fazem com dados pessoais dos cidadãos. A crítica de Smith é interessante, pois muitas vezes exige-se dos cidadãos a transparência quase absoluta por meio dos "ritos de passagem", alicerçados pela arquitetura, pelo complexo confessionário e pela requisição de dados pessoais e da burocracia, enquanto que os governos trabalham em um regime de opacidade e, muitas vezes, dificultam o acesso a informações que deveriam ser úteis à população para que esta exerça a sua forma de cuidar do próprio regime democrático. Assim, a transparência coloca-se como um interrogativo ético importante na elaboração das políticas de vigilância e de segurança e também no uso das tecnologias que compõem esse sistema. Os meios de comunicação podem prestar seu serviço, conscientizando cidadãos de menor conhecimento sobre esse fenômeno.

---

[20] O'HARA, Kieron. *Transparent government, not transparent citizens:* a report on privacy and transparency for the Cabinet Office. Disponível em: <http://www.cabinetoffice.gov.uk/sites/default/files/resources/transparency-and-privacy-review-annex-b.pdf>. Acesso em: 15 nov. 2012.

[21] Cf. SMITH, Sam. *Transparent citizens and opaque government.* Disponível em: <https://www.privacyinternational.org/blog/transparent-citizens-and-opaque-government>. Acesso em: 15 nov. 2012.

A transparência não significa revelar todos os dados de si, uma vez que isso é impossível, a começar do próprio mistério humano e de suas formas de relações e de organização social complexa, e sim de translucidez que permite raios de luz passarem, embora não vão permitir que se vejam todos os conteúdos. Solove enumera quatro funções gerais da transparência: "(1) lançar luzes sobre atividades e procedimentos governamentais; (2) descobrir informações sobre oficiais públicos e candidatos a cargos públicos; (3) facilitar certas transações sociais, tais como a venda de propriedades ou a iniciação de ações judiciais; e (4) descobrir informações sobre outros indivíduos para uma série de propósitos" (SOLOVE, 2004, p. 140). Nota-se que a transparência é um critério que permite equacionar forças, ao possibilitar que se conheça determinada realidade e aja sobre ela. Se governos ou companhias utilizam seus bancos de dados, há uma diferença, se estes são para gerenciamento público para efetivar melhores ações e implementarem estratégias de governo mais efetivas e equacionar vulnerabilidades sociais ou se são empregados para controle político e para implementação de políticas excludentes. "O imperativo da transparência é cada vez mais urgente" (LYON, 2007a, p. 187). Ele tem o papel de contravigilância, oferecendo à sociedade maior forma de controle sobre a vigilância bem como efetiva a confiança social quando se percebe empenho de governos, instituições e companhias de segurança em oferecer segurança sem sacrificar exaustivamente as liberdades sociais dos cidadãos de bem ou da própria sociedade.

3.3. A justiça como equalização dos excessos da vigilância

A justiça é outra instância importante no que se refere à busca de equilíbrio entre indivíduo, sociedade e violações provocadas pelas estratégias de vigilância e, na maioria das vezes, assume o ônus de equilibrar e fazer valer direitos. Tradicionalmente costuma-se distinguir três formas de justiça: a comutativa, a distributiva e a legal, embora se saiba que o conceito de justiça não seja totalmente unívoco, dependendo de teorias e contextos (VIDAL, 1997, p. 127-128; RUBIO, 1993, p. 32-33; PONTIFICIO CONSIGLIO DELLA GIUSTIZIA E DELLA PACE, 2005, p. 375). Essas são algumas de suas interfaces; há outra face que as antecede, aquela que promana da consciência humana e visa ao agir com justeza. Sem incorrer em acepções, esse é o rosto mais nobre da justiça e tem a sua concretude no justo, enquanto pessoa e ato humano. Quando essa primeira instância encontra-se fraturada resta, então, o caráter legal ou repressivo como forma de obter a homeóstase em relação ao dano provocado. "A justiça é a categoria ética capaz de orientar moralmente a mudança e o conflito social" (VIDAL, 1997, p. 132). Em outros termos, a função da justiça é mediar e garantir o equilíbrio das diversas modalidades que constituem as relações sociais, como função antropológico-social, caracterizando-se como instância restauradora (RUBIO, 1993, p. 22). Desse modo, não denota somente a guardiã de direitos, mas do bem social como um todo, que se manifesta nas várias intercorrências do bem comum. Pode-se chamar de justiça social que, segundo Fernandez, "é uma denominação original que responde a situações sociais tanto econômicas como políticas novas. Com ela se quer expressar a necessidade de que as relações sociais nascidas de uma nova ordem econômica se regulem com justiça" (FERNANDEZ, 1996, p. 422). Na verdade, não se trata de uma nova denominação de justiça, mas de realidade em estreita relação com as suas três formas (PONTIFICIO CONSIGLIO DELLA GIUSTIZIA E DELLA PACE, 2005, p. 377) que visam a garantias nas novas situações que se apresentam na era atual. Vidal relembra a importância da justiça como ideal utópico de igualdade, como algo que coloca em questão a ordem estabelecida e como categoria dinamizadora de mudança (VIDAL, 1997, p. 129-132).

Rubio estabelece três raízes fundamentais da justiça: a pessoa, como ipseidade e relacionalidade, como ipseidade-outreidade, autorrealização-alterorrealização, pessoa-sociedade; o outro, com sua condição de outreidade, como rosto, como responsabilidade; e a sociedade, suas estruturas básicas e justiça, sociedade justa e bens primários da pessoa, sociedade e formas básicas de justiça. Ao tratar da temática envolvendo pessoa e o outro, o autor assume enfoque levinasiano-ricoeuriano, e sobre justiça e sociedade, uma aproximação rawlsiana (RUBIO, 1993, p. 7-34).

De acordo com Rubio (1993, p. 23), "uma sociedade não pode existir – nem subsistir – cabalmente sem justiça; o homem enquanto ser social só pode realizar-se e desenvolver-se adequadamente em uma 'sociedade justa'". Se assim o é, a justiça exerce o duplo papel: a vigilância que cuida e protege os direitos dos vulneráveis e de contravigilância ao se interpor à força da vigilância como forma de controle sobre os corpos e violação dos direitos. A justiça, em sentido estreito, é um modo de vigilância que considera a parte mais vulnerável que foi afetada naqueles aspectos que violam os bens primários da pessoa: os direitos humanos, as liberdades básicas e no horizonte da solidariedade internacional (RUBIO, 1993, p. 28-31). Isso pode ser estendido desde a dignidade humana aos outros direitos que vigoram na sociedade.

A sociedade na qual vivemos cada vez mais se constitui uma sociedade de segurança. Gary Marx afirma que esta compreende seis sociedades aparentes: é programada, de arquivos (dossiês), atuarial ou previsível, porosa, de autovigilância e desconfiada ou de suspeição (MARX, 2010, p. 150-161). Em se tratando de contexto de práticas de vigilância numa sociedade de segurança máxima, o olhar e ação da justiça ocorrem quando pessoas ou sociedade sentem-se coagidas por determinadas formas ou estratégias de vigilância que desconsideram a pessoa em sua intimidade e privacidade. Pode-se constatar, então, a dimensão da solidariedade presente na justiça (VIDAL, 1993, p. 35-54). Se a "justiça pressupõe a pessoa e nela se fundamenta" (RUBIO, 1993, p. 7), sua operacionalidade será em prol dos eventos que a envolvem, tanto em nível social quanto àquilo que a rodeia. Em termos de vigilância, é proteger as pessoas daquelas situações em que a transformação de sua corporeidade convertida em dados e por meio de violação possa interromper-lhe serviços que lhe afetam seus direitos básicos ou determinado tipo de classificação, discriminação, exclusão social e intrusão na vida privada, não somente em nível familiar, mas de trabalho, de negócios etc. Há casos em que a função da justiça como vigilância está em proteger exatamente daqueles que exercem a vigilância para que não se cometam abusos, como é o uso de videocâmeras durante os interrogatórios policiais para que não haja excessos em relação aos suspeitos (LYON, 2005, p. 5). Introna, fundamentando-se em Levinàs, demonstra que a vigilância no local de trabalho, por exemplo, é antiética e injusta (INTRONA, 2003, p. 210-216). Desse modo, a justiça age em favor do dever social da segurança que inclui cada indivíduo como vigilante do bem comum e também do conjunto social, contestando aquelas formas imperativas que utilizam a vigilância como meio para auferir favores ilícitos em benefício próprio, tais como exemplo a biopiratia, a violação de patentes, a comunicação de dados essenciais de indivíduos a empresas de seguro, planos de saúde. Nessas situações, utiliza-se de vigilância para prejudicar o outro que pode ser tanto pessoas, instituições ou Estados.

O foco da justiça como contravigilância está no fato de essa ser um suporte em que pessoas, instituições e até Estados podem recorrer quando sofrem ingerência de formas maiores que interferem de algum modo no conjunto da vida social, trazendo riscos. A justiça assume o caráter de dirimi-los. Entende-se, aí, a sua forma preventiva, protetora e equitativa. "A justiça é a grande 'virtude' e o grande 'princípio' da vida social. Ela faz com que, no contato social, os sujeitos sejam considerados como pessoas, ou seja, como sujeitos valiosos em si e por si, livres e iguais. Ela introduz, sobretudo, o valor da igualdade na ordem social existente ou no que, por razão dessa mesma igualdade, há de ser estabelecido" (VIDAL, 1993, p. 35). Em outros termos, no conjunto das estratégias da vigilância, o papel da justiça é reconstruir os corpos que desaparecem.

Pitch (2008, p. 170) assevera que "sem corpos não existe diversidade e não há política". Se isso é verdade, a redução da pessoa em sujeito telemático ou seu corpo em código alfanumérico representa formas muito coercitivas e de poder que reduzem a complexidade do ser humano e de suas relações sociais. A existência dos corpos é o pressuposto para que exista a política, que significa a relação que o indivíduo tem com a pólis e com outros pares e constitui a razão nobre para a concretização do bem comum. Qualquer forma de vigilância que se constitua redutora da relacionalidade dos corpos ou que os utiliza como instrumentalização é perigosa e constitui objeto do olhar da justiça, pois sub-repticiamente estará presente uma série de violações de direitos. Um exemplo evidente disso seria a submissão de trabalhadores de uma empresa ao monitoramento de telecâmeras, e outro, a recolha de fluídos ou material genético sem o consentimento dos mesmos. No primeiro caso, a justificativa pode ser plausível para verificar se esse trabalhador esteja exercendo corresponsavelmente o seu trabalho; pode ser uma forma sutil de pressioná-lo. No segundo caso, trata-se de forma de classificação e de exclusão por uma série de fatores. A exclusão poderia até ser justificada, caso esses trabalhadores representassem um perigo – fossem terroristas infiltrados ou potenciais assassinos – aos demais e à empresa; entretanto, para se chegar a isso, o meio é extremamente ilícito, pois se partiu da vulnerabilidade que possuíam, a falta de informação sobre tal procedimento. Se, num desses testes, descobre-se que determinados trabalhadores têm chances de desenvolver doenças degenerativas e são eliminados para não constituírem ônus financeiro à empresa, a justiça tem função de garantir os direitos daquelas vítimas.

Assim, a função da justiça, além de salvaguardar direitos e de agir como contravigilância, é despertar as pessoas e sociedade quando têm seus direitos prejudicados. No entanto, ela não passa somente por justiça entendida como direitos, mas por uma instância mais profunda que é a consciência humana do que é ser justo. Os operadores da vigilância têm de se interrogarem sobre isso: o que é ser justo em uma complexa sociedade da segurança? Os meios tecnológicos não são justos e nem injustos; como são programados, exercem sua função como tal de acordo com a capacidade que têm. Mas os indivíduos que os controlam têm a intencionalidade. É essa intencionalidade o termômetro regulador do agir justo ou injusto. Agir deliberadamente, utilizando-se de tecnologias de vigilância, sob a égide do discurso da segurança, de modo a controlar a vida dos cidadãos e obstaculizando seu direito de ir e vir ou transformando-o em "suspeito categorial", parece ser contraditório com o princípio do bem comum e da justiça.

O agir justo, socialmente, no contexto ora vigente, considera a responsabilidade, a prudência, a solidariedade, a misericórdia, a precaução, a consciência, a transparência, especialmente em relação aos vulnerados. Em termos cristãos, são *imago Dei* e possuem a dignidade e devem ser cuidados. "Para o crente, a justiça é a forma mediadora da caridade política. [...] Para o não crente, a justiça totaliza o horizonte ético, porque para ele, no âmbito religioso expresso da caridade, não há nenhum significado real" (VIDAL, 1997, p. 120-121).

3.4. A conscientização: inserir a sociedade no discurso sobre a vigilância

Postos esses elementos para a reflexão ética e buscando a contribuição que vem por parte da moral social, há que se conscientizar do que realmente significa a contextualização da ética e o que isso representa no conjunto das revoluções tecnológicas em todos os setores e não é diferente no setor da vigilância. Faz-se necessário maior conhecimento por parte da população sobre os seus impactos. Os positivos são mais evidentes, uma vez que se constituem em tese a razão pela qual existem, contribuindo à segurança. Como não existe nem ciência, nem progressos científicos neutros, ocorre que a ambivalência está presente nesses processos e, nesse caso, faz parte da contribuição ética oferecer elementos significativos à sociedade sobre esses efeitos, para que assuma o seu papel de contravigilância. Embora pareça ser algo tenso, é um fenômeno normal que se apresenta com suas forças. A informação correta pertence à transparência, ao exercício da veracidade e faz parte da justiça, pois somente assim é possível reivindicar direitos que foram lesados. Não se constitui um efeito alarmante e de produção do medo que desnorteia a sociedade. Onde existe relação ser humano, natureza, sociedade, relações pessoais, econômicas, há possibilidade de riscos. A existência é risco. O que varia são as formas como as sociedades se conscientizam deles e como lhes respondem, usando seus próprios recursos para combatê-los.

A inserção da sociedade no discurso da vigilância é fundamental para que esta exerça a sua responsabilidade. A impressão que se tem é que a vigilância é um assunto delegado ao governo e suas instituições, companhias de gerenciamento da segurança, técnicos e estudiosos do fenômeno. Ao contrário, se a sociedade não participa das decisões técnicas, é a que em primeira pessoa absorve os impactos reais dos benefícios e das ambivalências. No processo democrático atual, ao afrontar esse tema, a sociedade não pode ser uma receptora passiva de ações governamentais. Obviamente os governos têm a função de serem os guardiões por excelência; a sociedade tem, por meio de suas instituições, como, por exemplo, a justiça, fazer com que tanto a vigilância constitua na imunização dos riscos sociais, e equacionar os danos resultantes à sociedade mesma, evitando que cidadãos não sejam altamente transparentes e governos, suas instituições e companhias de segurança opacas.

Outro aspecto importante desse processo de conscientização é ultrapassar as fronteiras do medo enquanto realidade que bloqueia a ação e os relacionamentos. A contribuição da ética é importante, pois constitui a casa das relações pautadas no bem e isso significa outro nível, o da confiança, tanto pessoal como aquela que se estende à sociedade. Nesse sentido, trata-se de imunizar o medo paralisante e seus congêneres, deixando a mônada do isolamento social. A superação desse medo passa pela intimidade, realidade antropológica, em relação à privacidade, convenção jurídica para protegê-la.

> A privacidade situa-se já no âmbito jurídico. Não estamos mais na intimidade, mas dela saímos. A pessoa já confeccionou ou praticou atos propriamente humanos, visíveis, tangíveis, cognoscíveis. [...] todavia convém reter que os atos humanos, quando internos, pertencem à intimidade, enquanto que só atos humanos externos, alguns dentre eles, situam-se no mundo da privacidade (ALONSO, 2005, p. 17).

As pessoas atualmente reivindicam a privacidade e expõem sua intimidade, tornando-a vazia e vulnerando-se, especialmente no âmbito das redes sociais. "As redes sociais 'servem' para entrar na vida dos outros e permitir aos outros de entrar na nossa própria. O entusiasmo, justificado pelo outro, da descoberta de novas possibilidades corre o risco de, todavia, fazer perder a medida" (SPADARO, 2009, p. 410). Não seria esse um problema atual, legar para uma instância jurídica aquilo que deveria ser o núcleo do ser humano? A intimidade exerce, além da extensão profunda da interioridade, aquela vigilância salutar em relação à exposição pessoal, não balizando aspectos importantes como relação e confiabilidade. A intimidade é confiada a Outro que tem face e não à desfaceada rede de vigilância social que, sutilmente, coloca-se nas redes sociais, por exemplo. Passa pela valoração de si e elege o Outro como receptor da veracidade do meu ser. A conscientização sobre a intimidade no processo da vigilância se traduz em algo importante hodiernamente, pois interroga acerca da base do ser humano e suas ações e da deliberação de informação para não incorrer no risco do caos moral.

> A intimidade é muito mais que informações íntimas ou barreiras defensivas; pertence ao ser, muito mais que ao haver; revela a pessoa inteira, em toda a sua dignidade; faz com que compartilhe a própria riqueza pessoal, de modo livre e confiante. A intimidade é poder dispor da própria vida, gerir livremente o mundo interior feito de pensamentos e de experiências. O cuidado desse âmbito interior é mais importante do que o ocultamento de certas informações (CARBAJO NÚÑES, 2010, p. 118).

É preciso ter consciência de que do momento em que se disponibilizam dados, sejam quais forem, provavelmente perde-se o controle. Estão em um sistema, ainda que muitas vezes se possa acessá-los. Ali está apenas uma parte do que podemos saber; o que fazem os controladores se constitui um ato de confiança nas instâncias que requerem tais dados. Há um pacto social implícito entre sociedade e instituições, e aquelas que não cumprem esse papel perdem também a credibilidade e, nesse caso, onde há violação de direitos, a justiça se apresenta como equacionadora do dano. Muitas vezes esse conceito tácito pode ser perigoso, uma vez que a sociedade não exerce a sua contravigilância, pelas coisas aparentemente não apresentarem problemas, no entanto, as instituições por meio dos anéis da serpente sub-repticiamente auferem tais dados e os empregam para uma série de finalidades econômicas. O exemplo mais banal são os *spams* que recebemos cotidianamente em nosso correio eletrônico. Ora, se recebemos tantas ofertas de produtos que não solicitamos é sinal de que os dados de *e-mails* estão sendo utilizados para esses fins. Assim, não se pode desconsiderar a crítica sobre os mecanismos de poder que agem abscôndito.

A outra consideração sobre a conscientização vem da própria ética. Ela se coloca como limitada a dar respostas universalizantes ao fenômeno da vigilância e das tecnologias. Cada situação requer abordagens diferentes. A ética é um vocativo que invoca a realidade em seu contexto e de forma imperativa impulsiona à escolha do bem. Se a vigilância não constitui função de ser sentinela e de proteger pessoas e/ou tirá-las da vulnerabilidade, em vista de uma sociedade mais harmônica e, ao contrário, apenas exerce o panopticismo, há que se pensar em critérios éticos para equacioná-los. A ética da vigilância não pode perder o seu caráter antropológico forte e crítico. Ela não se constitui pela inserção de mero principialismo, embora tenha sua importância; existem outras criteriologias que se constituem como base. É importante ressaltar que uma ética utilitarista pode responder muito bem à aplicação maciça de tecnologias de vigilância e, por basear-se nos acordos sociais, verifica apenas o bem da sociedade e desconsidera uma leva de pessoas que faz parte do corpo social, pois não se enquadra na preocupação do "útil" nem na lógica do custo-benefício. Há que se considerar uma ética dos valores humanos sociais, políticos que considerem sempre a tensão indivíduo, sociedade e impacto das tecnologias de vigilância.

No que diz respeito à moral social, esses valores já existem. É preciso voltar às fontes e trazê-los à luz das discussões atuais de um modo mais tonificante. Eles são importantes à demarcação de balizas em um contexto bastante novo em construção, que tem sido explorado pela sociologia e disciplinas afins e ainda considerado terra de ninguém do ponto de vista dos discursos da ética e da teologia moral. O papel do teólogo moral é refletir sobre o agir moral à luz da Revelação em ambiência da sociedade de vigilância e escavar os melhores fundamentos para estabelecer sempre um diálogo com outras instâncias sociais. Ele tem a consciência de que a teologia se faz com diálogo consigo mesma e com outras disciplinas do saber. Trata-se, portanto, de inserir a reflexão cristã no discurso da vigilância e auferir de sua riqueza matrizes importantes para o discurso ético.

Por fim, chamar a sociedade a participar de modo mais ativo nas discussões sobre a vigilância é dar-lhe ferramentas para empoderá-la para que possa reagir àqueles fenômenos de maximização de segurança que coloca em risco as liberdades dos cidadãos. Recordando Platão, no mito da caverna, pode ser mais cômodo socialmente permanecer na escuridão da caverna do que experimentar a dor da luz. É somente enfrentando a dor da claridade que se pode descortinar também horizontes e esse parece ser, no atual contexto histórico, muito vasto e com muitas ilusões de óptica. A conscientização, juntamente com a discussão ética, é importante para desfazer em grande parte essas ilusões e dar realismo e se preparar para os próximos eventos, ainda na ficção, que serão realidade. Esse é o cenário que se vislumbra para o futuro.

4. A validade dos critérios no contexto de sociedade e vigilância líquidas

As discussões precedentes se concentraram na formulação de uma ética que recorre à contribuição da teologia moral para compor a sua fundamentação, considerando os critérios mais adequados à ética da vigilância. Não basta somente isso, há que se perguntar se são válidos. É o momento crucial de submetê-los, provando-os e verificar se são resilientes[22] e se sustentam-se no cenário da sociedade atual com seus impactos. Afrontaremos essa questão sob dois enfoques: demonstrando que, embora se considere a vigilância líquida, os resultados são sólidos e quais os parâmetros para avaliar tal ética.

4.1. A validade dessa ética à sociedade de segurança e vigilância líquidas

Gary Marx apontava para a nova tendência da vigilância, conforme vimos anteriormente, confirmando, de certo modo, o nosso raciocínio, ao assinalarmos para certa liquefação nesse campo. Bauman e Lyon, em uma interlocução, de acordo com recente obra, discutem a realidade da vigilância sob a metáfora do "líquido", embora o segundo atesta que

---

[22] Resiliência/resiliente é um conceito proveniente da física e significa a propriedade que um corpo/material tem de suportar, ao ser submetido a condições extremas (choque, temperatura, tensão) e retornar à forma original sem sofrer avarias. Nos últimos tempos, tem sido aplicado a várias áreas do saber como a engenharia civil, tecnologia, mecânica, medicina, psicologia e administração. Em psicologia, por exemplo, refere-se à capacidade que um indivíduo submetido a elevado nível de estresse tem de controlar seus impulsos e responder inteligente e eficazmente à resolução de problemas complexos. O mesmo ocorre na área administrativa como capacidade que o indivíduo/instituição tem de superar obstáculos burocráticos e financeiros. (Outras referências, conferir: GRAN ENCICLOPEDIA ESPASA, v. 26, 2002, p. 11382; GRAND DICTIONNAIRE ENCYCLOPÉDIQUE LAROUSSE, tome 9, 1995, p. 8912.)

nem sempre as posições entre ambos são consonantes (BAUMAN; LYON, 2012, p. 17). É um modo de tentar compreender o fenômeno da vigilância atual e o seu grau de alcance, conforme sustentam:

> Este livro examina por meio de conversa até que ponto a noção de vigilância líquida nos ajuda a compreender o que está acontecendo no mundo do monitoramento, rastreamento, traceabilidade, classificação, checando e vigiando sistematicamente, o que denominamos de vigilância. Isso proporciona o segmento-chave em nossa conversa. Engaja-se com dois debates históricos sobre o projeto panóptico de vigilância, bem como os desenvolvimentos contemporâneos em um olhar globalizado que parece deixar lugar nenhum para se esconder e, simultaneamente, é bem-vindo como tal. Mas isso também se estende externamente para tocar grandes questões por vezes não alcançadas por debates sobre a vigilância. É uma conversa na qual cada participante contribui mais ou menos igualmente ao todo (BAUMAN; LYON, 2012, p. vi-vii).

A metáfora usada por Bauman em seus escritos tem o objetivo de demonstrar as características da sociedade pós-moderna. O líquido é algo que se ajusta ao seu recipiente ou ganha forma por meio do receptáculo e não se sustenta sem ele e pode verter por qualquer orifício. É o manipulável informe, capaz de adquirir todas as formas, sem aderência, deixando apenas traços e resultar em sua forma original. Não origina, faz-se de acordo com a forma pré-estabelecida. Essas características já nos permitem entrever as peculiaridades da sociedade atual. Lyon, individualizando alguns aspectos do pensamento baumaniano, sintetiza essa sensação de sociedade informe, que ocupa todos os espaços, é mutável, fluída, fragmentária, transnacional, onde não se pode esconder e ninguém confia em ninguém. Ele parece resumir sua percepção ao dizer que:

> a ideia de vigilância líquida também fala da lassidão e fragilidade dos vínculos sociais em um mundo onde a confiança é corroída em cada turno. Isso é visto, por exemplo, na disseminação insidiosa da suspeita e, simultaneamente, no consumismo. Juntas, ajudam a fazer cada um vul-

nerável à focalização e à classificação. O mal se esconde em cada mão, e ninguém pode ser tão cuidadoso. Cada desconhecido equivale ao perigo. Poderiam ser pedófilos; terroristas. Ou mesmo se o outro é um concorrente, novamente, não pode ser realmente confiável (LYON, 2010, p. 331).

O conceito de líquido é importante para categorizar a sociedade atual e as formas de vigilância. É possível afirmar e constatar essa liquefação presente na sociedade e no fenômeno da vigilância, uma vez que essa se modela pelas redes e pelas ondas e não se pode precisar onde realmente os fenômenos estão ocorrendo. Qualquer conteúdo lançado se difunde instantaneamente e se perde o seu controle, bastam ver os fenômenos do *Facebook*, *Twitter*, *Youtube* e outros. A localização geofísica de uma tecnologia não significa que ela esteja agindo exatamente naquele lugar; ou seja, aquele pode ser apenas um ponto referencial de captação dos dados que posteriormente se liquefazem e são reunidos em forma de assemblagem. Até esse ponto, somos concordes à caracterização da vigilância líquida.

No entanto, a afirmação de que tudo é líquido parece ser generalizante. Pode transmitir a sensação de uma espécie de caos social e a de volubilidade na qual não há nada a fazer. No contexto de sociedade de segurança, as manifestações são muito concretas: desde as formas de governança que favoreçam a vida social, ao cuidado, às formas ambivalentes de suspeição, classificação, exclusão social e de controle. A fluidez do líquido, presente nos meandros técnicos e em seus usos, manifesta-se sólida e tangivelmente, conforme nossas reflexões anteriores, em sua face de Janus. Para exemplificar, na fluência dos aeroportos pessoas são rastreadas, identificadas e impossibilitadas de chegarem ao seu destino, sejam porque apresentam perigos ou são apenas suspeitos categoriais. A liquidez da vigilância se materializa na solidez da fronteira pela negação do direito de ir e vir, seja por motivos reais, em proteger, seja por aqueles torpes que se baseiam na classificação por país, raça e *status* social. Em outras palavras, a recepção dos efeitos das tecnologias da vigilância não parece ser líquida. O indivíduo e a sociedade sentem na pele tal impacto concreto. A liquidez está em descobrir as origens e os caminhos para se chegar a essas consequências, mas os vigilantes não são tão líquidos assim. Manifestam-se em pessoas, instituições sociais, governos e outros. Como tudo hodiernamente pode ser rastreado, é possível também saber, até certo ponto, de onde se originam determinados fenômenos de vigilância. Talvez não se possa conseguir a confluência de suas extremidades.

De acordo com essas considerações e a formulação dos capítulos dos quais dimanaram a fundamentação ética que elaboramos, tentando responder à problemática da ambivalência da vigilância, cabe agora verificar a aplicabilidade dessa ética para saber se não estamos lidando com uma criteriologia proveniente da sociedade disciplinar, desconsiderando a sociedade de controle e de segurança em sua complexidade, na qual muitos daqueles que controlam não tem nenhum escrúpulo, violando qualquer princípio ético. Sendo assim, essa reflexão ética se sustenta?

Do ponto de vista ético, o líquido parece dar a ideia de que estamos situados na era dos "estranhos morais", como assinala Engelhardt (ENGELHARDT JUNIOR, 1991, p. xi; ENGELHARDT JUNIOR, 1999, p. 106), referindo-se à dificuldade de estabelecer, numa sociedade secularizada, pluralista e relativista, consensos mínimos, devido às diferentes concepções de bem, bem como das tantas comunidades morais existentes, conforme Hottois (1990, p. 149). Mesmo assim, com todos esses desafios, é possível propor uma ética que contemple o agir humano em tempos de fluidez. De acordo com Jonas, "a nova forma do agir humano exige uma ética da prevenção e da responsabilidade adequada, tanto nova quanto os problemas que deve afrontar" (JONAS, 1991, p. 55). Se a metáfora do líquido se apresenta adesiva e serpenteia pelos meandros sociais, a ética assume a função de comporta ou dique que, embora não é capaz de conter toda a fluidez, pode fazê-lo em partes. A ética da vigilância não responderá a todos os problemas provocados pela vigilância, o que não significa debilidade. Consiste em referencial reivindicador ou denunciador da violação dos direitos. Assim, apresenta-se como um *a priori* interrogativo que se antepõe à liquidez da ação dos vigilantes para evitar o dano. Se de tudo, for inócua, pelo fato de situarmos em uma sociedade pluralista na qual tantos ignoram a contribuição ética, sobretudo, quando se trata de alguma com vinculação religiosa, e não ressoar sobre a ação humana, ainda sobram os critérios da justiça e dos direitos humanos que são gerados em seu seio.

4.2. Parâmetros indicativos para averiguar a resiliência da ética da vigilância

Os critérios que propomos, a de uma ética contextualizada, têm como ponto de partida a fragilidade humana e nela a perspectiva teológica da *imago Dei*, que se traduz na reivindicação do cuidado e na capacidade de cuidar, tanto de si quanto do outro, manifestados no bem comum. Eles são arqueológicos por suas bases antropológica, teológica e social e se interconectam aos arquitetônicos que alicerçam a fundação moral: dignidade humana, princípio misericórdia, responsabilidade, prudência, solidariedade e aqueles que tocam diretamente a contravigilância, como forma de fiscalizá-la: princípio da precaução, transparência, justiça e conscientização. Eles propõem uma ética que, além ser um dique para conter a fluidez dos processos de vigilância, avoca por si mesma um modo protetório que considera a autonomia das sentinelas, questionando-as sobre a melhor ação, evitando a violação da dignidade da pessoa e viabilizando à sociedade o exercício de sua capacidade de se contrapor às manifestações desordenadas desse fenômeno.

Diferentemente do líquido, que adentra todos os orifícios, a ética não tem essa função. Ela deve ser resiliente, capaz de responder aos impactos da pós-modernidade e de se sustentar. Nesse sentido, a escolha é proposital, ao arrolarmos tal temática para dentro da teologia moral e buscarmos sua contribuição por apontar critérios que subsistiram historicamente, foram enriquecidos e ganharam sustentabilidade e, ao mesmo tempo, não são herméticos em si. Isso evita a liquefação da própria ética que, a esse ponto, confundir-se-ia com o próprio fenômeno que deve interrogar e, nesse caso, seria desfigurada e inócua ou constituiria em uma reflexão meramente utilitarista sem o mínimo de matrizes transcendentais. Essa resiliência será averiguada à luz de alguns referenciais importantes: historicidade e atualidade, abrangência, fundamentação, identidade, resistência à fragmentação e índole libertadora.

No cenário de vigilância e de sociedade de segurança não basta somente pensar conceitos arbitrariamente. É preciso verificar se são plausíveis. A base teórica que elaboramos considerou a historicidade e a atualidade conceitual. Em outras palavras, trata-se de perceber se eles subsistem às intercorrências históricas, são enriquecidos pelas ciências humanas e pela tradição teológica e se apresentam hodiernamente como eixos para embasar a ética. Essa gama conceitual proposta para a ética da vigilância considera esses quesitos. Outro fator a ser considerado na criteriologia é a de uma formulação que seja abrangente e não generalizante. Isso fica claro, pois se verifica a capacidade de considerar uma tríade importante: indivíduo, sociedade e as tecnologias de vigilância, compreendendo as diferentes manifestações e atribuições de cada uma. O ponto de partida é a condição humana frágil requerente de cuidado e, ao mesmo tempo, constituidora de ameaça à própria espécie, no âmbito social. Por isso, a necessidade de mecanismos éticos para equacionar essas ambivalências tanto individuais quanto sociais que ganham força com as tecnologias. Sob esse prisma, parece que a reflexão que formulamos é capaz de abarcar esses núcleos importantes, sem os quais é inviável a proposta ética.

Ademais, é indispensável considerar a fundamentação dessa ética que se pauta nas contribuições já consagradas da antropologia filosófica e teológica, no intuito de dialogar com o campo das ciências humanas e da teologia moral com sua rica tradição e aportes, evitando conceitos aleatórios por modismo intelectual. Evocam-se, ainda que de modo indireto, os direitos humanos que emergem das declarações, convênios, convenções e protocolos internacionais, porque são importantes nessa empreitada. Se fôssemos estudar a fundamentação de cada conceito, em particular, perceberíamos diversas variantes históricas, diferentes correntes filosóficas, contribuições provenientes de tantas outras ciências humanas dando-lhes sustentabilidade. Desse modo, parece que todos os critérios aplicados se sustentam por suas bases originantes.

Se a fundamentação constitui alicerce relevante, é necessário examinar a identidade dessa ética. Nesse sentido, à luz da reflexão teológica buscamos situá-la no horizonte cristão de cunho existencial-personalista, o que livraria de dois extremos perigosos: grandes princípios universais que tornam rarefeita sua aplicação e, ao mesmo tempo, o principialismo ético fragmentário. O fato da ética da vigilância requerer contextualização exige também, teologicamente, considerar a perspectiva do pluralismo líquido, evitando imposições ou dogmatismos e buscar instâncias de diálogo. Se na esfera de "estranhos morais" a dimensão religiosa for ignorada completamente, é possível encontrar em nossa proposta foro dialógico, como aquele dos direitos humanos que confluem para o bem humano.

Considerando a perspectiva apresentada por Gary Marx, Bauman e Lyon de uma sociedade de segurança e de vigilância líquidas, globalizada e fragmentária, a tradição teológico-moral oferece recursos conceituais para refletir sobre as fragmentações éticas e, por meio de sua densa fundação filosófico-teológico, raciocinar acerca das instâncias de poder no exercício da proteção social, as interfaces da ambivalência humana, a linha tênue existente entre a proteção e o controle social e os mecanismos para ajudar a comunidade humana a viver de forma mais equilibrada. Desse modo, a proposta de critérios arqueológicos, arquitetônicos e de contravigilância tem por finalidade evitar fragmentações, além de pensar em uma ética de vigilância de modo integral, garantindo sua solidez em contextos pluriformes e de liquefação social.

Por fim, averiguar se esses conceitos aplicados forjam uma moral de índole libertadora. Ao longo da dissertação localizaram-se os focos de tensão da vigilância enquanto poder sobre os corpos e sobre a sociedade. Fica claro que, nesse campo, pode-se construir uma moral de "senhor" e de "servos", cuja função é manter o *status quo*. Isso não é prerrogativa das sociedades disciplinares, de controle e de vigilância, faz parte da ambição humana tal desejo. Na sociedade de segurança e de vigilância líquidas os mecanismos de controle parecem sutis e se solidificam sobre os corpos. Por isso, é importante pensar conceitos éticos que proporcionem uma moral libertadora, considere a dignidade da pessoa e possa confrontar as realidades que se interpõem e sobrepõem ao ser humano e à sociedade, vilipendiando aquela condição que todo ser humano é chamado a ser – livre – mesmo em contextos sociais adversos. Isso fica bastante evidente na evolução desta abordagem e proposta.

Essas considerações demonstram a resiliência dos conceitos que aplicamos para formular a reflexão ética da vigilância e reafirmam que o percurso realizado até agora abre um diálogo no campo da vigilância, oferecendo uma chave de leitura a partir de referenciais ético-teológicos. Vale lembrar que não são a panaceia para combater o fenômeno da vigilância, no entanto, se são resilientes, manter-se-ão como interrogativos às sentinelas para que prestem bons serviços à sociedade e, ao mesmo tempo, à sociedade para que se conscientize dos diferentes interesses que estão por detrás da vigilância: se é para cuidar dos indivíduos e da sociedade ou para o controle social.

5. Conclusão

Este capítulo buscou afrontar precisamente a problemática ética da vigilância e contribuir à moral social, considerando o agir humano nesse contexto complexo. Assim, examinando o discurso dos capítulos anteriores, partiu-se da impossibilidade de respostas éticas universalizantes e da vulnerabilidade humana como substrato ao discurso antropológico-teológico. Isso foi articulado na reflexão sobre o significado do agir humano, no contexto da vigilância, pautando-se em categorias como *imago Dei*, ética do cuidado, e bem comum, na função de critérios arqueológicos; juntamente com eles, a dignidade humana, o princípio misericórdia, a responsabilidade, a prudência e a solidariedade formam os critérios arquitetônicos que se juntam ao princípio precaução, à transparência, à justiça e à conscientização. Esses quatro últimos assumem forma maior de contravigilância, embora, nesse sentido, a reflexão ética acabe por assumir esse papel no conjunto, exigindo examinar a capacidade dos conceitos de resistirem aos desafios da sociedade de segurança. Todas essas categorias são submetidas a alguns parâmetros compostos por historicidade e atualidade, abrangência, fundamentação, identidade, resistência à fragmentação e índole libertadora para averiguar a resiliência da ética da vigilância.

Considerando o caminho percorrido, ficam muito claras a importância e a contribuição desse discurso à moral social. Apesar de as categorias usadas serem conhecidas, no campo que focalizamos, ainda há muito que fazer e aprofundar, pois se trata de algo recente que vem chegando com força hercúlea, impulsionada pelo tipo de organização social que o homem pós-moderno optou por fazer, pelas grandes transformações da ciência e da tecnologia. Quando se pensa nesses termos, vale lembrar que a moral cristã sempre se preocupou, de diferentes modos, com o ser humano e de sua relação com o transcendental, com o seu semelhante e com o cosmos. Na verdade, é essa a leitura que se pode fazer nas entrelinhas deste capítulo: tentativa de contribuir para que o ser humano possa usufruir, no contexto de sociedade complexa, de vigilância e de segurança, da plenitude na qual é chamado a viver.

Conclusão

No contexto de uma sociedade vigiada os meios de comunicação têm contribuído enormemente para trazer à tona algumas realidades contrastantes. Isso se deve ao recrudescimento da vigilância que tem como motor a segurança e, sobretudo, por causa da expansão do terrorismo. É preciso considerar, também, que a difusão de informações cada vez mais acessível, veloz e eficiente tem colocado a grande sociedade a par dos exageros cometidos por governos, empresas do ramo da segurança e até mesmo pelo cidadão comum. O cidadão está se tornando cada vez mais cioso da segurança social e da segurança de suas informações pessoais, embora isso seja sempre um campo nublado. As pessoas ainda são muito passivas em relação ao fenômeno da vigilância. Ainda há o pensamento de que isso é da função de teóricos, especialistas, técnicos, governos e seus departamentos e de companhias prestadoras de serviços. Ao contrário do que se pensa, a vida do cidadão comum é extremamente envolvida pelo fenômeno da vigilância tanto como mecanismo facilitador da vida social e de segurança quanto das violações que essa pode proporcionar. Nesse sentido, o papel das mídias é fundamental para ajudar o indivíduo a tomar consciência dessa realidade e se precaver na exposição de dados pessoais e a lutar por direitos quando é violado em seus interesses.

Conforme analisamos ao longo do livro, há dois modos de perceber a vigilância: uma enquanto cuidado social que envolve uma série de requisições de dados com a finalidade de organizar a vida social (*governance*) e esses dados se prestam a contribuir para a eficiência dos serviços: saúde, assistência e previdência social, segurança pública, serviços financeiros, mobilidade social e tantos outros que fazem parte de nossa vida e da qual dependemos. O fornecimento de dados pessoais é uma exigência fundamental para aquisição desses serviços e uma segurança às instituições prestadoras de serviço de que estão, de fato, prestando-o a pessoas concretas e não estando sendo lesadas e, por causa disso, deixando outras desassistidas. Da parte dos usuários, de exigirem pelo serviço que necessitam. A outra interface da vigilância está centrada em um processo mais ambivalente, nublada e de interferência na privacidade do indivíduo, da sociedade e está relacionada a formas de controle social. Essa problemática advém de algumas questões: estamos em uma sociedade complexa, em rede, cujos interesses variam dos nobres aos mais espúrios e com o avanço tecnológico, sobretudo das tecnologias de comunicação e de informação, esses dados são recolhidos, armazenados ou enviados a uma velocidade hipersônica e o controle sobre eles por parte de quem os fornece se torna muito difícil. Existe um pacto social entre as instituições e usuários necessário para a sobrevivência institucional para que as pessoas tenham confiabilidade e usem determinados serviços. No entanto, o que acontece do outro lado da rede sempre permanecerá inquietante. A vigilância pode assumir contornos tensos quando os dados de cidadãos passam a ser usados por instituições, sejam quais forem, que os auferem por meio de compras de banco de dados ou quando o Estado começa a controlar entidades ou cidadãos, como ocorre em regimes totalitários e democráticos como é o caso da espionagem, outro capítulo controverso e complexo da vigilância.

A vigilância é tão antiga quanto a humanidade, recente enquanto elaboração teórica, e considerar apenas uma tendência para a fundamentação teórica ou somente as técnicas permanece uma lacuna epistemológica. Em ambas as situações, a base de tudo é o ser humano que vigia e é vigiado, e para subsistir depende de segurança social. Para isso, constrói ao redor de si esse espaço como forma de se proteger, de se manter e prolongar a existência, valendo-se em parte de sua capacidade criativa, as tecnologias. Nesse sentido, as tecnologias aparecem como redutoras da vulnerabilidade e como parceiras na vigilância, e também assumem aspectos ambíguos decorrentes da própria condição humana, ao interferirem na privacidade, ao classificar e excluir pessoas e controlar. Nota-se, então, a legitimidade, a importância da vigilância para o ser humano como sujeito vulnerável e os contornos que assume do ponto de vista antropológico, desde o cuidado às formas de defesa e os seus aspectos conflitantes socialmente.

Compreender o que significa vigilância como evento humano que traz consequências positivas e ambivalentes e suas diferentes usanças, é salutar para que se possa pensar em uma ética com fundamentos teóricos, não como panaceia para todas as problemáticas, que, com outras ciências, possa equacionar os desníveis de poder sobre o ser humano, com a finalidade de protegê-lo para que viva em um ambiente saudável para sua existência. Historicamente, diante daquelas situações de conflito e de violência que se traduzem em insegurança social, códigos de ética começam a ser elaborados e operam resposta favorável à proteção do sujeito que permanece até os dias atuais com suas problemáticas. Analisando tais realidades históricas e considerando a atual, a abordagem ética nos estudos sobre vigilância ainda é muito tênue, lacunar e carente de material. Não obstante a isso, existe a dificuldade de se formular uma ética própria para esse fenômeno, uma vez que se devem considerar: contextos culturais e suas formas de tolerância e intolerância social à vigilância ou como é exercida; as tecnologias com suas funções, grau de invasão, eficiência e os seus impactos sociais; a sociedade com suas formas de organizações governamentais, se são democráticas ou não, mais ou menos estruturadas; a economia em suas formas de distribuição mais ou menos equitativa de recursos; e as ameaças ao indivíduo e à sociedade: o terrorismo, o crime organizado, o tráfico de drogas e outros tipos de violência. Entretanto, ainda que seja uma ética que se formule, partindo de contextos, não quer dizer que não existam determinados conceitos, ainda que dissonantes para o homem pós-moderno, com certa validade universal, como, por exemplo, dignidade humana, liberdade e responsabilidade.

As formas de controle sempre coexistiram historicamente nas diferentes sociedades e requerem engenharia articulada tanto intelectual quanto instrumental e formas de aplicações que, muitas vezes, fundamentam-se em legislações. Ao analisar o paradigmático mito de *Argos Panopticon*, as contribuições de Bentham, Foucault, Orwell, Deleuze, Brown, da literatura romanceada, do cinema e dos estudos atuais tais perspectivas se confirmam. Cada sociedade recorre, de acordo com a época histórica, àquilo que possui de mais sofisticado tecnologicamente. Não o é diferente na sociedade atual e com a agravante da sutileza, da invisibilidade, da precisão e da moderna rede. Os anéis da serpente, conforme a metáfora deleuziana, muitas vezes, são invisíveis e podem se transformar em uma corrente aprisionadora e tolher a liberdade de ir e vir própria do ser humano. Assim, depreende-se que discorrer sobre vigilância e sociedade de segurança é tarefa complexa e envolve vários fatores demonstrados conceitualmente, com os diferentes matizes. Nessa relação percebem-se as problemáticas éticas do uso das tecnologias e o clamor por respostas que objetivam equacionar as ambivalências.

Dialogando com diferentes teóricos desse campo, deparamos com algumas tendências que dizem respeito à vigilância. Existem aquelas de matrizes foucaultianas, durkheiminianas, benthaminianas que se apresentam e já não respondem com tanta eficiência aos modelos atuais de vigilância, devido aos contextos tecnológico e de organização social vigentes, embora não se pode desprezar a contribuição foucaultiana sobre a panóptica do poder embutida nesses anéis da serpente, pois os matizes do biopoder devem ser sempre considerados. Essas bases teóricas têm fundamentado diversos estudos sobre a vigilância, mas se observam tendências de leitura com outros referenciais que se ajustam melhor às novas tecnologias e assinalando para questões éticas. Nesse sentido, o autor que considera essas abordagens e remete para uma aproximação da vertente ético-cristã é Lyon, enquanto sociólogo. Podem acompanhá-lo, noutra perspectiva, Andrew Basden, enquanto filósofo que desenvolve suas pesquisas na área de Filosofia em Sistema de Tecnologias de Informação e em alguns de seus escritos afirma que a perspectiva cristã pode dar contribuição construtiva ao diálogo ético; e Stoddart que em sua reflexão, ainda que incipiente, reúne as diferentes contribuições teóricas existentes e busca elaborar uma teologia da vigilância. Ainda que tais autores não elaborem um tratado de ética teológica é possível utilizá-los como plataforma para abrir outras interfaces na reflexão sobre a vigilância e da sociedade de segurança e seus aspectos ambivalentes.

Outra corrente é aquela da vigilância, como fenômeno escatológico e salvífico, seduzida pelas tecnologias, uma verdadeira tecnofilia panóptica, atribuindo-lhes quase vida própria ao considerar a sociedade segura aquela mais sofisticada tecnologicamente, cuja concepção de ser humano é a do suspeito categorial. Observa-se nessa tendência um reducionismo antropológico e a maximização da tecnologia e das técnicas de segurança como pressuposto para salvaguardar a sociedade. A segurança é um produto econômico a ser comercializado e, para isso, recorrem-se aos diferentes modos de convencimento social, desde o *marketing* do medo e da eficiência, veiculados nas mídias que reforçam a proteção tecnológica. Nesse modelo de sociedade, a segurança social provém do escaneamento cotidiano dos indivíduos reduzidos em personalidades telemáticas nas diferentes modalidades e inseridos nos bancos de dados. Ao mesmo tempo, esse fenômeno que se impõe não permanece apenas no nível das tecnologias como fenômeno social. Surgem outros fatores como a desconfiança e as relações fragmentadas, o medo causado, cuja finalidade é provocar a insegurança e a desconfiança para vulnerar as pessoas e ser usado como matéria-prima dos discursos políticos para governos e suas instituições e para o mercado tecnológico. Certamente, a única realidade transparente nesse modelo social é o cidadão, escrutinado das mais variadas formas; outras realidades são obscuras e não é muito claro o que ocorre no "limbo dos controladores".

As diferentes tecnologias que integram os sistemas de vigilância tendem a se tornar cada vez mais especializadas e a aumentar cada vez mais a capacidade de armazenamento e cruzamento de dados, além de incluir a inteligência artificial com capacidade de reconhecimento somático e de fluídos e comportamental e ir eliminando cada vez mais a ação humana, de modo que um único profissional possa controlar o maior número de cenários de vigilância, de modo eficiente e tomar, quando necessário, a decisão mais objetiva, sugerida pela interpretação dos dados dos sistemas, o que não necessariamente poderá ser a mais justa e ética. O horizonte se prospecta para o refinamento tecnológico com inserção de nanotecnologias, precisão, capacidade de interpretar dados, tomar decisão e de acionar mecanismos de solução do problema, desde ao simples disparo de alarme à eliminação do próprio indivíduo. Nesse cenário, a ética de um modo geral terá muitos desafios e muito a contribuir.

Desse modo, observando essas variáveis, e levando em conta os poucos discursos referentes à ética da vigilância em voga, buscamos na tradição ético-teológica algumas fundamentações que, segundo nosso entendimento, oferecem contribuição à ética da vigilância. Denominamos de pilares arqueológicos, uma vez que deles se evidenciam critérios adicionais a serem aplicados na complexidade do fenômeno, os arquitetônicos, como suportes a considerar na fundamentação moral e, por fim, aqueles que constituem a contravigilância. Todos eles formam um quadro teórico evitando apenas os princípios gerais, e demonstra a existência de critérios plausíveis e aplicáveis que não se estabelecem por si só. Por isso, há que se recorrer àqueles arqueológicos.

Ao considerar a reflexão ética da vigilância e do aparato que a envolve, a opção foi evitar uma ética teônoma que incorreria em generalizações com pretensão de bastar-se a si mesma. Seria considerar a ética como "a ciência" eficaz para confrontar todas as ambivalências da vigilância e isso tomaria um distanciamento hermenêutico intransponível entre teoria e prática. Em termos teológicos, seria retroceder a uma "teologia das realidades celestes" como forma de responder às inúmeras problemáticas apresentadas pelo exercício da vigilância e da segurança social. Não está dito que não se pode fazer reflexões ético--teológicas dessa índole e elaborar uma ética de caráter transcendental, porém a consideramos inócua para os dias atuais. Optamos por critérios que, ao longo da história, foram sendo forjados e sobrevivem à maiêutica histórica, mesmo se as leituras ganham outras tonalidades, até mesmo dissonantes, nas variadas conceituações, no entanto, apresentam-se como forma de resposta possível, por considerarem outras mediações. Partimos de uma leitura ética heterônoma que se reconhece como resposta plausível às ambivalências da vigilância e da sociedade de segurança e é dialógica com o contexto atual. Dessa forma, primeiro se deve reconhecer a complexidade e não impossibilidade da aplicação da ética; segundo, que o ser humano em sua historicidade experimenta a vigilância, é por ela vulnerado e vulnera outros. Ora, a tradição teológica concebe o ser humano não só como ser imanente, mas também relacionável com os demais e com o transcendente e, então, podem-se recolher essas percepções para a elaboração de uma ética da vigilância, de modo que não seja generalizante e dissociada dos contextos. Ou seja, parte da realidade existencial, como forma de crítica às ambivalências e visa ao bem físico, enquanto serviços prestados pela vigilância à sociedade fazendo-a segura, traduzindo-se por operatividade e bem-estar à população; e enquanto bem em seu aspecto transcendental, isto é, na forma de se relacionar humanamente ao considerar o valor do outro pela mesma condição humana que para o crente, de modo especial, é traduzido na imagem e semelhança de Deus, como totalidade e mistério. Trata-se de uma tentativa de evitar polarizações e narcisismos éticos autorreferenciais, e de conceber uma forma que possa expressar riqueza teorética elaborada historicamente e refletir satisfatoriamente sobre os novos problemas propostos, especialmente pelas tecnologias de vigilância.

Por ser multidisciplinar é possível uma aproximação epistemológica com o pensamento social cristão, herdeiro de uma tradição teológica milenar que possibilitou formar conceitos densos com validade para os dias atuais, considerando também a mudança radical suscitada pelo progresso das ciências e das tecnologias. A teologia também tem critérios reflexivos a oferecer acerca das tecnologias, das formas de violência social, especialmente do terrorismo, do ser humano como imagem e semelhança de Deus e possuidor de dignidade, da responsabilidade do agir humano tanto pessoal quanto social, da misericórdia, da prudência, da solidariedade, da liberdade humana, da justiça e dos direitos humanos. Essas são apenas algumas referências do arcabouço teológico construído ao longo da história e que pode servir como fundamentação para o discernimento ético. Desse modo, a reflexão ético-teológica apresenta-se com a sua fundamentação e um modo de explicitar sua contribuição humanizante nesse campo complexo no qual estamos inseridos, de modo que o ser humano possa viver de maneira segura e não ter a sua dignidade vilipendiada. Com isso, a intencionalidade em discorrer sobre esse tema vigilância e sociedade de segurança e suas consequências éticas é colocar-se em diálogo com um novo campo do saber. Geralmente as discussões sobre a vigilância estão muito focadas sobre a sociologia como fenômeno e sobre o direito, no que diz respeito às violações cometidas. Embora existam outras abordagens tais como a filosófica, a psicológica, elas ainda são tímidas em comparação às primeiras e, ainda mais, em relação às reflexões éticas, teológicas e moral.

O percurso realizado sugere a necessidade de se fazer uma distinção técnica acurada entre vigilância e monitoração. Não era esse necessariamente nosso escopo, no entanto é importante. Fuchs a faz brevemente, mas não leva adiante; é necessário debruçar-se sobre as sutilezas que se diferenciam uma e outra. A monitoração faz parte da vigilância, e nem toda monitoração pode ser considerada vigilância. Essa distinção restringe epistemologicamente campos de estudo da vigilância. Teoricamente, sob nosso ponto de vista, a vigilância é marcada por uma relação mais intensa entre sujeitos, visando à proteção, à segurança e ao cuidado e pode impor-se tolhendo a autonomia e a liberdade humanas; enquanto monitoração parece estar restrita à observação de determinados fenômenos. Essa diferenciação poderá precisar o campo de atuação ética.

Essa obra se insere não tanto na dimensão quantitativa, mas sim qualitativa, visto que oferece espaços de diálogo dentro da ética teológica em um contexto de sociedade moderna, na qual as formas de vigilância e de controle tendem a se tornar mais amplas, obscuras, difusas e mais invasivas, por causa da precisão das próprias tecnologias e da demanda da própria sociedade em expansão, o que demandará o aprofundamento dos conceitos éticos, morais e que deverão ser confrontados por esse fenômeno em voga. Além da contribuição temática proposta, a apresentação de bibliografia especializada e atual, inserindo-a dentro do campo ético-teológico, poderá abrir caminhos para aprofundamentos ulteriores e inspirar linhas de pesquisa nesse âmbito, uma vez que, conforme já demonstramos, essa área de estudos apresenta-se auspiciosa. Isso faz perceber duas situações: a de que para esse diálogo a ética teológica deve romper com determinados revanchismos ou posturas teológicas com pretensões de poder, o que supõe autocrítica da própria teologia a si mesma, sem perder a sua originalidade; e como ciência dialógica tem enorme contribuição a oferecer, pois diferentemente das ciências modernas, tais como a sociologia, a teologia, tem longa tradição histórica e conceitos que sobreviveram à própria crítica histórica, ganharam sua contribuição advinda de outros campos do saber e são capazes de oferecer chaves de leitura à vigilância não a analisando puramente como fenômeno, mas fazendo suas leituras críticas.

Ao longo do texto é possível entrever muitas janelas temáticas que se abrem e oferecem opções interessantes à pesquisa científica futura com enfoque ético-teológico. No âmbito da teologia moral, especialmente na área de moral social, podem-se abrir linhas de estudos sobre os tratados de guerra e paz, guerra justa e a utilização de tecnologias para controlar grupos, classificá-los e excluí-los, especialmente sobre o uso de algumas como, por exemplo, os *drones*; a problemática da imigração, a classificação de países no binômio perigosos e não perigosos. No campo moral-bioético, perspectivas sobre o uso das novas tecnologias na área genética, como o *screening* genético, a aplicação da biometria, o desaparecimento da corporeidade, a ascensão da pessoa digital e a possibilidade de selecionar embriões para fins de eugenia. Na moral da comunicação, questões clássicas como o segredo assumem novos contornos, e temas como intimidade e privacidade devem ser pensados, não somente envolvendo as tecnologias da informação e da comunicação. Não se pode esquecer de que os olhos de *Argos Panopticon* estarão sempre abertos. Ainda que Hermes lhe corte a cabeça, aparecerão sob aparência de olhos na cauda do pavão, e que o fígado de Prometeu sempre continuará se regenerando, pois esse é o destino da epopeia humana na sociedade pós-moderna em que vivemos.

Referências bibliográficas

Nota ao editor: para autores que escrevem textos no mesmo ano foi usado o seguinte critério para diferenciação dos textos: **a = livro**; **b = capítulo de livro**; **c = artigo de revista**. Exemplo: (LYON, 2001a, p. 10; LYON, 2001b, p. 35; LYON, 2001c, p. 15).

Fontes

1. Sagrada Escritura
BÍBLIA. Português. *A Bíblia de Jerusalém*. São Paulo: Paulus, 1985.

2. Documentos do Magistério
BENEDICTUS XVI. *Caritas in veritate* (Litterae encyclicae, 2009). *Acta Apostolicae Sedis*. Città del Vaticano, v. 101, n. 8, 2009, p. 641-709.

CATECHISMUS CATHOLICAE ECCLESIAE. Città del Vaticano: Libreria Editrice Vaticana, 1997.

COMMISSIONE TEOLOGICA INTERNAZIONALE. *Comunione e servizio*: la persona creata a immagine di Dio. Città del Vaticano: Libreria Editrice Vaticana, 2005.

COMMISSIONE TEOLOGICA INTERNAZIONALE. Sulla dignità e i diritti della persona umana. *La Civiltà Cattolica*, Roma, v. I, anno 136, quad. 3233, mar. 1985, p. 459-475.

CONCÍLIO VATICANO II. *Gaudium et spes*, 1965. Constituição pastoral sobre a Igreja no mundo de hoje. In. *Compêndio do Vaticano II*. Constituições, Decretos, Declarações. Introdução e índice analítico: Boaventura Kloppenburg. Coordenação geral de Frederico Vier. 29 ed. Petrópolis: Vozes, 2000, p. 143-256.

CONCILIUM OECUMENICUM VATICANUM II. *Apostolicam actuositatem* (Decretum, 1965). *Acta Apostolicae Sedis*, Città del Vaticano, v. 58, n. 12, 1966, p. 837-864.

GIOVANNI PAOLO II. *Sviluppo e solidarietà*: due chiavi per la pace. (Messaggio, 1986). *Acta Apostolicae Sedis,* Città del Vaticano, v. 79, n. 1, 1987, p. 45-57.

IOANNES PAULUS II. *Dives in misericordia* (Litterae encyclicae, 1980). *Acta Apostolicae Sedis*, Città del Vaticano, v. 72 , n. 9, 1980, p. 1177-1232.

_____. *Evangelium vitae* (Litterae encyclicae, 1995). *Acta Apostolicae Sedis*, Città del Vaticano, v. 87, n. 5, 1995, p. 401-522.

_____. *Laborem exercens* (Litterae encyclicae 1981). *Acta Apostolicae Sedis*, Città del Vaticano, v. 73, n. 9, 1981, p. 577-647.

_____. *Redemptor hominis* (Litterae encyclicae, 1979). *Acta Apostolicae Sedis*, Città del Vaticano, v. 71, n. 4, 1979, p. 257-324.

_____. *Sollicitudo rei socialis* (Litterae encyclicae, 1987). *Acta Apostolicae Sedis*, Città del Vaticano, v. 80, n. 5, 1988, p. 513-586.

IOANNES XXIII. *Pacem in terris* (Litterae encyclicae, 1963). *Acta Apostolicae Sedis*, Città del Vaticano, v. 55, n. 5, n. 12, 1963, p. 257-304.

PAULUS VI. *Populorum Progressio* (Litterae encyclicae, 1967). *Acta Apostolicae Sedis*, Città del Vaticano, v. 59, n. 4, 1967, p. 257-299.

Estudos

1. Livros

Alonso Schökel, Luis. *Dov'è tuo fratello?* Pagine di fraternità nel libro della Genesi. Trad. Angelo Ranon. Brescia: Paideia Editrice, 1987.

Amengual, Gabriel. *Antropología filosófica.* Madrid: BAC, 2007.

Antonio Merino, José. *Antropología filosófica.* Madrid: Editorial Reus, 1982.

Aranguren, José Luis L. *Ética.* 7 ed. Madrid: Alianza Editorial, 1979.

Arendt, Hannah. *Vita activa*: la condizione umana. Trad. Sergio Finzi. 14 ed. Milano: Bompiani, 2008.

Aristóteles. *Ética Nicomáquea. Ética Eudemia.* Trad. Julio Pallí Bonet. Madrid: Gredos, 1993.

_____. *Política.* Madrid: Gredos, 1988.

_____. *Politcs.* Trad. H. Rackham. Cambridge: Harvard University Press, 1977.

Augé, Marc. *Il senso degli altri*: attualità dell'antropologia. Trad. Adriana Soldati. Torino: Bollati Boringhieri, 2000.

Bauman, Zygmunt. *La solitudine del cittadino globale.* Trad. Giovanna Bettini. Milano: Feltrinelli, 2000.

_____. *Paura liquida.* Trad. Marco Cupellaro. Roma: Laterza, 2008.

Bauman, Zygmunt; Lyon, David. *Liquid surveillance*: a conversation. Cambridge; Malden: Polity, 2012.

Becchi, Paolo. *Il principio dignità umana.* Brescia: Morcelliana, 2009.

Beck, Ulrich. *La società del rischio*: verso una seconda modernità. Trad. Walter Privitera. Roma: Carocci, 2000.

Bentham, Jeremy. *O panóptico.* Trad. Guacira Lopes Louro; M. D. Magno; Tomaz Tadeu. 2 ed. Belo Horizonte: Autêntica Editora, 2008.

BERGER, Peter L. *Il brusio degli angeli*. Trad. Alfonso Prandi. Bologna: Il Mulino, 1970.

BOGARD, William. *The simulation of surveillance*: hypercontrol in telematic societies. Cambridge: Cambridge University Press, 2010.

BRAMBILLA, Franco Giulio. *Antropologia teologica*: chi è l'uomo perché te ne curi? Brescia: Queriniana, 2005.

BRIN, David. *The transparent society*: will technology force us to choose between privacy and freedom. New York: Basic Books, 1998.

BROWN, Dan. *Fortaleza digital*. Trad. Carlos Irineu da Costa. 2 ed. Rio de Janeiro: Sextante, 2008.

CANZI, Cristina; Ronchi, Valentino. *Genealogia di Totalità e Infinito: note per una lettura del testo più famoso di Emmanuel Lévinas*. Milano: ExCogita, 2004.

CASTEL, Robert. *L'insicurezza sociale*: che significa essere protetti? Trad. Mario Galzigna e Maddalena Mapelli. Torino: Einaudi, 2004.

CATHOLICS COMMITED TO SUPPORT THE POPE. *Official catholic teaching on the social teaching of the church*. Silver Spring: CCSP, 1993.

COMPAGNONI, Francesco. *I diritti dell'uomo*: genesi, storia e impegno cristiano. Cinisello Balsamo: San Paolo, 1995.

DELUMEAU, Jean. *La paura in Occidente*. Trad. Paolo Traniello. Torino: Società Editrice Internazionale, 1979.

DESCARTES, René. *Discorso sul metodo*. Trad. Emanuela Scribano. Cinisello Balsamo: San Paolo, 2003.

DINI, Vittorio Giampiero. *Saggezza e prudenza*: studi per la ricostruzione di un'antropologia in prima età moderna. Napoli: Liguori Editore, 1983.

ENGELHARDT JUNIOR, H. Tristam. *Bioethics and secular humanism*. London: SCM Press; Philadelphia: Trinity Press International, 1991.

_____. *Manuale di bioética*. Trad. Stefano Rini. Milano: Il Saggiatore, 1999.

Esposito, Roberto. *Immunitas*: protezione e negazione della vita. Torino: Einaudi, 2002.

Etzioni, Amitai. *The limits of privacy*. New York: Basic Books, 1999.

Fernandez, Aurelio. *Teología moral*: moral social, económica y política. 2 ed. v. III. Burgos: Ediciones Aldecon, 1996.

Ferraris, Anna Oliverio. *Psicologia della paura*. Torino: Bollati Boringhieri, 1998.

Foucault, Michel. *Vigiar e punir*: nascimento da prisão. Trad. Raquel Ramalhete. 37. ed. Petrópolis: Vozes, 2009.

Frangiotti, Roque. *A doutrina tradicional da providência*: implicações sociopolíticas. São Paulo: Edições Paulinas, 1986.

Galimberti, Umberto. *I miti del nostro tempo*. Milano: Feltrinelli, 2009.

_____. *Psiche e techne: l'uomo nell'età della tecnica*. 5 ed. Milano: Feltrinelli, 2007.

García López, Félix. *Il Pentateuco*: Introduzione alla lettura dei primi cinque libri della Bibbia. Trad. Paola Florioli. Brescia: Paideia Editrice, 2004.

Garfinkel, Simson. *Database nation*: the death of privacy in the 21st century. Sebastopol, CA: O'Reilly, 2000.

Gatti, Guido. *Tecnica e morale*. Roma: Libreria Ateneo Salesiano, 2001.

Gehlen, Arnold. *L'uomo nell'era della tecnica*. Trad. e cura di Maria Teresa Pansera. Roma: Armando Editore, 2003.

_____. *L'uomo*: la sua natura e il suo posto nel mondo. Trad. Carlo Mainoldi. Milano: Feltrinelli, 1983.

_____. *Prospettive antropologiche*: l'uomo alla scoperta di sé. Trad. Sergio Cremaschi. Bologna: Il Mulino, 2005.

Gilligan, Carol. *In a different voice*: psychological theory and women's development. Cambridge: Harvard University Press, 1982.

GONÇALVES. Davidson Sepini. *O panóptico de Jeremy Bentham*: por uma leitura utilitarista. São Paulo: Blucher Acadêmico, 2008.

GULLO, Giuseppe. Prudenza e politica. Napoli: Edizioni Domenicane Italiane, 1974.

HOTTOIS, Gilbert. *O paradigma bioético*: uma ética para a tecnociência. Trad. Paula Reis. Lisboa: Salamandra, 1990.

JONAS, Hans. *Dalla fede antica all'uomo tecnologico*: saggi filosofici. Trad. Giovanna Bettini. Bologna: Il Mulino, 1991, p. 55.

KAFKA, Franz. *O processo*. Trad. Modesto Carone. São Paulo: Companhia das Letras, 1997.

KELLMAN, Barry. *Bioviolência*: prevenção de crimes e terrorismos biológicos. Trad. Maria Silvia Mourão Netto. Aparecida: Ideias & Letras, 2010.

LÉVINAS, Emmanuel. *Altrimenti che Essere o al di là dell'essenza*. Milano: Jaca Book, 1983.

_____. *Totalità e Infinito: saggio sull'esteriorità*. 2. ed. Milano: Jaca Book, 1994.

LUZ, Ulrich. *Vangelo di Matteo*. v. 1. Trad. Luca Bettarini. Brescia: Paideia Editrice, 2006.

LYON, David. *Identifying citizens*: ID cards as surveillance. Cambridge: Polity, 2009a.

_____. *L'occhio elettronico*: privacy e filosofia della sorveglianza. Trad. Giancarlo Carlotti. Milano: Feltrinelli, 1997.

_____. *La società sorvegliata*: tecnologie di controllo della vita quotidiana. Trad. Adelino Zanini. Milano: Feltrinelli, 2001a.

_____. *Massima sicurezza*: sorveglianza e "guerra al terrorismo". Trad. Edoardo Greblo. Milano: Raffaelo Cotina Editore, 2005.

_____. *Surveillance studies*: an overview. Cambridge: Polity, 2007a.

Madoz, Vicente. *10 parole chiave sulle paure dell'uomo moderno*. Trad. Rosa Perso. Città del Vaticano: Libreria Editrice Vaticana, 2001.

Marconi, Pio. *Spazio e sicurezza*: descrizione di paure urbane. Torino: G. Giappichelli Editore, 2004.

Marx, Gary T. *Undercover:* police surveillance in America. Berkeley: University of California Press, 1989.

Mattelart, Armand. *La globalisation de la surveillance*: aux origines de l'ordre sécuritaire. Paris: La Découverte, 2007.

Mieth, Dietmar. *La dittatura dei geni*: la biotecnica tra la fattibilità e dignità umana. Trad. Carlo Danna. Brescia: Queriniana, 2003.

Monahan, Torin. *Surveillance in the time of insecurity*. New Brunswick: Rutgers University Press, 2010.

Mondin, Battista. Manuale di Filosofia Sistemática. *Antropologia filosofica*: filosofia della cultura e dell'educazione. v. 5. Bologna: Edizioni Studio Domenicano, 2006.

Orwell, George. *1984*. Trad. Stefano Manferlotti. Milano: Oscar Mondadori, 2011.

Pannenberg, Wolfhart. *Antropología en perspectiva teológica*: implicaciones religiosas de la teoría antropológica. Trad. Miguel García-Baró. Salamanca: Ediciones Sigueme, 1993.

Pellizer, Enzio; Zorzetti, Nevio (a cura di). *La paura dei padri nella società antica e medievale*. Roma; Bari: Laterza, 1983.

Pitch, Tamar. *La società della prevenzione*. Roma: Carocci, 2008.

Plato. *The Republic*. v. I, books I-V. Trad. Paul Shorey. Cambridge: Harvard University Press, 1982.

Rössler, Beate. *The value of privacy*. Trad. R.D.V. Glasgow. Cambridge: Polity, 2005.

Rule, James B. *Private lives and public surveillance*. London: Allen Lane, 1973.

San Tommaso D'Aquino. *La somma teologica* I, qq. 14-26. Trad. Dominicani Italiani. Firenze: Adriano Salani, 1951.

_____. *La Somma Teologica* I-II, qq. 6-21. Trad. Dominicani Italiani. Firenze: Adriano Salani, 1959, p. 174-455.

_____. *La somma Teologica* II-II, qq. 47-56. Trad. Dominicani Italiani. Firenze: Adriano Salani, 1956, p. 205-369.

Sánchez Vázquez, Adolfo. *Ética*. Barcelona: Editorial Crítica, 1978.

Sobrino, Jon. *The principle of mercy*: taking the crucified people from the cross. Trad. Orbis Books. Maryknoll: Orbis Books, 1994.

Solove, Daniel J. *The digital person*: technology and privacy in the information age. New York: New York University Press, 2004.

_____. *Understanding Privacy*. Cambridge: Harvard University Press, 2009.

Staples, William G. *Everyday surveillance*: vigilance and visibility in postmodern life. Lanham: Rowman & Littlefield publishers, Inc., 2000.

Stoddart, Eric. *Theological perspectives on a surveillance society*: watching and being watched. Farnham: Asgate, 2011.

Sustein, Cass R. *Il diritto della paura*: oltre il principio di precauzione. Trad. Umberto Izzo. Bologna: Il Mulino, 2010.

Thomas Hobbes. *Leviatano*. Trad. Gianni Micheli. Firenze: La Nuova Italia, 1987.

Vaillant, François. *La non violenza nel Vangelo*. Trad. Maria Pia Bocchesi. Torino: Edizioni Gruppo Abele, 1994.

Vidal, Marciano. *Manuale di etica teologica*: morale fondamentale. v. 1. Trad. Lorenzo de Lorenzi. Assisi, 1994.

_____. *Manuale di etica teologica*: morale sociale. v. 3. Trad. Lorenzo de Lorenzi. Assisi: Cittadella Editrice, 1997.

_____. *Moral de actitudes*: moral social. Tomo III. 8 ed. Madrid: Editorial, 1995.

VIDAL, Marciano. *Moral de atitudes:* ética da pessoa. v. 2. 2 ed. Aparecida: Santuário, 1981.

VIGNA, Carmelo; ZANARDO, Susy (a cura di). *La regola d'oro come etica universale.* Milano: Vita & Pensiero, 2005.

VON ZUBEN, Newton Aquiles. *Bioética e tecnociências*: a saga de Prometeu e a esperança paradoxal. Bauru: EDUSC, 2006.

WESTERMANN, Claus. *Genesi.* Trad. Antonella Riccio. Casale Monferrato: PIEMME, 1989.

WHITAKER, Reg. *El fin de la privacidad*: cómo la vigilancia total se está convirtiendo en realidad. Trad. Luis Prat Clarós. Barcelona. Paidós, 1999.

YEPES STORK, Ricardo; ARANGUREN ECHEVARRÍA, Javier. *Fundamentos de Antropología*: un ideal de la excelencia humana. 6 ed. Navarra: Ediciones Universidad de Navarra, 2003.

2. Capítulos de livros

AAS, Katja Franko. "Getting ahead of the game": border technologies and the changing space of governance. In: ZUREIK, Elia; SALTER, Marker B. (Eds.). *Global Surveillance and Policing*: borders, security, identity. London: Routledge, 2011, p. 194-214.

ALLHOFF, Fritz; LIN, Patrick; MOORE, Daniel. Privacy. In: ALLHOFF, Fritz; LIN, Patrick; MOORE, Daniel. *What is nanotechnology and why does it matter?* From science to ethics. Chichester; Malden: Wiley-Blackwell, 2010, p. 185-214.

ALONSO, Felix Ruiz. Pessoa, intimidade e o direito à privacidade. In: MARTINS, Ives Gandra da Silva e PEREIRA JÚNIOR, Antônio Jorge (Coord.). *Direito à privacidade.* Aparecida: Ideias & Letras; São Paulo: Centro de Extensão Universitária, 2005, p. 11-35.

ALTHEIDE, David. Come i media costruiscono e amplificano le paure. In: CENSIS e FONDAZIONE ROMA (a cura di). *Paure globali*. Roma: Laterza, 2009, p. 29-35.

ARMAO, Fabio. Confine. In: ARMAO, Fabio; PARSI, Vittorio Emanuele (a cura di). *Società Internazionale*. Milano: Jaca Book, 1996, p. 89-91.

ASS, Katja; GUNDHUS, Helene Oppen; LOMELL, Heidi Mork (Eds.). Technologies of (in) security. In: ASS, Katja; GUNDHUS, Helene Oppen; LOMELL, Heidi Mork (Eds.). Technologies of (in) security. *Technologies of InSecurity*: the surveillance of everyday life. Abingdon; New York: Routledge-Cavendish, 2009, p. 1-17.

BALL, Kirstie; WEBSTER, Frank. The intensification of surveillance. In: BALL, Kirstie; WEBSTER, Frank. (Eds). *The intensification of surveillance*: crime, terrorism and warfare in the information age. London: Pluto Press, 2003, p. 1-15.

BARTHÉLEMY, Dominique *et al*. Os arranjos do espaço privado. In: DUBY, Georges (Org.). *História da vida privada*: da Europa feudal à Renascença. v. 2. Trad. Maria Lúcia Machado. São Paulo: Companhia das Letras, 1990, p. 396-499.

BAUMAN, Zygmunt. Paura liquida. In: CENSIS e FONDAZIONE ROMA (a cura di). *Paure globali*. Roma: Laterza, 2009, p. 123-133.

BELLO, Tonino. Non violenza: dissipare l'ombra di Caino. In: BELLO *et al*. *Un nome che cambia*: la non violenza nella società civile. Molfetta: La Meridiana, 1989, p. 33-48.

BENNETT, Collin J. What happens when you book an airline ticket? The collection and processing of passenger data post-9/11. In: ZUREIK, Elia; SALTER, Mark B. (Eds.). *Global surveillance and policing*: borders, security, identity. London: Routledge, 2011, p. 113-138.

BIGO, Didier. Security, exception, ban and surveillance. In: LYON, David (Ed.). *Theorizing surveillance*: the panopticon and beyond. Devon, UK: Willan Publishing, 2006, p. 46-68.

BOVATI, Pietro. Pena e perdono nelle procedure giuridiche dell'Antico Testamento. In: ACERBI, Antonio; EUSEBI, Luciano (a cura di). *Colpa e pena*? La teologia di fronte alla questione criminale. Milano: Vita & Pensiero, 1998, p. 31-55.

CAMERON, Heather. Using Intelligent Transport Systems to track buses and passengers. In: MONAHAN, Torin (Ed.). *Surveillance and security*: technological politics and power in everyday life. New York: Routledge, 2006, p. 225-241.

CASTAN, Yves. Política e vida privada. In: CHARTIER, Roger (Org.). *História da vida privada*: da Renascença ao Século das Luzes. v. 3. Trad. Hildegard Feist. São Paulo: Companhia das Letras, 1991, p. 27-69.

CORBIN, Alain. O segredo do indivíduo. In: PERROT, Michelle (Org.). *História da vida privada*: da Revolução Francesa à Primeira Guerra. v. 4. Trad. Denise Bottman e Bernardo Joffily. São Paulo: Companhia das Letras, 1991, p. 419-501.

DE BARCHIFONTAINE, Christian de Paul. Educar para a cidadania. In: PESSINI, Leo; ZACHARIAS, Ronaldo. *Teologia moral, tempo de incertezas e urgência educativas*. Aparecida: Santuário; São Paulo: Centro Universitário São Camilo; São Paulo: Sociedade Brasileira de Teologia Moral, 2011, p. 201-203.

DEL MISSIER, Giovanni. Vulnerabilità e bioética. In: VIVA, Vicenzo; WITASZEK, Gabriel (Eds.). *Etica teologica nelle correnti della storia*. Città del Vaticano: Lateran University Press; Editiones Academiae Alfonsianae, 2011, p. 97-107.

DELEUZE, Gilles. Poscritto sulle società di controllo. In: DELEUZE, Gilles. Pourparler: 1972-1990. Trad. Stefano Verdicchio. Macerata: Quodlibet, 2000, p. 234-241.

DINI, Ester; MANNA, Elisa; BITONTI, Alberto. Frammenti per un ragionamento sulle paure. In: CENSIS e FONDAZIONE ROMA (a cura di). *Paure globali*. Roma: Laterza, 2009, p. 211-225.

DINI, Ester; MANNA, Elisa; BITONTI, Alberto. Il vocabolario della paura. In: CENSIS e FONDAZIONE ROMA (a cura di). *Paure globali*. Roma: Laterza, 2009, p. 226-243.

DOS ANJOS, Márcio Fabri. Ética do cuidado e a questão das fronteiras. In: TRASFERETTI, José Antonio; ZACHARIAS, Ronaldo (Org.). *Ser e cuidar*: da ética do cuidado ao cuidado da ética. Aparecida: Santuário; São Paulo: São Camilo, 2010, p. 125-147.

DUBY, Georges. Poder privado, poder público. In: DUBY, Georges (Org.). *História da vida privada*: da Europa feudal à Renascença. v. 2. Trad. Maria Lúcia Machado. São Paulo: Companhia das Letras, 1990, p. 19-45.

FARGE, Arlette. Famílias. A honra e o sigilo. In: CHARTIER, Roger (Org.). *História da vida privada*: da Renascença ao Século das Luzes. v. 3. Trad. Hildegard Feist. São Paulo: Companhia das Letras, 1991, p. 581-617.

FINN, Jonathan. Potential threats and potential criminals: data collection in the national security entry-exit registration system. In: ZUREIK, Elia; SALTER, Marker B. (Eds.). *Global Surveillance and Policing*: borders, security, identity. London: Routledge, 2011, p. 139-154.

FUREDI, Frank. Le regole impalpabili per diffondere paura. In: CENSIS e FONDAZIONE ROMA (a cura di). *Paure globali*. Roma: Laterza, 2009, p. 36-42.

GANDY JUNIOR, Oscar H. Quixotics unite! Engaging the pragmatists on rational discrimination. In: LYON, David (Ed.). *Theorizing surveillance*: the panopticon and beyond. Devon, UK: Willan Publishing, 2006, p. 318-336.

GENOSKO, Gary; THOMPSON, Scott. Tense theory: the temporalities of surveillance. In: LYON, David (Ed.). *Theorizing surveillance*: the panopticon and beyond. Devon, UK: Willan Publishing, 2006, p. 123-138.

GRAHAM, Stephen. Surveillance, urbanization, and the US 'Revolution in Military Affairs'. In: LYON, David (Ed.). *Theorizing surveillance*: the panopticon and beyond. Devon, UK: Willan Publishing, 2006, p. 247-269.

HAGGERTY, Kevin D. Tear down the walls: on the demolishing the panopticon. In: LYON, David (Ed.). *Theorizing surveillance*: the panopticon and beyond. Devon, UK: Willan Publishing, 2006, p. 23-45.

HEIMBACH-STEINS. Marianne. Sfide di etica politica in Europa: una prospettiva socio-etica cristiana. In: KEENAN, James F. (a cura di). *Etica teologica cattolica nella Chiesa universale*. Trad. Carmela Gaini Rebora. Bologna: EDB, 2009, p. 143-153.

HILLMAN, James. La legittimazione della paura. In: CENSIS e FONDAZIONE ROMA (a cura di). *Paure globali*. Roma: Laterza, 2009, p. 113-122.

HUEY, Laura; WALBY, Kevin; DOYLE Aaron. Cop watching in the downtown eastside. Exploring the use of (counter) surveillance as a tool of resistance. In: MONAHAN, Torin (Ed.). *Surveillance and security*: technological politics and power in everyday life. New York: Routledge, 2006, p. 149-165.

IMPELLUSO, Lucia. Argo. In: IMPELLUSO, Lucia. *Eroi e Dei dell'Antichità*. Milano: Mondadori Electa, 2005, p. 34-35.

JONES, Richard. Checkpoint security: Gateways, airports and the architecture of security. In: ASS, Katja; GUNDHUS, Helene Oppen; LOMELL, Heidi Mork (Eds.). *Technologies of InSecurity*: the surveillance of everyday life. Abingdon; New York: Routledge-Cavendish, 2009, p. 81-101.

KATZ, Cindi. The State goes home: local hypervigilance of children and the global retreat from social reproduction. In: MONAHAN, Torin (Ed.). *Surveillance and security*: technological politics and power in everyday life. New York: Routledge, 2006, p. 27-36.

KAUFMANN, Peter. Libertà, volontà, responsabilità. In: WILS, Jean-Pierre; MIETH, Dietmar (Eds.). *Concetti fondamentali dell'etica cristiana*. Trad. Marcella Goldin. Brescia: Queriniana, 1994, p. 9-38.

Lewis, Nancy. Expanding surveillance: connecting biometric information system to international police cooperation. In: Zureik, Elia; Salter, Marker B. (Eds.). *Global Surveillance and Policing*: borders, security, identity. London: Routledge, 2011, p. 97-112.

Los, Maria. Looking into the future: surveillance, globalization and the totalitarian potential. In: Lyon, David (Ed.). *Theorizing surveillance*: the panopticon and beyond. Devon, UK: Willan Publishing, 2006, p. 69-94.

Lyon, David. Everyday surveillance: personal data and social classifications. In: Hier, Sean P.; Greenberg, Joshua (Eds.). *The surveillance studies reader*. Berkshire: Open University Press, 2007b, p. 136-146.

_____. Identification practices: State formation, crime control, colonialism and war. In: Ass, Katja; Gundhus, Helene Oppen; Lomell, Heidi Mork (Eds.). *Technologies of InSecurity*: the surveillance of everyday life. Abingdon; New York: Routledge-Cavendish, 2009b, p. 42-58.

_____. Surveillance as social sorting: computer codes and mobile bodies. In: Lyon, David (Ed.). *Surveillance as social sorting*: privacy, risk and digital discrimination. Abingdon; New York: Routledge, 2003, p. 13-30.

_____. The border is everywhere: ID cards, surveillance and others. In: Zureik, Elia; Salter, Marker B. (Eds.). *Global Surveillance and Policing*: borders, security, identity. London: Routledge, 2011, p. 66-82.

_____. The search for surveillance. In: Lyon, David (Ed.). *Theorizing surveillance*: the panopticon and beyond. Devon, UK: Willan Publishing, 2006, p. 3-20.

Lyon, David; Haggerty, Kevin D.; Ball, Kirstie. Introducing surveillance studies. In: Ball, Kirstie; Haggerty, Kevin D.; Lyon, David (Eds.). *Routledge handbook of surveillance studies*. Abingdon; New-York: Routledge, 2012, p. 1-11.

MARX, Gary T. Preface. "Your Papers please": personal and professional encounters with surveillance. In: BALL, Kirstie; HAGGERTY, Kevin D.; LYON, David (Eds.). *Routledge handbook of surveillance studies*. Abingdon; NewYork: Routledge, 2012, p. xx-xxxi.

_____. Some conceptual issues in the study of borders and surveillance. In: ZUREIK, Elia and SALTER; Marker B. (Eds.). *Global Surveillance and Policing*: borders, security, identity. London: Routledge, 2011, p. 11-35.

MONAHAN, Torin. Questioning surveillance and security. In: MONAHAN, Torin (Ed.). *Surveillance and security*: technological politics and power in everyday life. New York: Routledge, 2006, p. 1-23.

NATOLI, Salvatore. Fenomenologia individuale e sociale della paura. In: CENSIS e FONDAZIONE ROMA (a cura di). *Paure globali*. Roma: Laterza, 2009, p. 92-100.

NELKIN, Dorothy; ANDREWS, Lori. Surveillance creep in the genetic age. In: LYON, David (Ed.). *Surveillance as social sorting*: privacy, risk and digital discrimination. Abingdon; New York: Routledge, 2003, p. 95-110.

NOBLE, Ronald K. Apresentação. In: KELLMAN, Barry. *Bioviolência*: prevenção de crimes e terrorismos biológicos. Trad. Maria Silvia Mourão Netto. Aparecida: Ideias & Letras, 2010, p. 17-27.

OGURA, Toshimaru. Eletronic government and surveillance-oriented society. In: LYON, David (Ed.). *Theorizing surveillance*: the panopticon and beyond. Devon, UK: Willan Publishing, 2006, p. 270-295.

PROST, Antoine. Fronteiras e espaços do privado. In: PROST, Antoine; VINCENT, Gérard (Org.). *História da vida privada*: da Primeira Guerra a nossos dias. v. 5. Trad. Denise Bottman. São Paulo: Companhia das Letras, 1992, p. 13-152.

RAGNEDDA, Massimo. Sorveglianza, reti e vita quotidiana. In: CALENDA, Davide; FONIO, Chiara (a cura di). *Sorveglianza e società*. Roma: Bonanno, 2009, p. 47-60.

ROMA, Giuseppe. Paure nella megalopoli mondiale. In: CENSIS e FONDAZIONE ROMA (a cura di). *Paure globali*. Roma: Laterza, 2009, p. 53-61.

SALTER, Mark B. At the threshold of security: a theory of international borders. In: ZUREIK, Elia; SALTER, Mark B. (Eds.). *Global surveillance and policing*: borders, security, identity. London: Routledge, 2011, p. 36-50.

SEWELL, Graham; BARKER, R. James. Neither good, nor bad, but dangerous: surveillance as an ethical paradox. In: HIER, Sean P.; GREENBERG, Joshua (Eds.). *The surveillance studies reader*. Berkshire: Open University Press, 2007, p. 354-367.

VAN DER PLOEG, Irma. Biometrics and the body as information: normative issues of the sociotechnical coding of the body. In: LYON, David (Ed.). *Surveillance as social sorting*: privacy, risk and digital discrimination. Abingdon; New York: Routledge, 2003, p. 57-73.

VEYNE, Paul. Onde a vida pública era privada. In: VEYNE, Paul (Org.). *História da vida privada*: do Império Romano ao Ano mil. v. 1, 3 ed. Trad. Hidelgard Feist. São Paulo: Companhia das Letras, 1990, p. 103-121.

VON ZUBEN, Newton Aquiles. Vulnerabilidade e decisão: tensão no pacto médico. In: DE BARCHINFONTAINE, Christian de Paul; ZOBOLI, Elma Lourdes Campos P. (Org.). *Bioética, Vulnerabilidade e Saúde*. São Paulo: Centro Universitário São Camilo; Aparecida: Ideias & Letras, 2007, p. 61-76.

WARREN, Samuel D.; BRANDEIS, Louis D. The right to privacy [The implicit made explicit]. In: SCHOEMAN, Ferdinand D. *Philosophical dimensions of privacy*: an anthology. Cambridge: Cambridge Universtity Press, 2007, p. 75-103.

WELLER, Toni. The information state: an historical perspective on surveillance. In: BALL, Kirstie; HAGGERTY, Kevin D.; LYON, David (Eds.). *Routledge handbook of surveillance studies*. Abingdon; NewYork: Routledge, 2012, p. 57-63.

YTTRI DAHL, Johanne. Another side of the story: defence lawyers' views on DNA evidence. In: Ass, Katja; GUNDHUS, Helene Oppen; LOMELL, Heidi Mork (Eds.). *Technologies of InSecurity*: the surveillance of everyday life. Abingdon; New York. Routledge-Cavendish, 2009, p. 219-237.

ZUCCARINI, Monica. Sotto protezione: sicurezza e sorveglianza nelle politiche europee. In: CALENDA, Davide; FONIO, Chiara (a cura di). *Sorveglianza e società*. Roma: Bonanno, 2009, p. 83-100.

ZUREIK, Elia. Theorizing surveillance: the case of the workplace. In: LYON, David (Ed.). *Surveillance as social sorting*: privacy, risk and digital discrimination. Abingdon; New York: Routledge, 2003, p. 31-56.

ZUREIK, Elia; SALTER, Mark B. Global surveillance and policing: borders, security, identity – Introduction. In: ZUREIK, Elia; SALTER, Mark B. (Eds.). *Global surveillance and policing*: borders, security, identity. London: Routledge, 2011, p. 1-10.

3. Teses e monografias

CAPONE, Domenico. *Prudenza e coscienza*. Roma: Accademia Alfonsiana, [s.d]. Mimeografado.

COMINS MINGOL, Irene. *La ética del cuidado como educación para la paz*. 2003. 427 f. Tesis (Doctoral) – Universitat Jaume I: Departamento de Filosofía, Sociología y Comunicación Audiovisual y Publicidad, Castellón, España, 2003.

SETZER, Joana. *Panorama do princípio da precaução*: o direito do ambiente face aos novos riscos e incertezas. 2007. 155 f. Dissertação (Mestrado) – Programa de Ciência Ambiental, Universidade de São Paulo, São Paulo, 2007.

4. Artigos de revistas

ALBRECHTSLUND, Anders. Ethical theory and new surveillance. Disponível em: <http://130.203.133.150/viewdoc/similar;jsessionid=213AB03F22B327F952425232B398D119?doi=10.1.1.132.1689&type=sc>. Acesso em: 4 dez. 2012.

Arias Campos, Rosa Ludy. Aportes de una lectura en relación con la ética del cuidado y los derechos humanos para la intervención social en el siglo XXI. *Trabajo Social*, Bogotá, n. 9, p. 25-36, 2007.

Arruda Paula, Ricardo Henrique. Uma análise da moderna sociedade disciplinar panóptica em Foucault, Bentham e Kafka. *Phrónesis*, Campinas, v. 4, n. 1, p. 123-130, jan.-jun. 2002.

Basden, Andrew. Ethics of Information Technology. *Ethics in Brief*, Cambridge, v. 13, n. 6, p. 1-4, Spring 2009. Disponível em: <http://klice.co.uk/uploads/EiB/Basden%20%20v13.6%20pub.pdf>. Acesso em: 24 out. 2012.

Calenda, Davide; Lyon, David. Culture e tecnologie del controllo: riflessioni sul potere nella società della rete. *Rassegna Italiana di Sociologia*, Bologna, v. 47, n. 4, p. 583-610, 2006.

Carbajo Núñes, Martín. Informazione e diritto all'intimità: basi teoriche dell'attuale impostazione conflittuale. *Frontiere*, Bari, anno VII, p. 93-119, genn.-dic. 2010.

_____. Informazione e diritto all'intimità: una prospettiva cristiana. *Frontiere*, Bari, anno VIII, p. 129-147, genn.-dic. 2011.

Ceyhan, Ayse. Technologization of security: management of uncertainty and risk in the Age of Biometrics. *Surveillance & Society*, v. 5, n. 2, p. 102-123, 2008. Disponível em: <http://library.queensu.ca/ojs/index.php/surveillance-and-society/article/view/3430/3393>. Acesso em: 13 fev. 2012.

Da Costa, Rogério. Sociedade de controle. *São Paulo em Perspectiva*, São Paulo, v. 18, n.1, p. 163-164, 2004.

De Mingo, Alberto. Los dichos de la noviolencia (Mt 5, 38-41). *Moralia*, Madrid, v. XXVII, n. 101-103, p. 125-146, abr.-sept. 1993.

Del Missier, Giovanni. Dignitas personae: logica della tecnologia e logica della persona. *Studia Moralia*, Roma, n. 47, p. 361-386, 2009.

Dos Anjos, Márcio Fabri. A vulnerabilidade como parceira da autonomia,

Revista Brasileira de Bioética, Brasília, v. 2, n. 2, p. 173-186, 2006.

FUCHS, Christian. Como podemos definir vigilância? *MATRIZes*, São Paulo, ano 5, n. 1, p. 122, jun.-dez. 2011.

GONÇALVES, Davidson Sepini. O panóptico: por uma leitura utilitarista. *Phrónesis*, Campinas, v. 5, n. 1, p. 113-124, jan.-jun. 2003.

HOSSNE, William Saad. Dos referenciais da bioética – a prudência. *Bioethikós*, São Paulo, v. 2, n. 2, p. 185-196, 2008.

INTRONA, Lucas D. Opinion. Workplace surveillance 'is' unethical and unfair. *Surveillance & Society*, v. 1, n. 2, p. 210-216, 2003. Disponível em: <http://www.surveillance-and-society.org/articles1(2)/unethical.pdf>. Acesso em: 21 nov. 2012.

JON SOBRINO. *O princípio misericórdia*: descer da cruz os povos crucificados. Tradução (do espanhol) Jame A. Clasen. Petrópolis: Vozes, 1994. 269 p. Resenha de TABORDA, Francisco. *Perspectiva Teológica*, Belo Horizonte, v. 28, n. 74, p. 125-129, 1996.

LYON, David. Facing the future: seeking ethics for everyday surveillance. *Ethics and Information Technology*, Hingham, v. 3, n. 3, p. 171-181, 2001c.

_____. Globalizing Surveillance: comparative and sociological perspectives. *International Sociology*, London, v. 19, n. 2, p. 135-149, June 2004.

_____. Liquid surveillance: the contribution of Zygmunt Bauman to Surveillance Studies. *International Political Sociology*, Malden, v. 4, issue 4, p. 325-338, Dec. 2010.

MARTINS HARTMANN, Ivar Alberto. O princípio da precaução e sua aplicação no direito do consumidor: dever de informação. *Direito & Justiça*, Porto Alegre, v. 38, n. 2, p. 156-182, jul-dez. 2012.

MARTINS, Rogério Jolins; DOS ANJOS, Márcio Fabri. O princípio misericórdia. Uma contribuição à questão dos princípios em bioética. *Revista Eclesiástica Brasileira*, Petrópolis, v. LXVIII, fasc. 270, p. 350-370, abr. 2008.

MARTUCCELU, Danilo. Reflexões sobre a violência na condição moderna. *Tempo Social*, São Paulo, v. 11, n.1, p.159-160, maio 1999.

MARX, Gary T. A sociedade de segurança máxima. Trad. Adriana Loche. *Plural*, São Paulo, v. 17, n. 1, p. 145-174, 2010. Disponível em: <http://www.fflch.usp.br/ds/plural/edicoes/17/v17n1_apresentacao.pdf>. Acesso em: 21 nov. 2012.

_____. Ethics for the new surveillance. *Information Society*, Abingdon, v. 14, issue 3, p. 171-185, July-Aug. 1998.

_____. What's new about the "new surveillance"? Classifying for change and continuity. *Surveillance & Society*, v. 1, n. 1, p. 8-29, 2002. Disponível em: <http://library.queensu.ca/ojs/index.php/surveillance-and-society/article/view/3391/3354>. Acesso em: 25 jun. 2012.

MUCCI, Giandomenico. Potere, democrazia, trasparenza. *La Civiltà Cattolica*, Roma, v. I, anno 161, quad. 3830, p.127-133, genn. 2010.

NASCIMENTO, Carlos Arthur Ribeiro do. A prudência segundo Santo Tomás de Aquino. *Síntese*, Belo Horizonte, v. 20, n. 62, p. 365-385, 1993.

NEVES, Maria Patrão. Sentidos da vulnerabilidade: característica, condição, princípio. *Revista Brasileira de Bioética*, Brasília, v. 2, n. 2, p. 157-172, 2006.

PELLICANI, Luciano. Dalla società chiusa alla società aperta. *Sociologia*, Roma, n. 2, ano XXXIV, p. 3-33, sett. 2000.

PENNA, Moira Maxwell *et al*. Concepções sobre o princípio da não maleficência e suas relações com a prudência. *Revista Bioética*, Brasília, v. 20, n. 1, p. 78-86, 2012.

RUBIO, Miguel. Raíces antropológicas de la justicia social. *Moralia*, Madrid, v. XV, n. 57-58, p. 5-34, enero-jun.1993.

SALVINI, Gianpaolo. La tecnologia: aiuto o pericolo? *La Civiltà Cattolica*, Roma, v. II, anno 145, quad. 3452, p. 154-164, apr. 1994.

SALVINI, Gianpaolo. Tecnologie e sviluppo. *La Civiltà Cattolica*, Roma, v. III, anno 153, quad. 3637, p. 35-46, genn. 2002.

SPADARO, Antonio. "Privacy" e "social network". *La Civiltà Cattolica*, Roma, v. III, anno 160, quad. 3821, p. 408-414, sett. 2009.

STALDER, Felix. Opinion: privacy is not the antidote to surveillance. *Surveillance & Society*, v. 1, n. 1, p. 120-124, 2002. Disponível em: <http://library.queensu.ca/ojs/index.php/surveillance-and-society/article/view/3397/3360.> Acesso em: 13 mar. 2012.

STEDMON, Alex W. The camera never lies, or does it? The dangers of taking CCTV surveillance at face value. *Surveillance & Society*, v. 8, n. 4, p. 527-534, 2011. Disponível em: <http://library.queensu.ca/ojs/index.php/surveillance-and-society/article/view/4192>. Acesso em: 2 nov. 2011.

SUSIN, Luiz Carlos. Divina Providência e compromisso ético. *Revista Eclesiástica Brasileira*, Petrópolis, v. LXI, fasc. 241, p. 68-84, 2001.

VIDAL, Marciano. Justicia y solidaridad en la ética social actual. *Moralia*, Madrid, v. XV, n. 57-58, p. 35-54, enero-jun.1993.

ZOBOLI, Elma Lourdes C. P. A redescoberta da ética do cuidado: o foco e a ênfase nas relações. *Revista da Escola de Enfermagem USP*, São Paulo, v. 38, n. 1, p. 21-27, 2004.

5. Enciclopédias e verbetes de dicionários

ANDORNO, Roberto. Principio de precaución. In: TEALDI, Juan Carlos (Dir.). *Diccionario latinoamericano de bioética*. Bogotá: UNESCO – Red Latinoamericana y del Caribe de Bioética: Universidad Nacional de Colombia, 2008, p. 346-347.

ARGUS. In: THE ENCYCLOPEDIA AMERICANA. v. II, New York: Americana Corporation, 1963, p. 231.

ARMAMENTOS. In: ALZUGARAY, Domingo; ALZUGARAY, Cátia (Eds.). *Enciclopédia compacta de conhecimentos gerais*. São Paulo: Editora Três LTDA, 1995, p. 410-411.

BRUGUÈS, Jean-Louis. Vendetta. In: BRUGUÈS, Jean-Louis. *Dizionario di Morale Cattolica*. Trad. Redazione delle ESD. Bologna: Edizioni Studio Dominicano, 1994, p. 387-388.

CALONGHI, Ferruccio. Vigilantia, ae. In: CALONGHI, Ferruccio. *Dizionario latino-italiano*. 3. ed. Torino: Rosenberg & Sellier, 1990, p. 2916.

CARMONA, F. Blázquez; DEL PRADO, A. Devesa; GALINDO, M. Cano. Intimidad (derecho a la). In: CARMONA, F. Blázquez; DEL PRADO, A. Devesa; GALINDO, M. Cano. *Diccionario de términos éticos*. Estella (Navarra): Verbo Divino, 1999, p. 292-294.

CASTIGLIONI, Luigi; MARIOTTI, Scevola. Vigilantia, ae. In: CASTIGLIONI, Luigi; MARIOTTI, Scevola. *Vocabolario della Lingua Latina*: latino-italiano, italiano-latino. 3 ed. Milano: Loescher, 1996, p. 1399.

CIÊNCIA, tecnologia e sociedade. In: TEMÁTICA BARSA. v. 7. Rio de Janeiro: Barsa Planeta, 2005, p. 48-51.

COCCO, Felice. Prudenza. In: COCCO, Felice. *Dizionario enciclopedico di teologia morale*. 5 ed. Roma, 1981, p. 838-845.

COLOMBO, Paolo. Provvidenza. In: ENCICLOPEDIA FILOSOFICA. v. 9. Milano: Bompiani, 2006, p. 9087-9091.

COLZANI, Gianni. Provvidenza. In: ENCICLOPEDIA DEL CRISTIANESIMO: storia e attualità di 2000 anni di speranza. Novara: De Agostini, 1997, p. 581.

COMPORTAMENTO animal. In: ALZUGARAY, Domingo; ALZUGARAY, Cátia (Eds.). *Enciclopédia compacta de conhecimentos gerais*. São Paulo: Editora Três LTDA, 1995, p. 342-343.

CORTELLA, Lucio. Prudenza. In: ENCICLOPEDIA FILOSOFICA. v. 9. Milano: Bompiani, 2006, p. 9091-9093.

DARÍO BERGEL, Salvador. Precaución, principio de (jurídico). In: ROMEO CASABONA, Carlos María (Dir.). *Enciclopedia de bioderecho e bioética*. Tomo II. Granada: Editorial Comares, 2011, p. 1295-1305.

DERIU, Marco. Città. In: DERIU, Marco. *Dizionario critico delle nuove guerre*. Bologna: Editrice Missionaria Italiana, 2005, p. 94-97.

VIGILÂNCIA E SEGURANÇA NA SOCIEDADE TECNOLÓGICA • FUNDAMENTOS ÉTICOS

DERIU, Marco. Sicurezza/insicurezza. In: DERIU, Marco. *Dizionario critico delle nuove guerre.* Bologna: Editrice Missionaria Italiana, 2005, p. 353-362.

DERIU, Marco. Terrorismo Internazionale. In: DERIU, Marco. *Dizionario critico delle nuove guerre.* Bologna: Editrice Missionaria Italiana, 2005, p. 406-424.

DONDA, Cristina Solange. Comunitarismo e individualismo. In: TEALDI, Juan Carlos (Dir.). *Diccionario latinoamericano de bioética.* Bogotá: UNESCO – Red Latinoamericana y del Caribe de Bioética: Universidad Nacional de Colombia, 2008, p. 20-22.

DREYFUS, Alfred. In: NOVA ENCICLOPÉDIA BARSA. v. 5. São Paulo: Encyclopaedia Britannica do Brasil Publicações, 1999, p. 252.

ESTÉVEZ, Agustín. Intención y responsabilidad. In: TEALDI, Juan Carlos (Dir.). *Diccionario latinoamericano de bioética.* Bogotá: UNESCO – Red Latinoamericana y del Caribe de Bioética: Universidad Nacional de Colombia, 2008, p.121-123.

FARIA, Ernesto. Securitas. In: FARIA, Ernesto. *Dicionário escolar latino-português.* São Paulo: Tipografia Edanee, 1955, p. 829.

FORNERO, Giovanni. Comunitarismo. In: ABBAGNANO, Nicola; FORNERO, Giovanni. *Dizionario di Filosofia*: Torino: UTET, 1998, p. 181.

GALLINO, Luciano. Ambiente naturale. In: GALLINO, Luciano. *Dizionario di Sociologia.* 2 ed. Torino: UTET, 2006, p. 20-24.

_____. Città, sociologia della. In: GALLINO, Luciano. *Dizionario di Sociologia.* 2 ed. Torino: UTET, 2006, p. 100-101.

_____. Diseguaglianza sociale. In: GALLINO, Luciano. *Dizionario di Sociologia.* 2 ed. Torino: UTET, 2006, p. 236-237.

_____. Urbanizzazione. In: GALLINO, Luciano. *Dizionario di Sociologia.* 2 ed. Torino: UTET, 2006, p. 712-715.

GHEERBRANT, Alain. Serpente. In: CHEVALIER, Jean; GHEERBRANT, Alain. *Dizionario dei simboli*: miti, sogni, costumi, gesti, forme, figure, colore, numeri. v. 2. 5. ed. Trad. Maria Grazia M. Pieroni; Laura Mori; Roberto Vigevani. Milano: Rizzoli, 1989, p. 358-372.

GLADWIN, J. W. Privacy. In: ATKINSON, David J. *et al.* (Eds.). *New dictionary of Christian ethics and pastoral theology*. Leicester: InterVarsity Press, 1995, p. 689-690.

GONZÁLEZ VALENZUELA, Juliana. Dignidad humana. In: TEALDI, Juan Carlos (Dir.). *Diccionario latinoamericano de bioética*. Bogotá: UNESCO – Red Latinoamericana y del Caribe de Bioética: Universidad Nacional de Colombia, 2008, p. 277-278.

HAMMURABI. In: THE NEW ENCYCLOPAEDIA BRITANNICA. v. 8. 15th ed. Chicago: s/e, 1984, p. 598-599.

HAMURABI. In: NOVA ENCICLOPÉDIA BARSA. v. 7. São Paulo: Encyclopedia Britannica do Brasil Publicações, 1999, p. 314.

HASKER, William. Providence. In: CRAIG, Edward (Ed.). *Routledge Encyclopedia of Philosophy*. v. 7. London; New York: Routledge, 1998, p. 797-802.

HÉRCULES. In: NOVA ENCICLOPÉDIA BARSA. v. 7. São Paulo: Encyclopaedia Britannica do Brasil Publicações, 1999, p. 362-363.

IMPELLUSO, Lucia. Serpente. In: IMPELLUSO, Lucia. *La natura e i suoi simboli: piante, fiori e animali*. Milano: Mondadori Electa, 2003, p. 270-275.

LABANCA, Nicola. Sicurezza. In: FLORES, Marcello (Dir.). *Diritti Umani*: cultura dei diritti e dignità della persona nell'epoca della globalizzazione. v. 2. Torino: UTET, 2007, p. 1216-1222.

LIDDELL, Henry George *et al*. Asfaleia. In: LIDDELL, Henry George *et al*. *Greek-English lexicon*. Oxford: Clarendon Press, 1983, p. 266.

LIOTTA, Giuseppe; ROSSI, Luisa; GAFFIOT, Félix. Vigilantia, ae. In: LIOTTA, Giuseppe; ROSSI, Luisa; GAFFIOT, Félix. *Dizionario della lingua latina*: latino-italiano. Torino: Gruppo Editoriale Il capitello, 2010, p. 1977.

MALHADAS, D.; DEZOTTI, M. C. C.; NEVES, M. H. M. (Coord.). *Dicionário grego-português*. v. 1. Cotia: Ateliê Editorial, 2006, p. 139.

MARIA FERIGLA, J. Tribu. In: AGUIRRE, Ángel (Ed.). *Diccionario temático de Antropología*. Barcelona: PPU, 1998, p. 668-672.

Marks, Susan; Clapham, Andrew. Privacy. In: Marks, Susan; Clapham, Andrew. *Lessico dei diritti umani*. Trad. Francesca Bovone. Milano: Vita & Pensiero, 2009, p. 291-302.

_____. Terrorismo. In: Marks, Susan; Clapham, Andrew. *Lessico dei diritti umani*. Trad. Francesca Bovone. Milano: Vita & Pensiero, 2009, p. 447-463.

Meier, Samuel A. Hammurapi (person). In: Freedman, David Noel (Ed.). *The Anchor Bible Dictionary*. v. 3. New York: Doubleday, 1992, p. 39-42.

Mondin, Battista. Prudenza. In: Mondin, Battista. *Dizionario enciclopedico del pensiero di San Tommaso d'Aquino*. 2 ed. Bologna: Edizioni Studio Domenicano, 2000, p. 560-561.

Monloubou, L.; Du Buit, F. M. Hamurabi (Codice di). In: Monloubou, L.; Du Buit, F. M. *Dizionario Biblico*: storico-critico (a cura di Rinaldo Fabris). Trad. Piero Brugnoli. Roma: Borla, 1987, p. 498-499.

_____. Serpente/serpente del paradiso. In: Monloubou, L.; Du Buit, F. M. *Dizionario Biblico*: storico-critico (a cura di Rinaldo Fabris). Trad. Piero Brugnoli. Roma: Borla, 1987, p. 920-921.

Mora, J. Ferrater. Prudencia. In: Mora, J. Ferrater. *Diccionario de filosofía*. Tomo III. Barcelona: Editorial Ariel, 2001, p. 2944-2945.

Murray, Chambers. Securus. In: Murray, Chambers. *Latin-English dictionary*, Cambridge: United Kingdom at the University Press, 1993, p. 671.

Padovese, Luciano. Segreto. In: Compagnoni, Francesco; Piana, Giannino; Privitera, Salvatore (a cura di). *Nuovo Dizionario di Teologia Morale*. Cinisello Balsamo: Paoline, 1990, p. 1205-1212.

Palazzi, Fernando. Argo. In: Palazzi, Fernando. *Piccolo Dizionario di Mitologia e Antichità classiche*. Verona: A. Mondadori, 1942, p. 36.

Pariotti, Elena. Comunitarismo. In: Enciclopedia Filosofica. v. 3. Milano: Bompiani, 2006, p. 2129-2130.

PEDRA, Idade da. In: Nova Enciclopédia Barsa. v. 11. São Paulo: Encyclopaedia Britannica do Brasil Publicações, 1999, p. 207-209.

Piana, Giannino. Libertà e responsabilità. In: Compagnoni, Giannino; Privitera, Salvatore (a cura di). *Nuovo dizionario di teologia morale*. Cinisello Balsamo: Paoline, 1990, p. 658-674.

Pontificio Consiglio della Giustizia e della Pace. Bene Comune. In: Pontificio Consiglio della Giustizia e della Pace. *Dizionario di dottrina sociale della Chiesa*. Roma: Libreria Ateneo Salesiano, 2005, p. 76-84.

_____. Dignità umana. In: Pontificio Consiglio della Giustizia e della Pace. *Dizionario di dottrina sociale della Chiesa*. Roma: Libreria Ateneo Salesiano, 2005, p. 197-204.

_____. Giustizia. In: Pontificio Consiglio della Giustizia e della Pace. *Dizionario di dottrina sociale della Chiesa*. Roma: Libreria Ateneo Salesiano, 2005, p. 375-382.

_____. Progresso tecnologico. In: Pontificio Consiglio della Giustizia e della Pace. *Dizionario di dottrina sociale della Chiesa*. Roma: Libreria Ateneo Salesiano, 2005, p. 642-647.

_____. Prudenza. In: Pontificio Consiglio della Giustizia e della Pace. *Dizionario di dottrina sociale della Chiesa*. Roma: Libreria Ateneo Salesiano, 2005, p. 652-656.

_____. Solidarietà. In: Pontificio Consiglio della Giustizia e della Pace. *Dizionario di dottrina sociale della Chiesa*. Roma: Libreria Ateneo Salesiano, 2005, p. 722-730.

_____. Terrorismo. In: Pontificio Consiglio della Giustizia e della Pace. *Dizionario di dottrina sociale della Chiesa*. Roma: Libreria Ateneo Salesiano, 2005, p. 754-759.

PROMETEO. In: Gran Enciclopedia Espasa. v. 25. Espanha: Espasa Calpe, 2002, p. 10914.

Putz, Gertraud. Violencia. In: Rotter, Hans; Virt, Günter (Dir.). *Nuevo diccionario de moral cristiana*. Barcelona: Herder, 1993, p. 616-619.

Rava, E. C. Provvidenza. In: Rava, E. C. *Lexicon*: dizionario teologico enciclopedico. Casale Monferrato: Piemme, 1993, p. 845.

RÉSILIENCE. In: Grand Dictionnaire Encyclopédique Larousse. Tome 9. Paris: Librairie Larousse, 1995, p. 8912.

RESILIENCIA. In: Gran Enciclopedia Espasa. v. 26. Espanha: Espasa Calpe, 2002, p. 11382.

Roberti, Francesco. Segreto (rivelare un/ scoprire un). In: *Dizionario di Teologia Morale*. 2 ed. Roma: Studium, 1957, p. 1309-1310.

Romizi, R. Asfaleia. In: Romizi, R. *Greco antico*: vocabolario greco italiano etimologico e ragionato. 3 ed. Bologna: Zanichelli, 2007, p. 229.

Schilson, Arno. Provvidenza/Teologia della storia. Trad. Paolo Boschini. In: Eicher, Peter; Francesconi, Gianni (a cura di). *Enciclopedia Teologica*. Brescia: Queriniana, 1989, p. 818-826.

Sisti, Adalberto. Misericordia. In: Rossano, Pietro; Ravasi, Gianfranco; Girlanda, Antonio (a cura di). *Nuovo dizionario di teologia biblica*. Cinisello Balsamo: Paoline, 1988, p. 978-984.

Taliercio Giuseppe. Segreto. In: Rossi, Leandro e Valsecchi, Ambrogio (a cura di). *Dizionario Enciclopedico di Teologia Morale*. Roma: Paoline, 1981, p. 987-993.

Velo, Presedo F. Hammurabi. In: Gran Enciclopedia Rialp. Tomo XI. Madrid: Ediciones RIALP, 1973, p. 566-567.

Vergès, Claude. Injerencia – asistencia – solidaridad. In: Tealdi, Juan Carlos (Dir.). *Diccionario latinoamericano de bioética*. Bogotá: UNESCO – Red Latinoamericana y del Caribe de Bioética: Universidad Nacional de Colombia, 2008, p. 123-124.

Vidal, Marciano. Bien común. In: Vidal, Marciano. *Diccionario de Ética Teológica*. 2 ed. Estella: Verbo Divino, 2000, p. 55-57.

_____. Conflicto social. In: Vidal, Marciano. *Diccionario de ética teológica*. 2 ed. Estella: Verbo Divino, 2000, p. 113-115.

_____. Intimidad. In: Vidal, Marciano. *Diccionario de ética teológica*. 2 ed. Estella: Verbo Divino, 2000, p. 323-326.

VIDAL, Marciano. Secreto. In: VIDAL, Marciano. *Diccionario de ética teológica*. 2 ed. Estella: Verbo Divino, 2000, p. 536-538.

_____. Violencia social. In: VIDAL, Marciano. *Diccionario de ética teológica*. 2 ed. Estella: Verbo Divino, 2000, p. 627-629.

YOUNG, J. Z. Crimine (Sociologia Criminale). In: GALLINO, Luciano. *Dizionario di Sociologia*. 2 ed. Torino: UTET, 2006, p. 177-185.

6. Legislação internacional e instituições governamentais

Bergen declaration. 20-21 Mar. 2002. Disponível em: <http://www.ospar.org/html_documents/ospar/html/bergen_declaration_final.pdf>. Acesso em: 14 nov. 2012.

Cartagena protocol on biosafety to the convention on biological diversity. 29 jan. 2000. Disponível em: <bch.cbd.int/database/attachment/?id=10694>. Acesso em: 14 nov. 2012

Convención de derechos humanos y de libertades fundamentales de la Comunidad de Estados Independientes. 26 mayo 1995. In: MANUEL ZUMAQUERO, José (Ed.). *Textos de derechos humanos*. Pamplona: EUNSA, 1998, p. 372-385.

Convención internacional sobre la eliminación de todas las formas de discriminación racial. 21 dic. 1965. In: MANUEL ZUMAQUERO, José (Ed.). *Textos de derechos humanos*. Pamplona: EUNSA, 1998, p. 133-149.

Convención sobre los derechos del niño. 20 nov. 1989. In: MANUEL ZUMAQUERO, José (Ed.). *Textos de derechos humanos*. Pamplona: EUNSA, 1998, p. 325-350.

Convenio para la protección de los derechos humanos y de las libertades fundamentales. 4 nov. 1950. In: MANUEL ZUMAQUERO, José (Ed.). *Textos de derechos humanos*. Pamplona: EUNSA, 1998, p. 34-51.

Convenio sobre la protección de las personas con respecto al tratamiento informatizado de datos de carácter personal. 28 enero 1981.

In: Manuel Zumaquero, José (Ed.). *Textos de derechos humanos.* Pamplona: EUNSA, 1998, p. 262-274.

Declaração do Rio sobre meio ambiente e desenvolvimento. 3-12 jun. 1992. Disponível em: <http://www.onu.org.br/rio20/img/2012/01/rio92.pdf>. Acesso em: 14 nov. 2012

Declaración americana de los derechos y deberes del hombre. 30 mar.- 2 maio 1948. In: Manuel Zumaquero, José (Ed.). *Textos de derechos humanos.* Pamplona: EUNSA, 1998, p. 17-23.

Declaración de las Naciones Unidas sobre la eliminación de todas las formas de discriminación racial. 20 nov. 1963. In: Manuel Zumaquero, José (Ed.). *Textos de derechos humanos.* Pamplona: EUNSA, 1998, p. 125-130.

Declaración del Parlamento Europeo sobre los derechos y libertades fundamentales. 12 abr.1989. In: Manuel Zumaquero, José (Ed.). *Textos de derechos humanos.* Pamplona: EUNSA, 1998, p. 319-325.

Declaración sobre la eliminación de la discriminación contra la mujer. 7 nov. 1967. In: Manuel Zumaquero, José (Ed.). *Textos de derechos humanos.* Pamplona: EUNSA, 1998, p. 189-193.

Declaración sobre la protección de todas las personas contra la tortura y otros tratos o penas crueles, inhumanos o degradantes. 9 dic. 1975. In: Manuel Zumaquero, José (Ed.). *Textos de derechos humanos.* Pamplona: EUNSA, 1998, p. 223-226.

Declaración sobre la raza y los prejuicios raciales. 27 nov. 1978. In: Manuel Zumaquero, José (Ed.). *Textos de derechos humanos.* Pamplona: EUNSA, 1998, p. 234-242.

Declaración universal de derechos humanos. 10 dez. 1948. In: Manuel Zumaquero, José (Ed.). *Textos de derechos humanos.* Pamplona: EUNSA, 1998, p. 27-33.

FEDERAL GOVERNMENT INFORMATION TECHNOLOGY: *Electronic Surveillance and Civil Liberties*. Washington, DC: U.S. Congress, Office of Technology Assessment, OTACIT - 293, October 1985, p. 13. Disponível em: <http://www.princeton.edu/~ota/disk2/1985/8509/8509.PDF>. Acesso em: 16 fev. 2012.

O'HARA, Kieron. *Transparent government, not transparent citizens: a report on privacy and transparency for the Cabinet Office*. Disponível em: <http://www.cabinetoffice.gov.uk/sites/default/files/resources/transparency-and-privacy-review-annex-b.pdf>. Acesso em: 15 nov. 2012.

Pacto de San José de Costa Rica. 22 nov. 1969. In: MANUEL ZUMAQUERO, José (Ed.). *Textos de derechos humanos*. Pamplona: EUNSA, 1998, p. 194-223.

Pacto internacional de derechos civiles y políticos. 16 dic. 1966. In: MANUEL ZUMAQUERO, José (Ed.). *Textos de derechos humanos*. Pamplona: EUNSA, 1998, p. 166-189.

Pacto Internacional de derechos económicos, sociales y culturales. 16 dic. 1966. In: MANUEL ZUMAQUERO, José (Ed.). *Textos de derechos humanos*. Pamplona: EUNSA, 1998, p. 154-166.

THE MAASTRICHT TREATY. 7 Feb. 1992. Disponível em: <http://www.eurotreaties.com/maastrichtec.pdf>. Acesso em: 14 nov. 2012.

TREATY OF AMSTERDAM. 2 Oct. 1997. Disponível em: <http://www.lexnet.dk/law/download/treaties/Ams-1997.pdf>. Acesso em:14 nov. 2012.

7. Artigos online e webpages

CALABRO, Vincenzo. *Tracciabilità delle operazioni in rete e network forensincs:* Diritto e Nuove Tecnologie. Disponível em: <http://www.vincenzocalabro.it/vc/seminari/NetworkForensics.pdf>. Acesso em: 19 maio 2012.

CLARKE, Roger. The digital persona and its application to data surveillance. *The information society*, v. 10, n. 2, p. 77-92, June 1994. Disponível em: <http://www.rogerclarke.com/DV/DigPersona.html>. Acesso em: 1 mar. 2012.

DRONES: What are they and how do they work? Disponível em: <http://www.bbc.co.uk/news/world-south-asia-10713898>. Acesso em: 20 maio 2012.

Entenda o caso Jean Charles de Menezes. Disponível em: <http://g1.globo.com/Noticias/Mundo/0,,MUL169468-5602,00 ENTENDA+O+CASO+JEAN+CHARLES+DE+MENEZES.html>. Acesso em: 2 nov. 2011.

Government transparency. Disponível em: <https://www.privacyinternational.org/issues/government-transparency>. Acesso em: 15 nov. 2012.

IDEPAZ: diga não ao *bullying*. Disponível em: <http://www.bullying.pro.br/>. Acesso em: 11 dez. 2012.

LOCKHEED MARTIN. Disponível em: <http://www.lockheedmartin.com/>. Acesso em: 23 fev. 2012.

O Código de Hamurabi. Disponível em: <http://www.faimi.edu.br/v8/RevistaJuridica/Edicao6/c%C3%B3digo%20de%20hamurabi.pdf>. Acesso em: 18 maio 2012.

Privacy International. Disponível em: <https://www.privacyinternational.org/article/about-us>. Acesso em: 5 fev. 2012.

Safran Morpho. Disponível em: <http://www.morpho.com/>. Acesso em: 23 fev. 2012.

SHARKEY, Noel. *Researchers use spoofing to "hack into a flying drone"*. Disponível em: <http://www.bbc.co.uk/news/technology-18643134>. Acesso em: 1 jul. 2012.

SMITH, Sam. *Transparent citizens and opaque government.* Disponível em: <https://www.privacyinternational.org/blog/transparent-citizens-and-opaque-government>. Acesso em: 15 nov. 2012.

Surveillance milestones. Disponível em: <http://www.aclu.org/images/privacy/milestones.gif>. Acesso em: 18 fev. 2012.

The NSA Unchained. Disponível em: <http://www.aclu.org/national-security/nsa-unchained-infographic>. Acesso em: 18 fev. 2012.

UNISYS. Disponível em: <http://www.unisys.com/unisys/>. Acesso em: 23 fev. 2012.

UPP Social. Disponível em: <http://www.uppsocial.org/programa/>. Acesso em: 18 maio 2012.

WIRESHARE. Disponível em: <http://www.wireshark.org/>. Acesso em: Acesso em: 25 nov. 2012.

XPLICO. Disponível em: <http://www.xplico.org/>. Acesso em: 25 nov. 2012.

8. Filmes

1984. Produção de Al Clark *et al.* Direção de Michael Radford. Califórnia: MGM, 1984. 1 CD. DVD release 2003 (113 min.).

ARGO. Direção de Ben Affleck. Califórnia: Warner Brothers Burbank Studios, 2012. 1 CD. DVD release 2013 (120 min.).

BLOW out. Produção de Fred C. Caruso; George Litto. Direção de Brian De Palma. Califórnia: MGM, 1981. 1 CD. DVD release 2001 (107 min.).

BRAZIL. Direção de Terry Gilliam. Los Angeles: Universal Studios, 1985. 1 CD. DVD release 1998 (131 min.).

ENEMY of the State. Direção de Tony Scott. Hollywood: Touchstone Home Entertainment, 1998. 1 CD. DVD release 1999 (132 min.).

GATTACA. Produção de Danny De Vito *et al.* Direção de Andrew Niccol. Califórnia: Sony Pictures Home Entertainment, 1997. 1 CD. DVD release 1998 (106 min.).

MINORITY report. Direção de Steven Spielberg. Califórnia: Dreamworks Video, 2002. 2 CDs. DVD release, 2002 (145 min.).

REAR window. Direção de Alfred Hitchcock. Califórnia: Universal Studios Home Entertainment, 1954. 1 CD. DVD release 2001 (115 min.).

THE CONVERSATION. Direção de Francis Ford Coppola. Hollywood: Paramount, 1974. 1 CD. DVD release 2000 (113 min.).

THE NET. Produção de Irwin Winkler; Rob Cowan. Direção de Irwin Winkler. Califórnia: Sony Pictures Home Entertainment, 1995. 1 CD. DVD release 1997 (114 min.).

THX1138. Produção de Edward Folger; Francis F. Coppola, Larry Sturhahn. Direção de George Lucas. Califórnia: Warner Home Video, 1971. 1 VHS. VHS release 1991 (86 min.).

ZERO Dark Thirty. Produção de Kathryn Bigelow; Mark Boal; Megan Ellison. Direção de Kathryn Bigelow. Califórnia: Sony Pictures Home Entertainment, 2012. 1 CD. DVD release 2013 (177 min.).